中国下一代教育基金会家长学校发展专项基金资助项目

当代家庭建设与家庭教育理论丛书

家庭教育学

单志艳 主编

广西师范大学出版社
·桂林·

当代家庭建设与家庭教育理论丛书
学术委员会

本书编委会

序 一

赵忠心

我们中华民族在长期的家庭教育实践中，总结、积累了非常丰富的教育子女的经验，已经形成了重视家庭教育的优良传统。

我国实行改革开放、发展市场经济以来，人们从社会发展趋势上看到，在竞争日趋激烈的社会生活中，要使子女将来能够立足于社会，在事业上有所作为，有所成就，除了让子女接受良好的学校教育、社会教育以外，还必须要高度重视家庭教育，充分发挥家庭教育的职能作用。在许多家庭里，做父母的都把子女教育作为家里的头等大事来对待。一个崭新的蓬勃发展的社会主义家庭教育局面，正在我国形成。

繁荣的家庭教育实践，给家庭教育的理论研究提出了迫切要求；丰富的家庭教育实践经验，给家庭教育的理论研究提供了坚实的实践基础。

然而，我们的家庭教育理论研究，还远远不能适应迅速发展的家庭教育实践的需要。

恩格斯说过："社会一旦有技术上的需要，则这种需要就会比十所大学更能把科学推向前进！"

我国欣欣向荣的家庭教育局面，不仅给家庭教育理论提出了要求，而且也提供了非常有利的条件，是推动我们进行家庭教育理论研究的巨大动力。

记得20世纪80年代初期，我率先开始进行家庭教育理论研究的时候，这个学术领域还是一片未被开垦的"处女地"，1949年以来没有人对这个方面的问题进行过研究和探讨。对于我的这一选择，不少人持有异议，认为家庭教育没有什么可研究的，管教孩子还不就是"婆婆妈妈"的事，没有什么规律可循。言下之意，这个领域没有什么学问，研究这个问题不会有什么作为。

我却坚定地认为，既然家庭教育作为一个独立的教育形态存在着，没有被当今社会发达的学校教育、社会教育所取代，那就说明家庭教育这个过程本身是存在着特殊性的，有它特殊的规律性。只不过是没有人专门进行探讨和研究，其客观存在的规律性还没有被人们所揭示出来，而不是不存在规律性。

我没有听从别人的规劝，一意孤行，一直坚守在家庭教育理论研究领域，在这个"处女地"耕耘长达四十年之久。

多年来，我们家庭教育科学普及工作搞得有声有色，轰轰烈烈，而理论研究却是冷冷清清。特别是对基础理论的研究，很少有人问津。甚至还有人说，基础理论研究过多，没有必要，认为基础理论对于家庭教育实践指导意义不大。因此，多年来，尽管我是兢兢业业地从事家庭教育基本理论的研究，但总是有一种“孤军奋战”的感觉，很少遇到知音。

使我非常欣喜与赞赏的是，单志艳博士要组织、出版这套《当代家庭建设与家庭教育理论丛书》。

我深信，这套丛书的问世，势必对我国家庭教育基础理论研究学科建设起到很大的推动、促进作用，会促使、吸引更多的有识之士投身到家庭教育基础理论研究的队伍中来。

我始终认为，没有理论的指导，家庭教育实践将会是盲目的。没有基础理论的研究，家庭教育知识的科学普及也会出现盲目性，会出现方向性的偏差，弄不好会走向邪路。家庭教育基础理论的研究，千万不能忽视。

单志艳博士组织、出版这套丛书是很有远见的。我对这套丛书的出版，寄予很高的期望。

要把这套丛书组织好，推出有价值、有影响的家庭教育学术著作，我提出几个建议，供家庭教育理论工作者参考。

要高度重视家庭教育和社会生活之间的关系。

家庭教育有方法问题，也有教育思想观念的问题；有操作问题，也有方向性的问题。不管教育方向如何，只掌握具体的教育方式方法，重视实地操作，没有正确的教育思想观念，也不会发挥应有的作用，培养出来的子女将来也很难适应社会发展的需要。

特别是在当前，我们国家正处在社会经济急剧而深刻的变革时代，忽视家庭教育基础理论的研究，将会给我们的家庭教育事业造成损失。

家庭教育是在家庭这个比较封闭的社会组织形式中实施的一种教育。但它从来没有，也不可能与社会生活相隔绝，它总是与社会生活息息相通。社会政治、经济、文化的变革，肯定会对家庭教育产生影响，家庭教育肯定要受到社会政治、经济发展的制约。这是不容许我们忽略的。

家庭教育的任务是向社会输送适合社会需要的人才，家长要把子女培养成材，不能不了解社会生活的变化。因为青少年儿童将来究竟是不是人才，不是家长说了就算的，唯一权威的衡量、检验的标准是社会生活，是社会实践。

因此，我们的家庭教育理论工作者，就不能不认真研究我国市场经济社会的发展和家庭教育的关系。这应当成为我们家庭教育理论研究工作者所面临的一个非常紧迫的任务。

要坚持家庭教育的动态研究。

世界无非是运动的物质。宇宙间千姿百态的物质运动是绝对的，静态是相对的。

社会在不停地向前发展。家庭生活与社会生活息息相通。社会的政治、经济、文化的种种变革，必然会通过各种渠道渗透到家庭中，影响家庭生活，影响家庭教育。

家庭是一种继承性很强的社会组织形式。现代家庭教育是在传统家庭教育的基础上发展、演变而来的，既继承了我国优秀的家庭教育文化传统，同时，在新的社会环境的影响下，在传统家庭教育的基础上又有许多新的发展变化。这种从传统到现代的发展变化，实际上就是一种文化的“遗传变异”。

中国的家庭教育从传统到现代，究竟有了哪些发展变化？这个发展变化是怎样的一个过程？现代的家庭教育正面临着、即将面临哪些新情况和新问题？这些发展变化和新情况、新问题的出现，是受到哪些因素的影响和推动？对此，应该进行回顾、研究和思考，以便从中摸索一些带有规律性的东西。

什么叫“规律”？规律就是事物之间的内在的必然的联系。这种联系重复出现，在一定条件下经常起作用，并且规定着某种趋向发展。探索家庭教育规律，简而言之，就是揭示家庭教育与相关事物之间内在的必然的联系。

研究家庭教育从传统到现代的发展变化和影响这些发展变化的因素，就是为了预测现代家庭教育发展的趋势，使我们的家庭教育指导工作做到“与时俱进”，既要适应现代家庭教育发展的需要，又不脱离中国的国情。

社会继续向前发展，新情况、新问题层出不穷。研究家庭教育的变革，研究变革中的家庭教育，这是我们家庭教育理论研究者永恒的课题。

要重点研究家庭教育的特殊规律。

有的人在学校是优秀教师，却教育不好自己的孩子；有的是有威信的领导，“振臂一呼，应者云集”，在自己孩子面前却没有威信；有的是高级将领，能统帅千军万马，在子女面前却束手无策，管不了自己的孩子。

这是为什么？表明家庭教育有它特殊的规律。

“研究”就是“认识”。研究家庭教育就是认识家庭教育，首先要确定家庭教育研究对象。按照毛泽东的《矛盾论》的思想，科学研究的区分就是根据科学对象所具有的矛盾的特殊性。毛泽东说：“对于物质的每一种运动形式，必须注意它和其他各种运动形式的共同点。但是，成为我们认识事物的基础的东西，则是必须注意它和其他运动形式的质的区别。只有注意了这一点，才有可能区别事物。”才能辨别事物，才能区分科学研究的领域，才能发现事物发展运动的特殊原因。

要探索家庭教育的本质和规律，不仅要研究其与“相邻”“同类”的事物——学校教育、社会教育的共同点，更重要的是研究家庭教育与学校教育、社会教育的不同点。从而，揭示家庭教育的性质、意义（对人个体发展的意义和对社会发展的意义）、特点（包括优势和局限），家庭教育发展的历史，影响家庭教育效果的诸因素（包括家庭内部和外部诸因素），家庭教育的原则，家庭教育方法和艺术，家长的教养态度，家长的教育素养等。这是认识家庭教育本质和规律的出发点和归宿点。

要运用多种学科理论知识参与家庭教育理论研究。

毛泽东在《矛盾论》中指出：“研究问题，忌带主观性、片面性和表面性。”所谓“主观性”，就是不知道客观地、辩证地看问题。所谓“片面性”，就是只见树木不见森林，不知道全面地看问题。所谓“表面性”，就是看问题肤浅，只看事物的表面，不研究事物内在的本质。

家庭教育实践活动看似简单，实际上家庭教育实践是“立体”的、“复合”的，具有多面性，是一个相当复杂的过程，不是哪一个学科的理论知识可以全面说明、解释，做出周延判断的。要切实避免理论研究的主观性、片面性和表面性，根据《矛盾论》“不同质的矛盾，只有用不同质的方法才能解决”的思想，复杂的矛盾运动过程，必须用复杂的方法去解决。

家庭教育复杂的过程，必须综合运用多种相关的学科理论，从多侧面观察、多角度介入，进行分析、论证、说明、解释。企图以任何单独的一个学科理论“包打天下”，是人为地把复杂的问题简单化，一定不能得出可靠的结论。

家庭教育是一种教育行为，必须运用教育学理论进行研究；家庭教育是一种心理行为，必须运用心理学理论进行研究；家庭教育是一种伦理行为，必须运用伦理学理论进行研究；家庭教育是一种社会行为，必须运用社会学理论进行研究；家庭教育是一种文化传递行为，必须运用文化原理进行研究；家庭教育是培养人才的渠道，必须运用人才学的伦理进行研究；家庭教育是在家庭范畴实施的一种教育，必须运用婚姻家庭理论进行研究；家庭教育是人类特有的社会活动，必须运用人类学理论进行研究；家庭教育是人们改造主观世界和客观世界的过程，必须运用哲学理论进行研究；家庭教育不是抽象的，是具体的，任何家庭教育都是一定历史阶段的产物，必须运用历史学理论进行研究，等等。

不仅要从多角度、多侧面进行家庭教育研究，还要运用控制论、系统论、信息论的理论和方法进行研究。

只有坚持运用多种学科理论知识，进行综合性的研究，才能研究得比较深入、透彻，我们的研究结论才不会出现主观性、片面性和表面性。

要坚持多种研究并举。

一是宏观研究和微观研究相结合。

宏观研究是对国家和地区家庭教育发展方向、进程进行全局性的总体研究，从社会结构的大系统出发，研究社会政治、经济、文化发展对家庭教育的影响和需求，为确定家庭教育发展的总体目标、基本方针和政策、措施提供理论依据。

微观研究则是对各种类型的家庭子女教育、具体的教育内容和方式方法进行个别研究，以指导家庭教育实践。两者齐头并进，相辅而行。

二是应用研究和基础研究相结合。

家庭教育科学分为应用家庭教育学和理论家庭教育学。家庭教育科学研究分为应用研究和基础研究。

应用研究主要是解决家庭教育方式方法、策略、指导、服务和管理问题。基础研究是揭示家庭教育规律，探讨新的原理。

基础研究和应用研究的关系，就像根叶和果实的关系。科学发现的历史一再重复着这样一个事实：许多伟大的发现来自对科学基本问题的追寻。在进行应用研究的同时，必须把眼光放长远，重视基础研究，努力做到应用研究和基础研究并驾齐驱，相得益彰。

三是家庭教育现状研究和家庭教育历史研究相结合。

所谓“研究”就是探求事物的真相、性质和规律。简言之，就是认识事物。要认识得清楚、全面，就得像解剖一个实体那样，从多角度入手，多侧面观察。

现状研究就是进行横切面“解剖”，了解当前家庭教育的方方面面以及方方面面之间的联系；历史研究就是纵切面“解剖”，了解家庭教育发展、演变的过程。这样纵横交错进行解剖，既能做到对我国家庭教育现状心中有数，也能通过了解家庭教育的来龙去脉、前因后果，古为今用，预测未来，增强指导工作的前瞻性，做到与时俱进。

四是中国家庭教育研究和外国家庭教育研究相结合。

家庭不仅是生产单位、生活单位，也是文化载体。家庭教育本身就是一种文化，家庭教育历来也是传承文化的重要渠道，具有强烈的民族性、传统性。要以研究中国家庭教育为主，努力构建具有中国特色的家庭教育理论体系。数典忘祖是不应该的，全盘否定文化传统那是武断；但全面复古不能不说也是一种偏颇。

一切好的东西都是人类的共同财富。外国先进的文化要大胆借鉴，拒绝借鉴那是狭隘，但要认真咀嚼、消化、改造、吸收，囫囵吞枣，生搬硬套，会“水土不服”；生吞活剥，会食而不化。要批判地吸收外国家庭教育文化中有益的东西，有选择取舍地、不卑不亢地借鉴，为我所用，并努力使之本土化，融入中国家庭教育文化，进一步丰富中国家庭教育文化。

2020 年 8 月 28 日于京师园

（赵忠心，中国家庭教育学会原副会长，中国教育学会家庭教育专业委员会名誉理事长，北京师范大学教授）

序 二

田慧生

家庭，是人类社会生活的基本单位。每个人都来自家庭，并在家庭中成长和发展。家庭教育是一切教育的基础。对未成年人来说，家庭是他们的第一所学校，父母是他们的第一任老师。教育家蔡元培说："家庭者，人生最初之学校也。"教育家苏霍姆林斯基指出："社会教育是从家庭教育开始的。形象地说，家庭教育好比树木的根须，供养着教育的树干、枝叶和花果。"

中华民族历来重视家庭，正所谓"天下之本在国，国之本在家"。《大学》提出："欲治其国者，先齐其家。""家齐而后国治。""其家不可教，而能教人者，无之。"司马光把"齐家"作为"治国""平天下"的基础，认为其关系到国家和社会兴亡。重视家庭教育是中华优秀传统文化的重要特征。在普遍设立学校之前，家庭是最主要的教育场所。

党和国家高度重视家庭教育。习近平总书记多次强调："没有千千万万家庭幸福美满，就没有国家繁荣发展。""要注重家庭，注重家教，注重家风。"在 2018 年全国教育大会上，习近平总书记再次强调："家庭是人生的第一所学校，家长是孩子的第一任老师，要给孩子讲好'人生第一课'，帮助扣好人生第一粒扣子。"

《当代家庭建设与家庭教育理论丛书》立足中华文化传统，顺应时代发展特点，对家庭教育的理论与实践做了很好的梳理与研究，并努力尝试从多学科视野来建构家庭教育理论研究体系。

一、丰富了家庭教育研究哲学观

这套丛书将家庭教育研究的相关学科进行有机结合，必然需要一个统整的思路引领丛书的创作方向。从这一点上看，丛书将系统整体观、辩证统一观、动态平衡观，以及过程发展观等哲学观很好地体现在写作之中，既体现了鲜明的中华文化传统特征，又吸收了西方有益的家庭教育观点。

二、拓展了本土化理论研究思路

这套丛书在运用多学科视野开展家庭教育研究的同时，还特别注意运用心理发展与人格形成的系统发展理论和实践，深化对本土化家庭教育理论研究的思考，探索建立系统性的本土化家庭教育理论，形成更加适合中国人的本土化家庭建设与家庭教育理论体系。

三、体现了传统文化与现代文化的融合统一

扎根中华文化传统是建构中国家庭教育理论的基本前提，顺应时代发展新形势是中国家庭教育理论保持活力的关键所在。这套丛书既立足中华文化传统，又充分吸收现代文化的优秀成果，是植根于中国传统文化土壤，在新时代开出的家庭教育研究学术之花。

衷心祝愿这套根植历史悠久、文明辉煌的中华大地的家庭教育理论研究丛书，在众多家庭教育研究者共同努力下，开展跨学科的家庭教育理论研究，为形成中国特色的家庭教育理论体系尽一己之力！

（田慧生，教育部教材局局长，教育部课程教材研究所所长，
教育部基础教育课程教材发展中心主任）

序 三

汪卫东

关于家庭建设与家庭教育问题，我应该算是门外汉。严格地讲，我不应该在这个领域说话。我大学毕业于中医专业，读研时研究方向是针灸与气功，主要研究气功（涉及一些催眠与心理学知识）。进入临床以后，才慢慢涉猎催眠、精神分析、认知行为方面的知识。如何面对患者？如何建立关系？如何进行催眠治疗、精神分析或其他心理治疗？如何取得疗效？我那个时候只知道精神分析主要分析"童年创伤"和"性的问题"，几乎不了解其中更深的理论，更不知还有其他各种心理学理论流派。

那时，我不知道如何跟患者建立关系。就让患者在进行心理治疗之前，做一个提纲式作业，即：按从小到大的时间顺序，以年龄为每段回忆开头，回忆自己所经历过的：1. 伤心的、委屈的、痛苦的事。2. 恐惧的、害怕的、担心的事。3. 情感与性方面遇到过的、看到过的或者亲身经历的那些难以启齿的事。这个提纲式作业，是在弗洛伊德精神分析理论启示下设计的，当然也结合了中国传统文化与中国的临床实践。正是这份当时并不起眼的"提纲式作业"，让我了解患者得病之前经历过的重要事件，以此切入进行心理治疗。有了这个作业，我进行催眠治疗和精神分析治疗就轻松多了。我的一万多份临床心理治疗资料就是从那个时候开始积累的。人格发展理论体系的提炼也是基于这些活生生的病例。我记得，我治疗的第一个阳痿患者，患病过程是因为其父亲基于某种传统文化中关于性生活容易引起"肾虚"的理论，建议儿子与儿媳适当分居，有意识地控制或者减少儿子性生活的数量，导致患者发生阳痿。

我后来对这些提纲式作业进行质性分析时发现，家庭教养方式成为这些临床精神与心理病例中的重要影响因素。

带着这些问题，我们花了近七年时间研制了忆溯性人格发展量表（WMPI）。量表结构以患者的"提纲式作业"内容为基础。通过质性分析，提炼相关内容，再结合中国优秀传统文化、中医思维和测量理论研制而成。忆溯性人格发展量表常模研究过程中的数据证实：精神与心理疾病的形成与发展，生活事件的影响大约只占 40%，而家庭教养方式的影响度占到了 60%。这个结果完全证实了我们的假说：早期弗洛伊德发现的"童年创伤"或者"性的问题"并不是精神与心理疾病发生的主要原因，家庭教养方式才是主要原因，这是基于中国临床心理治疗实践得出的结论。当然这不能否定弗洛伊德当年的理论假说。或许只能认为，当年弗洛伊德精神分析理论形成过程中，并没有经历当今中国人的个体发展过程，更没有现在这些临床案例与临床研究数据的总结，因而精神分析学说可能不能完全说明个体异常发展过程或者精神与心理疾病的形成与发展过程，似乎更不可能解释近现代中国人的精神世界。因此可以认为，要研究当今中国人的个体心理发展过程特别是异常心理发展过程，或者中国的发展心理学，或者中国人精神与心理疾病后天发生发展的原因和心理病理机制，那么，研究中国目前的家庭发展状况，是一个绕不过去的点。

责任与使命都提示我们，要从家庭建设与家庭教育的角度来写一本有关家庭建设方面的书——《家庭发展学》。有一次，我与原国家卫生计生委员会家庭发展司王海东司长谈到了国家卫生计生委员会家庭发展司的机构形成过程。我突然眼前一亮，豁然开朗。家庭建设，家庭教育，目标都是为了促进家庭发展，家庭发展的终极目标是社会发展。因此，有了关于家庭建设理论思考的《家庭发展学》。个体发展是微观问题，家庭发展是中观问题，社会发展是宏观问题。个体发展是家庭发展的基础，家庭发展是社会发展的基础。从这个意义上讲，家庭教育也好，家庭建设也罢，都是在研究家庭发展！

把家庭发展也作为一门学问来研究，面临的挑战是非常大的。我们是战战兢兢，如履薄冰啊！我们按照学科构成的一般规律，尽量厘清家庭发展学科建设的相关问题，也请各位专家指正。同时，基于我们对于家庭建设和家庭教育的理解，结合以前学者的研究，我们又完成了《家庭教育学》。

基于以上认识，我们注意到，我国很长一段时间家庭教育的重点在于引导各类家庭在新时期社会发展中进行家庭建设，促进家庭发展。我们认识到家庭的文化或氛围，不应该是竞争文化，而恰恰应该是和谐文化。个体成长的目标，不应该仅仅是工作成就，而应该是个体身心健康基础上学习、生活、情趣、两性、情感、恋爱、婚姻、家庭、工作、事业等多方面的平衡发展。从弗洛伊德人格理论来看，个体心理健康是本我、自我与超我的相对平衡过程；从个体成长的内外健康关系来看，则是个体、家庭与社会三者之间关系的相对平衡过程。因此，家庭教育的过程，是每一个家庭成员人格趋于完善的过程，是家庭成员之间和谐关系的建立过程，是家庭成员内外关系亦即个体、家庭与社会三者关系的健康发展过程。

在完成《家庭发展学》与《家庭教育学》之后，我们逐渐形成了一支有志于从事家庭发展与家庭教育研究的中青年研究团队，也吸收家庭教育相关领域的工作者。我们开始系统思考家庭建设、家庭教育与家庭发展问题，形成了目前的丛书目录。家庭教育本身就是跨学科的研究领域，因此，教育学、心理学、医学、哲学、文化学、历史学、美学等这些学科的有机结合，就构成了家庭教育研究的百花园。

这套《当代家庭建设与家庭教育理论丛书》虽然经过几年的酝酿和思考，但是我们水平所限，问题在所难免。希望读者对这套丛书多提批评意见，来帮助我们进一步思考事关中国社会未来发展的家庭教育与家庭发展问题。

2020 年 6 月 8 日于徽州祁门

（汪卫东，中国中医科学院广安门医院首席研究员，

中国中医科学院广安门医院原副院长）

目录

第一章 家庭教育学概述

家庭，是人类社会生活的基本单位，也是一种永恒的社会现象。每个人都来自家庭，在家庭中生存、发展，实现种族绵延、社会维系。家庭教育是一切教育的基础。家庭教育与学校教育、社会教育相辅相成、相互促进。著名教育家苏霍姆林斯基指出："家庭教育好比树木的根须，供养着树干、枝叶和花果。学校教育的成果是建立在良好的家庭道德基础上的。""只有学校教育而没有家庭教育，或只有家庭教育而没有学校教育，都不能完成培养人这个极为细致、复杂的任务。最完备的教育是学校教育和家庭教育的结合。"

中国有重视家庭教育的传统，家庭教育原是中华文化里极其重要的一部分[①]。中国家庭与国家为"家庭—家族—国家"关系，形成了"家国同构"的社会政治模式。注重家庭教育已经成为中国古代社会的"共同意识"。孟子说："天下之本在国，国之本在家。"《大学》则更明确地说："欲治其国者，先齐其家""家齐而后国治""其家不可教，而能教人者，无之。"就反映了"家"与"国"之间的这种联系。司马光把"齐家"作为"治国""平天下"的基础，认为其关系到国家兴亡和社会发展。2018 年春节团拜会上，习近平总书记强调："中华民族历来重视家庭，正所谓'天下之本在国，国之本在家'，家和万事兴。……千家万户都好，国家才能好，民族才能好。"

不仅如此，目前国与国之间的竞争归根到底是人才竞争，人才素质高低关乎国家未来的命运。国民素质教育必须从早期抓起，而家庭教育是国民素质培养的主要阵地。家庭教育的研究关乎江山社稷长存、社会永续发展。因此，必须抓好家庭教育研究，建立一门系统的学科体系，科学、全面、深入地进行研究。

从学科发展视角看，"随着学科发展和社会需求的增加，原有的、传统的老学科本身已经不能适应社会发展和社会生活的需要，因而不论是自然科学还是社会科学，都呈现

① 黄迺毓 . 家庭教育［M］. 台中：五南图书出版公司，2014：31.

出新学科不断增加的发展趋势，并且主要表现为边缘学科、交叉学科等跨学科的、综合性新学科和应用新学科的出现”。① 家庭教育学正是这样一门有着强烈社会需求的综合性交叉学科。

每一门学科都有自己特定的研究对象、研究任务、研究范围、研究内容，也有基于一定哲学背景的研究指导思想和研究原则。对上述内容的基本阐述，是构建学科体系的基础工程。

一、学科性质

认识并明确家庭教育学的学科性质，是开展家庭教育研究的重要前提和基础。

（一）家庭教育学是教育学和社会学的交叉学科

从研究内容来看，家庭教育学的研究内容不仅包括教育学的一些研究内容，也包括社会学的研究内容。家庭教育学研究个人对他人的教育和影响，考察成年人对未成年人的影响，也考察家庭所有成员之间的相互影响。研究家庭中教育和影响的手段、方法和途径，因此具有教育学的性质。同时，家庭教育学研究婚姻关系、家庭内外人际关系、家庭功能、家庭互动、社会适应等，这些都具有社会学的性质。从研究方法来看，家庭教育学完全可以运用社会科学的研究方法进行研究。这一点与教育学和社会学是相同的。因此，家庭教育学首先是教育学和社会学交叉融合的产物，具有明显的交叉学科性质。

（二）家庭教育学具有跨学科的综合性质

家庭教育学既研究作为个体的人，也研究作为一个群体的家庭，作为群体的家庭也是由人及其相互关系构成的统一体。人，既是文化的、历史的，也是社会的，自然涉及文化学、人类学、社会学、历史学的范畴；人与人之间的互动涉及社会学、管理学等范畴，人的生理、心理、健康发展又涉及哲学、生理学、医学、心理学范畴，因此，家庭教育学可谓是哲学、文化学、人类学、社会学、历史学、医学、心理学、教育学等与人相关的跨多个学科的综合性学科。

① 李天燕．家庭教育学［M］．上海：复旦大学出版社，2013：5.

（三）家庭教育学是一门理论研究与实践研究相统一的学科

家庭教育本身是实践性的，家庭教育的理论研究是家庭教育指导实践的现实要求。同时，家庭教育成功的实践、失败的经验以及由此展开的深入研究，都可以为家庭教育理论研究提供实践支持。家庭教育这种理论研究与实践相辅相成、互为因果的关系，使家庭教育具备集理论性与实践性于一体的性质。

二、研究对象

任何一门科学的独立存在，都取决于它是否具有自己独特的研究领域，是否具有专门的研究对象。独特的研究领域、专门的研究对象是构成一门学科的先决条件。科学就是按照各自研究对象的特定领域所具有的特殊矛盾来分门别类的。家庭教育学的研究对象，概括地说，必须是家庭教育这一特殊领域中所特有的矛盾，即家庭中的教育者与被教育者之间的矛盾及其特殊性。我们应立足中华优秀传统文化，从家庭教育的一般问题入手，重点研究家庭教育的突出问题，探讨其特点和规律，构建适合当代家庭教育特点的本土化理论，指导家庭教育实践。

家庭教育学是研究家庭教育现状与发展趋势的科学，通过研究家庭教育的现状和问题，揭示家庭教育的客观规律，总结提炼出对家庭教育具有指导意义的理论。它的研究对象是：研究现代家庭中具有血亲关系（包含拟血亲关系）的父母与子女及其他成员之间的相互影响的互动现象，从而揭示其运动发展的规律。所谓拟血亲关系是指近似、类似血亲关系，即由收养关系重新组合的家庭和社会组织安排的临时家庭等成员之间的关系。

家庭教育学的研究对象既有单个的人，也有人与人构成的具有特定结构和功能的家庭，是个体研究和群体研究、历史研究和现实研究、纵向研究和横断研究的统一。

三、基本概念

家庭教育是教育的起点，对提高国民素质、促进社会发展具有重要作用。研究家庭教育，首先必须明确相关概念。

（一）家庭

家庭，即以婚姻关系为基础，以及由血缘或收养关系组成共同生活的社会细胞（即社会组织单元）。

同其他社会关系和社会组织一样，家庭不能脱离社会而单独存在。社会是家庭的舞台，社会环境是家庭的背景。家庭作为社会的基本单位，具有亲密结合与合作的特征，它为人们提供了基本的社会生活环境，为人们实现社会化提供了基本条件。家庭借助于社会生活制度及其规范，维系人类社会的正常生活，并不断强化社会规范。不同的社会制度，提出了不同的社会行为准则，家庭制度则是社会制度中最为普遍，且历史最为悠久的制度。从时间来看，家庭制度是最古老、最原始的制度之一；从空间来看，家庭制度是世界各国、各地区最普遍的一种制度。

在社会生活组织形式中，与社会关系不同，家庭具有自身的自然属性，是人类以两性结合和血缘联系为自然条件，以延续生命为基本功能的特殊的社会组织形式。

（二）家庭教育

家庭教育是人类的一种教育实践活动。家庭教育，可以从广义和狭义两个方面来阐述。广义的家庭教育指家庭成员之间以实现个体人格完善、家庭关系和谐、家庭健康发展为目标的相互影响、相互作用过程。狭义的家庭教育指家长（主要是父母）对未成年人的引导与影响。

家庭教育、学校教育和社会教育构成了完整的教育体系。家庭教育是教育的起点，在整个教育体系中具有奠基性作用。通过家庭教育，个体学会了基本的生存技能，并开始努力适应社会生活，学会思考、与人交流、建立良好的人际关系，有意识地参与社会生活和社会活动。

家长和未成年人都是家庭教育的重要参与者。在进行家庭教育的过程中，他们可以相互影响、相互学习。家长尤其是父母是家庭教育过程中的主要引导者，所以家长的自我教育、自我完善是首要任务。只有家长人格完善、身心健康，才可能教育出人格上健康成长的孩子。作为孩子成长的“第一面镜子”，家长需要不断进行自我反思、自我教育、自我完善，不断提升自身的整体素质。未成年人是家庭教育主要的被影响者，因此要重视未成年人的人格发展、身心健康，注重培养德智体美劳全面发展的人。

美国人类学家玛格丽特·米德在《文化与承诺——一项有关代沟的研究》（1970）一书中，将人类社会划分为前喻文化、并喻文化和后喻文化三个时代。前喻文化时代，指晚辈主要向长辈学习；并喻文化，指学习发生在同辈人之间；后喻文化，指长辈反过来向晚辈学习。人类社会正逐步进入后喻文化时代，家长也要向孩子学习。除此之外，特殊人群、特殊家庭、突发事件等特殊情况下的家庭教育也是我们研究的范畴。

（三）家庭建设

家庭教育是家庭建设的内容之一。家庭建设是全体家庭内外成员的关系再调整与再教育的过程，围绕着家庭和谐开展的以家庭构建与内外关系的稳定、持久、和谐以及家庭成员的个体身心健康发展为目标的系统管理过程。《公民道德建设实施纲要》指出："家庭生活和社会生活有着密切的联系，正确对待和处理家庭问题，共同培养和发展夫妻爱情、长幼亲情、邻里友情，不仅关系到每个家庭的幸福美满，也有利于社会的安定和和谐。"家是最小国，国是千万家。习近平总书记明确指出："不论时代发生多大的变化，不论生活格局发生多大的变化，我们都要重视家庭建设。"这句话强调了国家发展与家庭建设之间的辩证关系，将家庭建设的重要性提高到一个新的高度。

家庭建设的内容包括：健康家庭文化、婚姻前后男女情感关系、婚姻前后健康性关系、婚姻前后的物质财产与情感关系、婚姻前后男女双方原生家庭间健康关系、婚姻前后男女双方亲友间健康关系、女性特殊时期夫妻关系、和谐亲子关系等的构建与管理，以及家长自我教育和教育子女。

家长在家庭建设中扮演了极其重要的角色，家长对孩子的影响是潜移默化的。在家庭建设中，家庭教育是重要的一环。良好的家庭教育能够积极推动家庭建设进程，进而促进社会和谐、国家进步。

（四）家庭教育与家庭建设的关系

一个家庭中，夫妻关系和谐，家庭内外成员关系融洽，才能给子女提供安全、温馨的成长环境。在此基础上进行的家庭教育、自我教育才能真正促进个体身心健康成长。因此家庭建设和家庭教育关系如下：

1. 构建关系是家庭建设的核心，积极影响是家庭教育的核心

家庭是由两个以上或者两个具有血缘（亲子关系）、婚姻或收养关系的个体组成的最基础的社会单位。家庭建设的主要内容是构建关系，包括家庭内部关系（夫妻关系、亲子关系、祖辈关系、婆媳关系等）、家庭外部关系（邻里关系、同事关系、亲戚关系等）。一个和谐幸福的家庭，家庭内外关系都是和谐的；而一个问题家庭（即家庭内外关系不良、家庭规则运作僵硬、个人低自我价值感的家庭）家庭内外关系也必然问题重重。所以，构建关系是家庭建设的核心。

家庭教育是家庭成员双向互动、相互教育的活动。成人之间、亲子之间、兄弟姐妹之间、祖辈之间都是相互影响的。最好的家庭教育就是家庭成员之间都以积极、向上的精神面貌出现。这种积极影响会形成巨大的力量，推动被影响者积极改变。因此，积极影响是家庭教育的核心。

2. 家庭建设是家庭教育的基础、支持和保障，家庭教育是家庭建设的发展

家庭建设是家庭教育的基础、支持和保障。健康的家庭文化、和谐的家庭关系是家庭教育的基础。

家庭是人出生后接触的第一个环境，父母是第一任老师。家庭的存在能满足人的多种需求（如生理需求和心理需求），使人的身心需求得到最大程度的满足。家庭最原始的功能就是繁衍后代。随着社会的变迁，家庭的功能已经不仅于此，还包括情爱功能、性的功能、经济功能、保护功能、教育功能以及娱乐功能等。教育功能即是家庭建设的重要内容，家庭教育是家庭建设基础上的发展，构成家庭发展的重要一环。

3. 家庭建设是个体实现美好生活的基础条件，家庭教育是文化传承和社会发展的基本保障

近年来，我国的家庭建设发生了很大变化。家庭规模变小、非传统家庭模式的出现、人口老龄化等都影响着家庭建设。2019 年，中国有 415.4 万对夫妻离婚，离婚率为 2.97‰，比上一年降低 0.22‰。离异家庭、留守家庭、失独家庭的存在影响个人幸福，也影响社会和谐。建设和谐美好家庭，才能实现个人生活幸福。有了这个重要基础，才能谈及家庭教育。

家庭教育引导未成年人适应社会，逐步社会化，将一个国家的历史和文化传承下去，才能推动国家发展、社会进步。

4. 家庭关系构建是社会关系构建的前提和基础，家庭和谐是社会和谐的前提和基础

“家国同构”是中国的社会政治模式。家庭建设关系到国家稳定、社会发展，同时也保证个体身心健康发展。家庭内部和谐，以家庭为中心的外部关系才会和谐，家庭内外关系的和谐是社会关系和谐构建的前提和基础，只有家庭和谐，才能实现社会和谐。

5. 家庭教育指向未来，而家庭建设则立足现在，反思过去，面向未来

家庭教育包括家长的自我教育、自我完善，更重要的是引导未成年人健康成长，多是指向未来。家庭建设则不然，建设健康和谐家庭，是立足家庭当下，反思并创造性继承优良家庭文化传统，朝向建设美好的家庭生活。

6. 家庭教育、学校教育和社会教育的关系：家庭教育是基础，学校教育是发展，社会教育是保障

家庭教育、学校教育和社会教育构成一个完整的教育体系。家庭是孩子接受教育的第一场所。俗话说“三岁看大，七岁看老”，家庭教育奠定了个体人格发展的基础。学校教育是在家庭教育的基础上，继续完成人格发展，逐步完成社会化。社会教育提供了个体发展的大背景与经济、政治、文化、环境，为家庭教育和学校教育保驾护航。因此，家庭教育是基础，学校教育是发展，社会教育是保障。

四、研究任务

确立家庭教育学的目标和任务，对家庭教育有着重要的指导意义。教育的主要目的是培养人们共同生活、和谐生活和快乐生活的能力。是根据人的身心发展规律，通过对他人施加影响或引导，使个人积极适应、主动发展，成为与自我和谐、与自然和谐、与社会和谐的人。家庭教育学通过研究家庭教育现状，发现家庭教育存在的问题，把握家庭教育的发展脉络，揭示家庭教育的客观规律，预测家庭教育的发展趋势。

具体而言，家庭教育学的研究任务主要有以下几个方面：

（一）总结并提炼古今中外家庭教育经验

从古到今，无论是中国还是其他文化背景的国家，都积累了丰富的家庭教育实践，形成了各具特色的家庭教育理念和学说。这些都是新的历史条件下我们进行家庭教育理论研究、实践研究和政策研究的基础。因此，收集、整理、总结和提炼古今中外家庭教育经验，是家庭教育学的一项重要任务。

（二）建立和发展本土化家庭教育理论体系

家庭教育有悠久的历史，家庭教育的实践也非常丰富。但是，我国家庭教育的理论建设比较薄弱，远不能满足人民群众迫切需要家庭教育指导的现实。我国正处于转型期，同时又处于世界多极化、经济全球化、文化多样化、社会信息化的时代，家庭教育面临的问题比以往任何一个时期都更加复杂，家庭教育面临的形势也更加严峻。基于西方文化背景下的教育学、社会学和心理学等理论又不能很好地指导中国家庭教育实践。因此，建立和发展具有本土特色的家庭教育学理论体系，指导我国家庭教育实践，成为当前一项非常迫切的任务。

家庭教育实践性的特质使其对家庭教育的研究提出了更多要求。家庭教育的指导实践要求有理论基础、实践框架、指导方法、结果评估等，需要家庭教育学提供理论支持。

（三）为制定家庭教育政策提供研究保障

家庭教育的实践需要在政府的政策框架下进行，政府各部门的支持是家庭教育工作得以顺利进行的重要保障。在我国，家庭教育涉及全国妇联、教育部、卫生健康委员会、民政部、关工委、文明办等多个部门的工作，家庭教育学研究的跨学科性质使其研究成果可以为多个部门制定家庭教育政策提供理论和实践支持。

五、研究范围

家庭教育学跨学科的特点决定了其研究范围的广泛性。主要包括家庭教育的地位和作用、产生和发展、特点、性质、影响因素、目标、任务和内容、范围、理论、方法、家长教养方式、家长自我教育和自我成长、分类指导、特殊人群和特殊家庭的家庭教育等。

六、研究内容

家庭教育学的研究内容主要有：

（一）学科研究

家庭教育学是研究家庭教育这门学科基本问题的学问。家庭教育学要研究家庭教育的学科定位、学科性质、理论体系、学科建设与发展、与其他学科的关系等问题。所有与家庭教育学科相关的问题，都会涉及。

（二）教育对象

家长和未成年人都是家庭教育的重要参与者，家长要不断地充实自己的理论水平和教育能力，才能对未成年人进行正确的教育和引导。因此，家长自身能力的提升是提高家庭教育质量的一个重要环节。

未成年人是家庭教育的主要对象，在家庭建设和家庭教育过程中尤其要重视他们的心理健康。除了关注心理健康，还要重视对未成年人进行品德、人格健康、身体健康、智力等多个方面的教育。总之，家庭教育的内容应该是全面的教育，其内容应该包括家庭中成年人的教育与自我教育、未成年人的人格发展教育、未成年人的人生指导教育等。

（三）理论建设

我国是世界上四大文明古国之一，有着五千多年的历史，家庭教育理论与实践也源远流长。家庭教育的研究和发展必须植根于中国传统教育的理论与实践中。因此，研究中国传统的家庭教育方式和内容是非常有意义的，应该批判地继承中国传统家庭教育中的精华，建设与当代中国相适应的家庭教育理论体系。

（四）社会转型对当代中国家庭教育的影响

当前，我国进入改革开放新时期，经济社会急剧转型，各个方面变动不居。同时，世界进入大发展、大变革、大调整时期，国际形势变幻莫测，总体格局深度重塑。在这样的时代背景下，社会意识包括人们的思想观念、思维方式、价值取向、道德标准等也会发生相应的变化。有些变化是积极适应，有些变化则造成了不良社会影响，给家庭教育工作提出了新挑战。比如，“唯分数、唯升学、唯文凭、唯论文、唯帽子”，就是一种功利化的人才评价倾向。这种急功近利的心态培养了许多“精致的利已主义者”。而城镇化进程中人口频繁流动和工作压力增加引发了家庭分居、儿童留守、隔代抚养等一系列问题。年轻人婚恋观念更加开放，闪婚闪离屡见不鲜，离异家庭、重组家庭增多。新生代父母迫于生存压力或强调个人幸福，将子女托付给祖辈或社会机构养育。随着信息技术的普及，家庭生活日益电子化，家庭人际互动减少。孩子缺少与父母、同伴以及周围人的沟通交流，生活经验和自然体验少。因为孩子少，家长对孩子关注过多，溺爱更多，期望更高。很多独生子女已为人父母，出现“独生父母养育独生子女”问题……等等。因此，我们必须研究这些变化对家庭的影响，并提出解决策略。

思考题

1. 如何理解家庭教育学的学科特点？
2. 如何理解家庭教育和家庭建设的关系？
3. 如何构建具有中国特色的家庭教育理论体系？

第二章
中国家庭教育的历史与发展

中国家庭教育的历史与中华民族的历史一样悠久。一夫一妻制婚姻制度产生的同时，家庭教育由公共教育变成私人教育，家庭教育由此产生。中国家庭教育从产生到发展，经历了漫长的历史时期。在不同历史时期都有自己的特色。从距今约 5000 年有记载家庭教育到 1840 年，是中国古代家庭教育发展时期。先秦时期是中国家庭教育的形成和初步发展时期，秦汉时期是中国封建家庭教育框架定型时期，魏晋南北朝则是中国家庭教育发展的第一高峰，其中颜之推所著的《颜氏家训》是我国现存最早的家庭教育专著。唐宋时期中国家庭教育发展平稳，而明清时期是中国古代家庭教育繁荣并趋向衰落的时期。①1840 年到 1949 年，是中国近代家庭教育发展时期。中国近代家庭的发展一方面继承和发扬了中国古代家庭教育优良传统，同时又受中西文化交流和“西学东渐”历史进程的影响具有鲜明的时代特征。因此在整个百年近代家庭教育史中，始终呈现出历史与现实、传统与现代、民族性与世界性的双层矛盾和双重关注。②康有为、梁启超、严复、鲁迅、陈鹤琴、陶行知、郑晓沧、张雪门、张宗麟等都对中国近代家庭教育研究做出了重要贡献。陈鹤琴先生于 1925 年出版的《家庭教育》为中国近代家庭教育的代表作。

一、中国古代家庭教育

重视家庭教育是中华优秀传统文化的重要特征。从某种意义上来讲，中华文化正是由于建基于家族才得以世代相传，从未中断。家庭在我国悠久的历史长河中一直拥有特

① 马镛 . 中国家庭教育史［M］. 长沙：湖南教育出版社，1997：297.

② 南钢 . 我国家庭教育的近代转型［D］. 兰州：西北师范大学，2001：21.

别重要的地位。在家国同构的社会格局下，家庭不仅仅是社会的组成细胞，是种族生长绵延的单位，而且是个人人生意义所系，是社会的重要目的。当然，中国传统的家庭多是由家族和核心家庭共同构成的大家庭。家庭教育中，士大夫和地方家族是主要力量。重家教的家族往往能够较长时间地延续香火、兴旺发达，如有《郑氏规范》的郑义门、范仲淹创办的范氏义庄、曾国藩家族、张之洞家族，福州林浦林氏创造了以林元美为首的“七科八进士”和以林瀚为首的“三代五尚书”的科考奇迹，也可作为地方家族的典型代表。也有很多家庭不尊重教育规律，实施的是自然质朴的教育方法，甚至于简单粗暴。在正反两方面的经验教训中，中华先人格外重视家庭教育。恰如颜之推在《颜氏家训》序言中写道：“夫同言而信，信其所亲；同命而行，行其所服。禁童子之暴谑，则师友之诫，不如傅婢之指挥；止凡人之斗阋，则尧舜之道，不如寡妻之诲谕。”他观察到，同样的言语，因为是所亲近的人说出的就容易相信；同样的命令，因为是所佩服的人发出的就更易去执行。禁止小孩们的胡闹嬉笑，那些师友的训诫，就不如日常陪伴他们的阿姨的话更奏效；阻止人们的打架争吵，那尧舜的教导，就不如其妻子的劝解更管用。这说明了某些方面亲人和家人的教育有着更好的效果，更易获得孩子的认同与服从。

（一）中华文化传统对家庭教育的影响

“文化塑造了家庭教育，家庭教育也形成了文化。”① 人类学家李亦园也曾说：家庭其实就是基础文化养成之地，家庭中子女的养育，对整个民族文化实在有非常深远的影响。②

中国自古就极重视家庭教育，把家庭的盛衰寄托在子孙身上，“子孙贤则家道昌盛，子孙不贤则家道消败”。子孙是贤是愚，则“由乎蒙养”。“蒙以养正”，可以保家。家教的作用，不仅能保家扩业，而且有助于安国。中华文化何以有如此的特点？恰如许倬云所言，发源于“中原”的中华文化，由于黄土并不天然肥沃，有赖人为的努力，有一分力气下去出一分东西，放两分生出两分，不放就什么都没有。耕作也要长期地保持一块耕地才能有好的收获。长期改良小耕种地区的条件，稳定性很强，于是造成地缘的土著和亲缘的结合，同一地点的乡亲住在一起久了就变成一家人，使得在土著之外也有亲缘上紧密的结合③。中国先民以血缘和地缘依赖结合人群。“中国以亲缘来带动扩张的需求”，这是其他文明所没有的特色，“表现在社会关系上就是亲缘关系是所有关系的基因”。④

① 黄迺毓．家庭教育［M］．台中：五南图书出版公司，2014：37.
② 李亦园．信仰与文化［M］．台北：巨流图书公司，1981.
③ 许倬云．中国古代文化的特质［M］．厦门：海峡出版发行集团鹭江出版社，2016：16—17.
④ 许倬云．中国古代文化的特质［M］．厦门：海峡出版发行集团鹭江出版社，2016：18.

基于此，可以说中华文化是“家本位”文化：以血缘为基础的个人与家族的关系决定了中国文化是家族至上，因而也是集体主义的。家庭是中国人最基本的存在处境。人格的完善和生活的幸福都要在家庭中实现，治国平天下更要立足于家庭伦理。家庭也是个人生活的根本意义。一些学者的自杀研究发现，中国人的自杀和其特有的人性论、正义观有关系。这种人性论是“把人当成家庭生活的存在，将人与家庭的关系当作人的基本属性，并在这个基础上谈论人性”①。人性是和生存境遇相关的，与西方的人与城邦、人与上帝的关系不同，中国人的基本生存境遇首先是人与家庭的关系。在家庭中，“孝悌”是道德的出发点和回归点。人们既在家庭中获得赖以生存的物质，也产生情感联结、获得情感发育，亲密感、安全感、归属感、成就感、“光宗耀祖”式的荣耀感乃至于愧疚感、愤怒感都在不同情形下得以反复地体验，形成一个人的道德认知和道德体验，形成他/她在面临选择需要行动时的深层动机。当我们看待中国家庭的时候，“也不能简单地把它当作一种社会组织。即，并不是已经有自身的定义的人组成家庭，而是由家庭生活规定了其基本属性的人在社会中活动”②。“家本位”文化具有以下特点：第一，在家庭成员与作为整体的家庭的关系方面，强调家庭高于个人，个人利益应服从家庭利益；第二，强调每个家庭成员对家庭所负有的责任，并且认为这种责任应伴随家庭成员生命的始终；第三，“家本位”既包含“家庭本位”，也包含“家族本位”，即所有的家庭成员都负有对家庭所归属的家族的责任与义务，“光宗耀祖”即为此义。③中华文化向来重视历史的经验教训，历史也总是明明白白地昭示着正反两方面的教训。反面教训如一些名臣大家的子弟们不成器，“名父子弟多败德”，房玄龄、杜如晦、狄仁杰、李泌等人之子均不得善终。之所以如此，往往是“凡为官者，子孙往往无德，以习于骄恣浇薄故也”。④是因为官宦子弟往往由于衣食无忧娇生惯养，习惯了骄横浅薄恣意妄为而终至于没有道德的缘故。凡是真正为孩子、为家庭、为家族着想的人们应时时警醒。

由此，中国素有重视家庭教育的传统。家庭的香火是否能够得以延续，能否享有较高的社会地位，和家庭教育成功与否直接相关。家庭教育成为家族能否在整个国家和社会生活中占有一席之地的重要大事。家庭教育就成为族长、父母不可推卸的责任，是家庭巩固和兴盛的需要。同时，我国自古强调“家国同构”的社会政治模式，孟子说：“天下为本在国，国之本在家。”《大学》则更明确地概括了二者的关系：“欲治其国者，先齐其家。”“家齐而后国治。”并认为“其家不可教，而能教人者，无之”。司马光把“齐家”作为“治国”“平天下”的基础，认为其关系到国家和社会兴亡。这也形成了中国人的人生意义与目标：修身、齐家、治国、平天下。

---

① 吴飞.论“过日子”[J].社会学研究，2007(6)：70.

② 同上，2007(6)：71.

③ 杨善华，孙飞宇.“社会底蕴”：田野经验与思考[J].社会学，2015(1).

④ (清)吴汝纶撰.施培毅，徐寿凯校点.吴汝纶全集.卷三：尺牍·谕儿书.合肥：黄山书社，2002：572.

数千年中，无数士大夫们都自觉践行家庭教育。颜之推、范仲淹、司马光等是其代表。曾国藩就清醒地认识到真正能够持久地保证家道不衰，最重要的不是官职和财富，而是对子弟严格的家庭教育，教他们读书、修身、齐家、治国、平天下的道理。他在论及家道兴衰时指出："凡家道所以可久者，不恃一时之官爵，而恃长远之家规，不恃一二人之骤发，而恃大众之维持。""家中要兴旺，全靠出贤子弟。若子弟不贤不才，虽多积银积钱，积谷积产，积衣积书，总是枉然。子弟之贤否，六分本于天生，四分由于家教。"在曾国藩看来，子弟后辈是否贤能，有六分源于先天的遗传条件，四分则是由家教的好坏来决定的。曾国藩非常重视培养人才，并不仅仅只是为了一己之家，也是为振兴儒风扭转社会之风气，实现治国、平天下的远大抱负。

在地方家族中，也是如此。林氏家庙中的楹联也体现了林氏家族教育重视伦理传承和家族延续的思想："南渡千百载秉忠孝传承子孙能荣远祖，东植五十春霑雨露润泽枝繁叶茂固根本。""仰先人代出宦贤匡时济世德望长昭万古，期后辈重展志业兴邦利民勋猷遍播四方。"匡时济世的功业将先人和后辈连接起来，家族以此绵延不绝。此外，林氏的昭穆也有所体现，以乾隆丙寅谱谱例为例："先世命名以金木水火土相生为序；命字以'元亨利贞，天道之常；仁义礼智，人性之纲'十六字为序。兹采众议，将末改为'恒秉斯章'四字。"后世又续增八字为"立修齐志，为邦家光"。今又续十六字"展志平学，启大同端；传经衍庆，积德流芳"。[1] 家庭教育，既决定着家庭家族的生存发展，也关系着国家政治稳定和社会的发展，家庭教育的社会意义得以凸显。

（二）古代家庭教育的目标和内容

1."做人"是中华优秀传统文化中家庭教育的纲

中华优秀传统文化中家庭教育的内容丰富，"做人"是总纲。教育以对人的理解为前提。人作为万物之灵，是如何从世间万物中超越出来而成为万物之灵的，这是中华先人上下求索的问题。"人性"是什么呢？怎么和其他万物尤其是禽兽区分呢？中华文化对人的理解首先是仁爱。仁者爱人，"人性"一词在文化传统中就包含着"爱人"怜物，悲天悯人。而"不是人"，往往就是对一个人最大的否定。中华优秀传统文化洋溢着朴素的人道主义，"仁者爱人""己所不欲，勿施于人"的社会生活黄金律广泛影响着人们，这是家庭教育的总纲。

明儒高攀龙在《高忠宪公家训》中就强调，人要活出人的光彩，活出人的尊严和价值："吾人立身天地间，只思量作得一个人，是第一义，余事都没要紧。放宽一分，自

---

① http://www.xungen.so/Html/3001.html.

有余味。”① 他在《高忠宪公家训》中告诉子孙后代，我们生在这天地之间，最紧要的事，是时时刻刻想着自己是一个人，这是第一位的，别的事，都不要紧，不要烦恼，有时放宽些，会有一些新的体会。明初大儒薛王宣则教育子女：“人之所以异于禽兽者伦理而已。”薛王宣在此强调了儒家的观点：人和禽兽的区别，就在于人讲求伦理道德。如果说高攀龙和薛王宣所言较为抽象，清朝的朱柏庐和郑板桥则更为情景化、具体化地阐释了这一总纲。朱柏庐《朱子家训》言：“见富贵而生谄容者，最可耻；遇贫穷而作骄态者，贱莫甚。”“勿恃势力而凌逼孤寡；毋贪口腹而恣杀牲禽。”朱柏庐列举了人生在世最为常见的几种情境，告诉后人在这些情境中该如何做人：见到富贵的人不能生谄媚之态，遇到贫穷的人不能有骄蛮之态；做人要有节制，不能仗势欺人，不能为了自己的口腹之欲而随意地杀生。

郑板桥在外任职时，写信给在老家照顾家小的弟弟，嘱咐他教育孩子，要宽厚待人：“余五十二岁始得子，岂有不爱之理？然爱之必以其道，虽嬉戏玩要，务令忠厚悱恻，毋为刻急也。平生最不喜笼中养鸟。我图娱悦，彼在囚牢，何情何理，而必屈物之性以适吾性乎！至于发系蜻蜓，线缚螃蟹，为小儿玩具，不过一时片刻便折拉而死。夫天地生物，化育劬劳，一蚁一虫，皆本阴阳五行之气氤氲而出。上帝亦心心爱念。而万物之性人为贵，吾辈竟不能体天之心以为心，万物将何所托命乎？”“我不在家，儿子便是你管束，要须长其忠厚之情，驱其残忍之性，不得以为犹子而姑纵惜也。家人儿女，总是天地间一般人，当一般爱惜，不可使吾儿凌虐他。凡鱼飧果饼，宜均分散给，大家欢嬉跳跃。若吾儿坐食好物，令家人子远立而望，不得一沾唇齿；其父母见而怜之，无可如何，呼之使去，岂非割心剜肉乎！夫读书中举中进士做官，此是小事，第一要明理做个好人。”② 在“不孝有三，无后为大”的大环境下，老来得子的郑板桥，毫不掩饰他对儿子的喜爱，但仍清醒地认识到要爱之以道，要时刻注意对孩子的教育，即使是平日的玩要嬉戏，也要注意原则和底线，仁人爱物，不去伤害一蚁一虫，要去顾虑到佣人和其孩子的感受。他把做人、做个好人放在第一位，而读书中进士做官，则看作小事。郑板桥等人把“做人”“做好人”看作是家庭教育的首要任务，是中华优秀传统文化在家庭教育思想上的集中体现，值得我们深思、继承并发扬光大。

2. 家庭教育关注“德行志向”

中国传统家庭教育主要有以下五个方面的内容：

一是重孝悌。孝敬父母、尊重长辈是儒家的基本道德原则，也是家庭、家族得以稳定发展的关键因素。许多名门望族都得益于此。《颜氏家训》开篇即言：“夫圣贤之书，教人诚孝，慎言检迹，立身扬名，亦已备矣。”颜之推总结过往圣贤所传下来的书籍，发

① 高攀龙 . 家训 . 历代名人家训［M］. 长沙：岳麓书社，1991：191.

② 郑板桥 . 潍县署中寄舍弟墨第二书 . 历代名人家训［M］. 长沙：岳麓书社，1991：244—245.

现都是教诲人们如何做人，主要就是要忠诚孝顺，说话要谨慎，行为要检点，建功立业使名播扬。他写家训，也并非有所创新，只是切实地把孝悌之道教给子辈后人而已。曾国藩写道："孝友为家庭之祥瑞，凡所称因果报应，他事或不尽验，独孝友则立获吉庆，反是则立获殃祸，无不验者。"① 曾国藩对历史和自己的经验进行总结，认识到孝悌友爱的确是家庭兴旺的法宝和祥瑞。就因果报应而言，他认为别的事情，可能并没有那么直接的因果关系，唯独孝悌友爱不同，当人能够做到孝悌友爱时，就立刻会获得吉祥喜庆，而不孝不悌不友不爱，则往往会遭遇祸殃。"吾细思凡天下官宦之家，多只一代享用便尽。其子孙始而骄佚，继而流荡，终而沟壑，能庆延一二代者鲜矣。商贾之家，勤俭者能延三四代；耕读之家，谨朴者能延五六代；孝友之家，则可以绵延十代八代。"② 在比较官宦之家、商贾之家、耕读之家和孝友之家在家族绵延上的区别时，他发现讲求孝友之家绵延最长。这使得他认为孝友是家庭能兴旺发达的根本。福建林氏家族就强调孝悌，贤达多有示范。即使贵为尚书，林瀚对待长辈仍然相当敬重、礼貌相待。林家孝悌家风相传，林瀚的孙子林燫也很孝顺，侍奉父亲很是尽心，父亲每每离家时，他都在数十里外迎送，不忍别离，长跪在那儿，抱着父亲的膝盖不忍起来。"宗伯（林燫字）性尤笃孝，其侍荣禄公于馆局，烝烝色养。既荣禄公官南部，数以公事如都下，宗伯迎送必数十里外。长跽而泣，抱膝不忍起。"③ 元美在临终前，叮嘱子孙"吾病殆不可延，汝辈惟和顺，惟读书，惟守分循理，以无玷祖宗。吾瞑目地下矣！"④ 民间各宗谱、家训，也多明确地把"孝悌"作为家族的重要规矩。如《库川胡氏宗谱》："万恶淫为首，百善孝为先，子孙敢有忤逆父母、气凌尊长者，亲房不得徇情。为人者须知屋檐滴水从上落，点点滴滴不差移。为人妇者，需修妇德，事舅姑以孝顺，奉丈夫以恭敬，待娣姑子孙以慈爱。"明确子孙要以孝为先的原则，家族中子孙若有不孝顺父母的，宗亲们都不能包庇他（她），还特别强调了做媳妇对待公婆、丈夫、娣姑、子孙该有的道德规范。《华溪胡氏宗谱》则以"恩莫大于父母，情莫切于兄弟"简单明了地强调了做人要孝悌。从情感、道理上入手，数以规矩榜样，又加以硬性的违规惩罚，以最终使子弟能够成为孝悌之人，家庭能够成为孝悌之家。

二是尚勤俭。在农业文明中，大家庭要兴旺发达，需家庭成员勤劳节俭。因此，勤俭历来是中华民族传统美德。曾国藩不厌其烦地告诫诸弟及子孙："凡一家之中，勤敬二字能守得几分，未有不兴；若全无一分，未有不败。"⑤ 还具体地教导他们自己动手种菜摘菜："凡菜茹手植手撷者，其味弥甘；凡物亲历艰苦而得者，食之弥安也。"⑥ 吃自己种

① 曾国藩 . 曾国藩全书［M］. 呼和浩特：内蒙古大学出版社，2009：574.
② 曾国藩撰，邓云生点校 . 曾国藩全集·家书，卷一［M］. 长沙：岳麓书社，1990：67.
③《廉江林氏族谱》理事会 . 廉江林氏族谱（文献卷）［M］. 香港：香港文学报社出版公司，2009：334.
④ 林立桯，林伟功 . 林瀚暨廉江林氏先贤文选［M］. 福建省姓氏源流研究会林氏委员会，1999：224.
⑤ 曾国藩 . 曾国藩治家全书［M］. 长沙：岳麓书社，1997：29.
⑥ 邓立勋 . 曾国藩自述（上）［M］. 海口：海南出版社，1996：3.

自己摘的菜会格外好吃，吃自己辛苦劳动得来的食物，吃着也安心。他还教导子弟：“凡仕宦之家，由俭入奢易，由奢返俭难。无论大家小家，士农工商，勤苦俭约，未有不兴，骄奢倦怠，未有不败。”①“历览有国有家之兴，皆由克勤克俭所致。”②林瀚在家书中对子孙置办产业时做出了节俭的要求：“宜购一小馆居止，日逐节俭用度，不可浪费。吾家素无厚积，汝岂不知。”教育子弟要克勤克俭，在日常生活中注意节俭用度，不可浪费。林瀚子林庭机“一室萧然，无异寒士”。林瀚孙林烃“在官时，布衣粗食，归家只图书数箧，乡居生活俭朴，无所请求”。宋司马光多次强调节俭的重要性，在《训俭示康》中道：“‘顾人之常情，由俭入奢易，由奢入俭难。吾今日之俸，岂能常有？身岂能常存？一旦异于今日，家人习奢已久，不能顿俭，必致失所。岂若吾居位、去位、身存、身亡，常如一日乎？’呜呼，大贤之深谋远虑，岂庸人所及哉！”司马光把由俭入奢易、由奢入俭难的道理和自己所居之官、所有之身结合起来，说明长保小康对家人幸福、家族绵延的重要性。作为既读书又理事的朝中要员，司马光进而思考了节俭之所以能作为美德的原因——节俭可以把人的欲望控制在合理的范围内，这样对于大人物而言，则不至于贪污受贿、贪赃枉法失了道义。对普通老百姓而言，则能够过好日子。据其《训子孙文·居家杂议》载：“俭则寡欲，君子寡欲，则不役于物，可以直道而行；小人寡欲，则能谨身、节用、远罪、丰家。故曰：俭，德之共也。侈则多欲，君子多欲，则贪慕富贵，枉道速祸；小人多欲，则多求妄用，败家丧身。是以居官必贿，居乡必盗。故曰：侈，恶之大也。”明代庞尚鹏的《庞氏家训》中，也有类似的说法，如：“一粥一饭，当思来之不易，半丝半缕，恒念物力维艰。”

三是倡立志。中华文化对于人的理解，除却在关系中的道德修养外，还注重自身的提升，重视“立志”。孔子讲：“吾十有五而志于学。”俗语讲“人贵有志”，“三军可夺帅也，匹夫不可夺志也”，“穷且益坚，不坠青云之志”……立志，是家庭教育中的重要内容。三国时期诸葛亮在《诫子书》中说：“夫君子之行，静以修身，俭以养德。非淡泊无以明志，非宁静无以致远。”明代王阳明写有一教子立志的《书扇示正宪》，推心置腹地教导儿子说：“汝自冬春来，颇解学文义，吾心岂不喜？顾此枝叶事，如树不植根，暂荣终必瘁。植根可如何？愿汝且立志！”③集学问事功于一身的王阳明，看到儿子用功于科举考试，便告诫他，这些是小事，就如一棵大树的枝叶，而重要的是培植树根，也就是要立大志。明代戏剧家汤显祖教育子弟：“有志方有智，有智方有志……珍重少年人，努力天下事。”④曾国藩也很注重立志，教导子弟要立志，立志做圣贤豪杰，有这样的志向，便可以做得到。曾国藩讲：“凡将相无种，圣贤豪杰亦无种，只要人肯立志，都可做得

① 曾国藩．曾国藩家训［M］．长沙：岳麓书社，1999：148.
② 尚诗公．中国历代家训大观．上海：文汇出版社，1992：551.
③ 王阳明．静心录之八·外集二．
④ 汤显祖．智志咏示子［M］．出版地不详．

到。”“人苟能自立志，则圣贤豪杰，何事不可为？何必借助于人？‘我欲仁，斯仁至矣。’我欲为孔孟，则日夜孜孜，惟孔孟之是学，人谁得而御我哉？若自己不立志，则虽日与尧舜禹汤同住，亦彼自彼我自我矣，何与于我哉？”他教诲子弟要立大志：“欲求变之之法，总须先立坚卓之志。”“君子之立志也，有民胞物与之量，有内圣外王之业，而后不忝于父母之生，不愧为天地之完人。”“士人读书，第一要有志，第二要有识，第三要有恒。有志则断不甘为下流；有识则知学问无尽，不敢以一得自足，如河伯之观海，如井蛙之窥天，皆无识者也；有恒则断无不成之事。此三者缺一不可。”①

中华文化中，立志和读书是密切相关、相辅相成的。春秋之后，社会阶层虽仍分为士农工商四民，但文化下移，有教无类，阶层之间是有虽狭窄而明确的通道的。这通道就是通过为学、读圣贤书而“学而优则仕”，不甘为下流的人，就要立志读书。《库川胡氏宗谱》：“为人者至乐莫如读书，至要莫如教子。子孙虽愚，经书不可不读，即使冥顽，纵有开悟之时。夫何但知争讼奢靡为事，而不教子读书，此有家者之大患也。当以争讼之心，为教子之心，以奢靡之费，为读书之费。读书志在圣贤，为官心存君国。穷则独善其身，达则兼济天下。”认为人最大的快乐是读书，人最要紧的事情是教育孩子。即使子孙天分不高，书还是不可不读，坚持读书，立志做圣贤，就是再愚钝无知的人，也总有开悟的时候。

立志，立什么样的志？“士之心”，而士是什么人呢？诸葛亮诫子“非学无以广才，非志无以成学”，就是说，要成才必须学习，要学习必须有远大的志向。《礼记·学记》曰：“玉不琢，不成器；人不学，不知道。”颜之推《颜氏家训·勉学》：“谚曰：‘积财千万，不如薄技在身。’技之易习而可贵者无过读书也。”《朱子家训》：“读书志在圣贤，非徒科第；为官心存君国，岂计身家。”这些文字，都是经验的总结和对人生的深刻思考，都告诉后人，作为万物之灵，人是要通过学习——重要的途径是读书——来最终完成作为一个人的存在的，也就是“成人”。而读书、学习，以立志学圣贤、心存家国为上，以功名利禄为下。左宗棠深恐儿子“读书无甚进境”，“将求为寻常子弟不可得”，以至常常“夜间思及，辄不成眠”。他在写给儿子孝威、孝宽的信中，训诫儿子不可因循苟且，“读书做人，先要立志”，“志患不立，尤患不坚”；并殷切教给“三到”（目到、口到、心到）的读书方法。曾国藩认为：“天下凡物加倍磨治，皆能变换本质，别生精彩，何况人之于学？但能日新又新，百倍其功，何患不变化气质，超凡入圣！”曾国藩从普遍的意义上认为万物皆能通过反复磨炼而变得更为精彩，更别说作为万物之灵的人了，人通过学习，更能使得人生精彩。如果能多用功读书修身，格物致知，又担心什么不能变化气质、超凡入圣呢？“超凡入圣”的气质变化，可以由读书而修来。曾国藩在家庭教育中非常重视读书，常常劝导、勉励其诸弟及子侄要奋发读书，认为“凡人多望子孙为大

① 曾国藩撰，邓云生点校．曾国藩全集·家书（一）[M]．长沙：岳麓书社，1985：309.

官，余不愿为大官，但愿为读书明理之君子”。他教育子弟在读书时要脚踏实地，循序渐进，指出：“若志在穷经，则须专守一经；志在作制义，则须专看一家文稿；志在作古文，则须专看一家文集。作各体诗亦然。作试帖亦然，万不可以兼营并骛，兼营则必一无所能矣。”曾国藩在总结古人的读书方法之上，兼以自己的读书心得，指出读书在通的基础上要专。

四是尚清廉。中华优秀传统文化以天人合一参悟天道而立人道，向来反对骄奢而尚清廉，成由清廉败由奢。无论是诸葛亮还是普通家庭，都教育子孙，由俭入奢易，由奢入俭难。曾国藩认为：“盖达官之子弟，听惯高议论，见惯大场面，往往轻慢师长，讥弹人短，所谓骄也。由骄而奢，而淫，而佚，以至于无恶不作，皆从骄字生出之弊。”①那些官二代，听惯了高谈阔论，见惯了大场面，往往易于对师长轻慢，指责别人的缺点和错误，生出骄慢之心。继而由骄慢生奢侈，纵欲放荡，以至于无恶不作。这些恶习恶行，都最初是从“骄”字生出来的。曾国藩还具体地阐述了官二代、世家子弟们在日常生活中的骄奢表现，告诫人们，骄奢也是由一点一滴滋长起来的：“世家子弟最易犯一奢字、傲字。不必锦衣玉食而后谓之奢也，但使皮袍呢褂俯拾即是，舆马仆从习惯为常，此即日趋于奢矣。见乡人则嗤其朴陋，见雇工则颐指气使，此即日习于傲矣。《书》称‘世禄之家，鲜克由礼’，《传》称‘骄奢淫逸，宠禄过也’。京师子弟之坏，未有不由骄、奢二字者，尔与诸弟其戒之。”他在家训中再次强调了要戒骄慢，列举了骄慢四种表现形式：“天地间惟谦谨是载福之道，骄则满，满则倾矣。凡动口动笔，厌人之俗，嫌人之鄙，议人之短，发人之覆，皆骄也。无论所指未必果当，即使一一切当，已为天道所不许。吾家子弟满腔骄傲之气，开口便道人短长，笑人鄙陋，均非好气象。……欲去骄字，总以不轻非笑人为第一义；欲去惰字，总以不晏起为第一义。”他还总结了家之四败：“妇女奢淫者败；子弟骄怠者败；兄弟不和者败；侮师慢客者败。”首先就是“奢败”，与此相应，是尚清廉。林氏先贤为官期间，克己奉公、为官清廉。林氏第一代尚书林瀚为后人树立了良好的榜样。他在给子孙的家书中强调：“居官须要清慎勤劳，修举职业，思振家声为可。”“当尽心竭力图报朝廷，增光先代，惟我与尔皆所当勉。”在先人的教诲和勉励下，林氏后人将为官清正、清廉职守的高尚品格不断地延续。林燫“家居时屋为火焚，地方官欲为修建，林燫辞谢不受”。作为世家大族，又身居要职的林燫，在家休假时房屋遭火灾，地方官想为其修建重整，他坚决地辞谢不让。这是尚清廉的具体行为，为后辈做出了示范。林烃“断事敏决，以原告与被告，不必久等，止费一升米之用，人民称为‘林一升’”。林烃在做官行政之时，不弄权，不以权谋私，不是吃了原告吃被告，而是公开透明讲求效率，打官司的费用也就一升米，人送外号“林一升”。林家人前后相继，形成良好尚清廉的家风，终至名门。

① 曾国藩撰，邓云生点校．曾国藩全集·家书（二）[M]．长沙：岳麓书社，1985：406.

历史上许多母亲也都留下了教育后辈清廉的佳话。陶侃字士行，魏晋时期晋朝人，其父早亡，母亲湛氏，是中国古代有名的贤良妇女。据《晋书》记载，陶侃早年家贫，鄱阳孝廉范逵曾在大雪时寓宿其家。陶母悄悄地剪了长发卖与邻人，以供肴馔。范逵知道了事情的原委，又听说了陶母教子的事后，叹息道："非此母不生此子！"陶母在当时已是远近闻名的教子有方之人，是陶母的教诲使陶侃"成人"。最初陶侃出任浔阳县吏，后任江夏、武昌太守，虽身居高位，但他始终克勤克俭，以爱民和清廉而留名后世，在一些地方被作为神仙供奉。《世说新语》记载了一件其成人做官后，其母仍教导他清廉的事："陶公少时作鱼梁吏，尝以坩鲊饷母。母封鲊付使，反书责侃曰：'汝为吏，以官物见饷，非唯不益，乃增吾忧也。'"① 尽管父母都希望子女孝敬他们，古人更是讲求孝敬，但陶母更注重于"道"，她没有收下腌鱼并回信严肃批评儿子，会给陶侃什么样的心灵震撼呢！陶侃后来终成国家栋梁之材，其孙陶渊明也是一代大家。此类故事尚多。据记载，三国时期的孟仁，"除为盐池司马，作鲊寄母，母因以还之，曰：'汝为鱼官，而以鲊寄我，非避嫌也。'"孟母也是责备了寄送咸鱼的儿子，责问他这么做怎么能够避嫌呢？是啊，即使是自己花钱买的，但作为掌管地方渔业的官员，总还是免不了嫌疑，这绝非为官之道。陶母和孟母对儿子们的责备，反而使得陶侃和孟仁由衷地爱戴母亲，孟仁还是"二十四孝"之一"哭竹生笋"的主人公。唐代卢氏《训子崔元玮》书中说："吾闻姨兄辛元驭云：'儿子从宦者，有人来云，贫乏不自存，此是好消息。若赀货充足，裘马轻肥，此是恶消息。'吾尝以为确论。比见亲表中仕宦者，务多财以奉亲，而其亲不究所以来，但以为喜。若出乎禄察，可矣！不然，何异盗乎。"唐代崔元玮的母亲也申明爱子之道，教子清廉。她分得清什么是好消息什么是坏消息，儿子做官，人人都说这官做得清贫，这是好消息。如果家资充足有大把的银子，这就是坏消息了，是要令做母亲的担忧了。她还批评一些亲戚中的当官的，奉养父母很丰厚，而其父母并不查问这些钱物是从哪里来的，只是欢喜。她认为应该问问，这些奉养的钱物，是不是出自薪水。若不是，儿子们和做强盗的，又有什么区别呢？这对于我们当下，仍很有启发：如果父母亲人们，都能问问钱财如何得来的，恐怕贪腐行为会少很多，许多家庭也得以保存。明代李际阳母《遗子弟书》："昨闻人云：尔不好钱，只是以身借人，似乎不得时人欣羡，我心窃喜，但恐非尔所及也。子果有是，更当勉多为，无前进后退，只要认得理真，力所可为，虽天下非之而不顾，即害之所在，虽千万人吾往矣！切莫因人言而终止也。是嘱，是嘱！"李母勉励儿子保持"不好钱"的清廉作风，告诉他这样虽然不得凡人的欣羡，母亲的心却满是喜悦。她告诉儿子要坚持真理，要有勇气，不能因为别人的话语而改变初衷、随波逐流。清代方正瑗《述母训》诗，记述了他在外任期间，母亲给他的训诫，诗有云：

① 见《晋书·列女传》《世说新语·贤媛第十九》(《初潭集卷之三 贤妇》是明代李贽将《世说新语》和《焦氏类林》两书的材料合编而成，也收录了陶侃母亲湛氏的言行)。

“从政居大夫，国恩亦已优。秦中十五城，一箸兼为筹。万命倚生死，焉可殖私谋！大本贵先立，清风领诸侯。廉泉可以饮，腹满他何求。喜儿赤子心，虑儿骨不遒。”方母同样是明理之人，爱子以道，告诉儿子他应该怎么做母亲才真正地欢喜安心：清廉地为民为国而不为自己谋私利。

五是慎交友。古人很留意儿孙的交友问题。如《颜氏家训》就专列了“慕贤”篇来讲交友，认为谨慎择友是人生第一要事：“与善人居，如入芝兰之室，久而自芳也；与恶人居，如入鲍鱼之肆，久而自臭也。”“人在少年，神情未定，所与款狎。熏渍陶染，言笑举动，无心于学，潜移暗化，自然似之。”主要是从人的品性德行容易受到身边朋友的侵染和影响而言的。陆游所作《放翁家训》对子孙后辈“训以宽厚恭谨，勿令与浮薄者游处”，也强调了谨慎交友，不与那些肤浅轻薄之人交往的原则。明人杨继盛作《杨忠愍公遗笔》谆谆告诫后代说：“拣着老成忠厚、肯读书、肯学好的人，你就与他肝胆相交，语言必信，逐日与他相处，你自然成个好人，不入下流也。”①

（三）古代家庭教育的主要途径和方法

数千年来，中华民族在家庭教育方面已探索出了一套自己的途径和方法，形成了中华传统文化在家庭教育上的优势。主要有以下六个方面：

1. 重视早期教育

中华优秀传统文化认为人的本性是大体相同的，之所以长大后不同，是后天学习的结果。孔子曰：“性相近也，习相远也。”《史记》记载：“太妊之性，端一诚庄，惟德能行。及其妊娠，目不视恶色，耳不听淫声，口不出敖言，生文王而明圣，太妊教之，以一识百。卒为周宗，君子谓，太妊为能胎教。”《颜氏家训》讲：“少成若天性，习惯如自然。”《颜氏家训·教子》中这样写道：“凡庶纵不能尔，当及婴稚，识人颜色，知人喜怒，便加教诲，使为则为，使止则止。比及数岁，可省笞罚。”“凡怒子弟，小则骂，大则笞。”《颜氏家训·勉学》：“人生小幼，精神专利，长成以后，思虑散逸，固须早教，勿失机也。吾七岁时，诵《鲁灵光殿赋》，至于今日，十年一理，犹不遗忘。二十以外，所诵经书，一月废置，便至荒芜矣。然人有坎壈，失于盛年，犹当晚学，不可自弃。”陆世仪更实在，在《论小学》里这样强调：“教小儿，不但是出就外传谓之教，凡家庭之教最为急。每见人家养子，当其知识乍开时，即戏教以打人骂人，及玩以声色玩好之具，此等习气，沁人心腑，人才何缘得成就？”②

---

① 杨继盛．狱中与子书［M］．中华家教宝库．长春：吉林人民出版社，1993：585.
② （清）陈宏谋．五种遗规（养正遗规）［M］．北京：华侨出版社，2012：46.

2. 宽严相济、慈教结合

家长爱自己的孩子，是人类的天性，但过犹不及，没有原则、不讲方法的爱和简单粗暴同样是不可取的。中华优秀传统文化讲求宽严相济、慈教结合的原则。颜之推认为不能用溺爱来代替对孩子的教育，“无教而有爱，每不能然，饮食运为，恣其所欲，宜诫翻奖，应呵反笑，至有识知，谓法当尔。”不能“恣其所欲”，纵容孩子。《学记》中说：“禁于未发之谓豫。”在实践中，形成了“严父慈母”的模式，以实现慈教结合、宽严相济。如果母亲也能够做到慈教结合、宽严相济，则孩子成人成才的可能性更大。“昔孟母，择邻处，子不学，断机杼。”孟母三迁和断机杼的故事广为流传。“慈教结合”，也就是要爱之有道，倡导“威严而有慈”，反对“无教而有爱”。

司马光在《家范》卷三中写道：“为人母者，不患不慈，患于知爱而不知教也。古人有言曰：‘慈母败子。’爱而不教，使沦于不肖，陷于大恶，入于刑辟，归于乱亡，非他人败之也，母败之也。自古及今，若是者多矣，不可悉数。”由此可见，爱子必须教子，教子才是真正的爱子，否则便是溺爱。颜之推在《颜氏家训·教子》中举了一些溺爱害子的故事，如梁元帝时一学士，“聪敏有才，为父所宠，失于教义，一言之是，遍于行路，终年誉之；一行之非，掩藏文饰，冀其自改。”成年之后，虽然当了官，由于从小娇惯，暴慢日滋，结果被杀。由这些正反两方面的经验，颜之推总结道：“父母威严而有慈，则子女畏惧而生孝矣，吾见世间……骄慢已习，方复制之，捶挞至死而无威，忿怒日隆而增怨，逮于成长，终为败德。”

3. 强调长辈的榜样示范

中华先人早就认识到家庭环境和父母长辈对后辈的重要影响。早在《易经》中就讲：“蒙以养正，圣功也。”在《尚书》等典籍中，记载着怀孕的母亲们如何行事端正的故事。家庭教育中，母亲身为第一任老师，其品德和学识对子女的影响深远。林氏家族在重视伦理教育的过程中，对母教尤为重视。《颜氏家训》中强调：“夫风化者，自上而行于下者也，自先而施于后者也。是以父不慈则子不孝，兄不友则弟不恭。”指出了上行下效、先施后学的家庭教化之影响。以身作则，言传身教。“行不言之教。”

曾国藩以家书的形式明责或力劝教育子弟时，总不忘鞭挞自身道德完善，要求子弟做到的，自己首先做出示范。曾国藩谨守勤俭家风，不以奢靡为荣，独以勤俭为美。力戒奢华，力求俭朴，连缔结儿女婚姻也力拒浮华世家，唯恐沾染奢靡之气。正是这种言传与身教的有机结合，才使曾国藩的家庭教育落到了实处。长子曾纪泽书对联一副：“濡耳染目，靡丽纷华，慎勿忘先父俭以养廉之训；参羊倚衡，忠信笃敬，庶可行圣人存而不论之邦。”陆世仪在《思辨录辑要》中写道：“教子须以身率先……身教为之也……”张履祥就反对有的父母教子不从时责怪子不可教。他指出：“子弟教不率从，必是教之不尽其道，为父兄师长者但当反己自求，未可全责子弟也。”

中华数千年文明中，产生了很多家长以身作则树立榜样的故事。儒门七十二贤人的曾参就很好地体现了这一点。民间流传着“曾子杀猪”的故事：有一天，其妻上街买东西，儿子哭着要跟妈妈上街，曾妻对孩子说，你在家待着，我上街回来杀猪给你吃。曾妻回家后见曾子正在磨刀要杀猪，赶忙拦着不让杀，说不年不节的，杀猪干什么。曾子说：“婴儿非有知也，待父母而学者也，听父母之教。今子欺之，是教子欺也。母欺子，子而不信其母，非以成教也。”孟子小时候看到邻居杀猪，便问母亲邻居杀猪干什么。母亲随便回应说，给你吃猪肉呀。随后孟母意识到自己说错了，认为“古有胎教，今适有知而欺之，是教之不信”。于是向邻居买了一块肉让孟子吃了一顿。古人这些“信而勿欺”以身作则的教子方法，发挥了“起教于微妙”的作用，在当今仍有重要意义。

4. 形成体系化的家庭文化

这一点突出地显示在有意识自觉地进行家教中，如撰写家训、治家格言、家书等。中国传统家训经过了千百年的发展，已经转变成为中华民族的文化识别符号和民族的底色。有学者认为：“家训又称家教、家范、家诫或家规，它是封建士大夫阶层教诲其子孙后代如何安身立命、做官处世的教育读本。”还有学者认为：“家训主要是指父母对子孙、家长对家人、族长对族人的直接训示、亲自教诲，也包括兄长对弟妹的劝勉，夫妻之间的嘱托，后辈贤达者对长辈、弟对兄的建议与要求。”家训通常指父母对子女的训导、父祖为子孙写的训导之辞，典型的如《颜氏家训》《帝范》《义庄规范》《温公家范》《庭训格言》《诫子歆书》《戒子弟书》《与子书》《曾国藩家书》等。司马光回忆父亲的教诲是“夫孝始于事亲、中于事君、终于立身”。颜之推在给后人的家训中写道：“生子孩提，师保固明孝仁礼义，导习之矣。”《金华郑氏家范 · 治家杂训》说：“子孙自八岁入小学，十二岁就外傅，十六岁入大学，聘致明师训饬，必以孝悌忠信为主，期至于道。”林则徐写信给儿子说“须孝顺奉母”。

历代家长都对孩子从小灌输孝悌观念，并往往以身作则，这对孩子的孝观念的形成和孝行为的生成都起着无形的巨大的作用。林氏家族先辈将儒家所提倡的伦理纲常注入家训，以期培养儒家所推崇的“内圣外王”的理想人格。所指内容涉及广泛，有孝亲睦族的，如建阳雷氏的“百行之源莫先于孝”；有和睦族众的，如麻沙刘氏的“吾族人口众多，支派万千，何区远近，谁尊谁卑，皆子孙也”，教导子弟念根源之共，扶持寡孤门户；有励志向学的，如和平黄氏的“警立其志，鼓其精神”；有惜时求学的，如顺昌余氏的“青春不再汝知否，学不成名岂丈夫”的诗句，体现先辈训诫子弟勿贪嬉逸乐，须勤学用功；有崇尚俭业的，如建瓯叶氏的“节俭于内，树德于外”，松溪吴氏的“勤俭为居家至要，切勿游手好闲，滥用财物”；有童蒙养正的，如“老夫灌灌，小子翘翘，任其放旷之性，必且祸不旋踵”，许多家训设有“蒙养当豫”和“遵训迪”的纲目，着重突出“养”对蒙童的重要教育作用；有审择交友的，如浦城章氏的“交游不患寡，而患从邪”，建阳雷氏的“苟交不善，所习下流”等家训充分透析“谨交友”这一思想，这对家族子弟的成长起着积极引导作用；有为官清廉、从政以德的，如湖峰陈氏的“仕于朝也，为忠为良，勿沽虚名，勿贪高位”，“崇孝悌、睦宗族、勤读书、谨交友、尚节俭、端士品”。

5. 强调环境浸染

古人重视兴修祠堂、祭祀先祖、祭祀仪式、修撰族谱、沿用昭穆等内容，这些宗族系列活动与家族和睦、重根重节、道德教化的教育思想密不可分。通过这些活动将“慎终追远”“敦亲睦族”“血亲同源”的意识深深植根于家人的内心。

建筑文化也是营造文化氛围的重要举措。“传统建筑是历史文化的主要附着物。”通过与科举功名有关的古建筑、历史遗存、历史文物等“物态文化层”，述说家族久远的故事，是教育子弟的一条直观且有效的途径。建筑物包括宅第和廊桥、牌坊、桅杆，如“翰林第”、“大夫第”、“司马第”、“郎官第”、坂头花桥、“南州屏障”牌坊、“怀仁”石桅杆等；还包括下马亭、下马石，“文官下轿，武官下马”。

在细节处，为装饰文化。许多古民居建筑的门楼、窗格、斗拱、雀替、柱础等精美砖木雕饰，也蕴含着丰富的家族教育思想。许多古民居建筑雕饰图案，大多体现儒家“忠勇孝义”思想。“李氏大夫第”刻有“华容道”“博望坡”“长坂坡”“斩颜良”以及“千里送京娘”；“廖氏大夫第”刻有“萧何月下追韩信”“苏武牧羊”以及《二十四孝》中的“戏彩娱亲”等图案雕饰；一些古居有“一品清廉”“鲤鱼跳龙门”等砖雕图案，均表达家族先辈对子孙后代的深厚期望。有些学者称砖雕图案为“凝固的教科书”。匾联文化也是其中的一项重要组成部分。“匾联”是匾额和楹联的统称，是中国传统建筑上常见的装饰物。匾联从不同角度记载家族历史，昭示家族曾有的辉煌，同时对子弟起到激励、警策、训诫的作用，是一种无言而有效的家族教育形式。匾额，如“文魁”“武魁”“儒林储望”“一科双拔”“同榜三魁”，以此激发“早步蟾宫，高攀仙桂”的进仕之心；如“奉先思孝”“贤孝可风”“三让高风”“长幼有序”“好义急公”等，都有充分体现儒家思想。楹联，如“敦孝悌以重人伦，笃宗族以昭雍睦”“程门立雪，秘省步云”“两汉帝王胄，三刘文献家”“八闽上郡先贤地，千古贤良宰相家”“水源木本，祖德并天兴万代；春祭秋尝，历本照章永传世”等楹联，表现浓厚的崇祖观念和同源意识；“风光月霁襟怀，海阔天高气象”“即景静观云影天光皆韵致，舒怀远眺花红柳绿尽文章”“室内有奇观，月镜云屏花外侣；窗前无俗物，鸟歌鱼泳座中诗”等。楹联起到了对子弟进行潜移默化的道德教育和文化熏陶作用，以此引导、塑造、激励族人。

相关链接

朱庆澜谈家风

气象就是样子，家里是个什么样子，小孩一定变成什么样子。家庭气象，好比立个木头，小孩好比木头的影子。木是直的，影一定直；木是弯的，影一定弯，一点不会差的。

父母哪怕天天教小孩子和气，如果家里（风气）是个乖张（不讲情理）的样子，小孩一定变成乖张的脾气；哪怕天天教小孩勤谨，如果家里（风气）是个懒惰的样子，小孩也一定变成懒惰的脾气。

家庭教育的样子，不但在做父母的身上。做父母的想教成个小孩子，先要把一家子的弟兄妯娌人人都劝好教好，完完全全做成个好家庭的样子，小孩子才会好的。

（资料来源：王大龙主编，赵刚、王玲副主编．中国家教百年［M］．武汉：湖北教育出版社，2017：11.）

6. 主张生活践行

中华文化讲求知行合一，在教育上主张读书和生活相结合，在生活中践行。《易经》有"山下出泉，蒙。君子以果行育德"，认为等待启蒙教育的孩子，就像山下的泉水一样，刚开始是清澈澄明的。会教育的人们，是要以生活行为来培养教育他们的德行，这样才会有效。这一理念历来为人们所重视，很多人进行阐释并实践。如孔子要求"弟子入则孝，出则悌，谨而信，泛爱众，而亲仁，行有余力，则以学文"。（见《论语·学而》）他主张弟子们在家要孝顺父母，在外要尊敬长者，做人言行要谨慎守信用，与人友善，亲近有仁德的人，这样做了还有余力，就用来学习各种文化知识。陆游在写给儿子的诗《冬夜读书示子聿》中提出："纸上得来终觉浅，绝知此事要躬行。"这和读万卷书、行万里路一起，都已成为融入民族血液中的中华文化精神。清代陈宏谋强调："蒙养从入之门，则必自易知而易从者始。""凡一物、一则、一事、一宜，虽至纤至悉，皆以闲其放心，养其德性。"①认为父母师长们，在日常很是细微的事物规则中都要注意孩子在其中的行为举止和感受，以能够培养他们的德性。故此陈宏谋强烈主张负有教育责任的父母兄长，要重视日常生活的教育："吾愿为父兄者，毋视为易知而教之不严；为子弟者，更毋忽以为不足知而听之藐藐也。"②在漫长的岁月累积中，逐步形成日常教育的规范。如《弟子规》，在学童刚开蒙识字时，就以生活起居、侍奉长辈、言谈举止、待人接物这些最为基本的道德行为准则要求他们。在许多经典中，也讲明要从人人皆知、人人可行的日常习惯养成做起。如教育子弟洒扫应对，如《礼记·内则》从吃饭、说话到熟悉周围环境，初步理解和掌握时空概念，无所不教，以培养儿童适应生活、自我料理主动沟

①② （清）陈宏谋．五种遗规（养正遗规）［M］．北京：华侨出版社，2012：5.

通的能力。朱柏庐在《朱子家训》中“既昏便息，关锁门户，必亲自检点”。《郑氏规范》更是记录了子弟如何在家族生活中进行具体的学习生活。这些家庭教育的原则和方法体现了中华先人对于人和教育的认识，是继承和创新我国家庭教育的宝贵资源。

二、中国近代家庭教育

中华传统家教伴随着早慧的中华文明走过了数千年，在 19 世纪早期仍是有着“天朝上国”的自信。然而，闭关锁国的清政府不知欧美发生的翻天覆地变化。1840 年鸦片战争的坚船利炮，迫使先进的知识分子放眼看世界，从器物到制度，洋务派、维新派、保皇派、革命党相互竞争，开始了充满曲折的近代化之路。1862 年清政府建立近代中国第一所培养外语人才的专门机构——京师同文馆，拉开了“师夷长技以制夷”“中学为体、西学为用”洋务派学习西方先进科学技术的序幕。官派优秀学生赴海外留学，同时自费留学也开始流行。甲午战争的失败宣告了洋务运动的破产，以康有为、梁启超为代表的维新派吸收“东洋”“西洋”思想文化，开展了百日维新。1903 年颁布癸卯学制，1905 年废除科举制度，规定此后官吏主要从各种专门学校毕业生中挑选，这对读书人是真正的千年未有之大变局，对读书人的冲击是前所未有的，更是对传统家庭教育模式的大挑战。1912 年新学制更是吸收了欧美的教育制度。新式学堂和传统经学是完全不同的知识体系。家庭教育的功能开始出现质的变化。1919 年开始的新文化运动，“德先生”“赛先生”这民主与科学两位西方先生，给封建的家庭伦理道德观念猛烈的冲击。“在这变革和学习西方的浪潮中，传统思想观念和教育体系受到猛烈冲击，逐渐坍塌，新文化与新式学堂迅速崛起，逐渐占领文教阵地。家庭教育作为教育的一个组成部分，也自然受到大环境的影响，开始了转折与变革的历程。”①

半封建半殖民地的近代中国家庭教育，是在历史的剧变中，在西方新思想与中华传统思想相互交锋、激荡、交融与分化中进行的，在思想上形成了百家争鸣的局面，在实践上更是极不平衡的。城市和乡村、先进的知识分子与固守传统的知识分子之间差别巨大。当秋瑾等人留学东洋西洋时，很多家庭还奉行女子缠足。

在如此纷繁芜杂的历史阶段中，根据本书的旨趣，本部分将选取具有时代前进代表性的先进知识分子为主要的对象，并尽可能地呈现历史的演变。具体而言，是以吴汝纶（1840—1903）、梁启超（1873—1929）、朱庆澜（1874—1941）、柳亚子（1887—1958）、

① 马镛 . 中国家庭教育史［M］. 长沙：湖南教育出版社，1997：610.

陈鹤琴（1892—1982）、潘光旦（1899—1967）等著名人物和诸多知识分子所发表的相关文献和实践资料为主，以《红星照耀中国》所记载的诸多人物的童年回忆，朱德、老舍、胡适、曹聚仁、冯骥才、黄苗子等人的自述传记为辅，作为一手的研究资料进行梳理。

（一）近代家庭教育的特点

近代家庭教育呈现了鲜明的时代特点。欧美儿童观、亲子观、夫妻观等和家庭教育密切相关的新观念首先开始在先进的知识分子中传播，他们在家庭教育思想和实践上都开始了新的尝试。他们在吸收欧美先进观念的同时并没有完全抛弃传统的教育思想，而是不断以继承与革新的态度迎接那个剧变的时代。他们将传统家庭教育的精华与欧美先进的家庭教育观念相互结合，使得家教的基础、原则及内容等方面都有了新的气象。总之，中华悠久的家庭教育优良传统、救亡图存下民族民主意识的觉醒、西学东渐中欧美教育思想的广泛传播，使我国近代家庭教育呈现出丰富性、多样性和科学化。在传统的家训、家诫、家书等途径之外，伴随着杜威、蒙特梭利等人的影响日著，各地在家庭教育方面也著书立说，成立相应的机构，进行公开的讨论与实验。

1. 修身为本：对中华传统家教的继承

这一时期的家教，充分体现为对中华传统家教中修身为本的强调。梁启超、蔡元培等人都有论述，而以吴汝纶为典型代表。

吴汝纶做过曾国藩（1811—1871）、李鸿章（1823—1901）的幕僚，是清末著名的思想家和教育家。其书信由其子择后编成《谕儿书》刊行。他在强调立德修身的基础上，注重教育子弟为学立业和养身健体。立德修身方面，吴汝纶继承了中国传统家庭教育思想中的孝友、立志、宽以待人等内容，对女儿的教育相对不及对儿子那样重视。女儿稍大，“遂不复令亲笔墨”。同时，受西学影响，又主张以爱国主义为动力，以成人为目标，主张子弟有门西学以自立。他的家庭教育思想特别具有中国传统士大夫与近代西方交锋交融的特点。

立德修身，吴汝纶主张“孝友”为先、忍让为上、廉洁自立、宽敬待人，“凡为人先从孝友起。孝不但敬爱生父，凡伯父叔父，皆当敬爱之；不但敬爱生母，凡嫡母继母、伯叔母，皆当敬爱之，乃谓之孝。友则同父之兄弟姐妹，同祖之兄弟姐妹，同曾祖高祖之兄弟姐妹，皆当和让，此乃古人所谓亲九族也。读书不知此，用书何为？”① 一个大家庭里，怎么做到孝友呢？多靠忍让。吴汝纶写道：“忍让为家居美德，不闻孟子之言‘三

① （清）吴汝纶撰．施培毅，徐寿凯校点．吴汝纶全集．卷三：尺牍·谕儿书［M］．合肥：黄山书社，2002：572.

自反'①乎？若必以相争为胜，乃是大愚不灵，自寻烦恼。"②他极力反对买田置地，"吾兄弟平日全无不合意见，唯吾两弟时时欲买田宅，乃与兄大剌缪。吾料及吾身不致饥寒而死，若留与后人，则后有贤者，彼能自立，若皆不肖，虽有田岂能守？此妄见也。"③他要求子弟宽敬待人："凡为官者，子孙往往无德，以习于骄恣浇薄故也。"④这和封建传统士大夫的教子思想是完全一致的。他情真意切地对儿子说："汝性褊狭，事有不如意者，辄缭绕不去怀，不然则与人不平，见于词色，此皆病痛，宜自检点改过。"⑤要求子弟待人要宽容大度不刻薄，"责望人不必过深，有拂意者以大度处之"。唯有如此，才能"自家器局扩大，可以兼集众长"⑥。他坚守"义利"之辨，"乱世真不易处，所贵乎君子者，自处一衷诸义，不能尽顾利害"⑦，要求儿子在乱世之中，仍要以"义"立身。这是和中华传统家教内容是相同的，是对中华传统家教思想的继承。

同时，他要求儿子学习西方专门之学，"学成一门，必足自立也"⑧。并赞赏儿子道："汝所论大学多设专门，用翻译讲授，甚有见。"⑨在这样的交流中，父子相互学习，共同切磋。这又反映出欧美新思想对他的影响。

2. 独立自主的人格——欧风美雨对家庭教育的影响

近代家庭教育最显著的特点是接受了欧美等国家先进教育思想的影响。学习西学，是先进知识分子的普遍特征。沈家本（1840—1913）为其一例，他在主持清政府法律修订工作时，聘请日本多名专家、博士作为顾问，奏折、著作所作依据，多是"泰西欧美各邦""泰西各国""日本"云云。"本大臣奉命纂修新律，参酌中外，择善而从。现在欧美各国均无买卖人口之事，系用尊重人格之主义，其法实可取。"⑩在教育界，亦是如此。特别是随着留学生陶行知、陈鹤琴、胡适等人的影响逐渐扩大，随着杜威、罗素等人来华讲学达到了新教育思想传播高潮。从1919年5月到1921年7月，杜威夫妇在中国讲学两年两个月。杜威在中国的弟子们——郭秉文、胡适、蒋梦麟、陶行知、陈鹤琴等人的陪伴下，在北京、上海、杭州、南京、广州等地举办了两百多场学术演讲，由胡适、陶行知等人担任讲学的翻译。他的教育思想影响深远，如教育即儿童经验的改造、教育即生活、学校即社会等。新的儿童观、教育观念、家庭教育观念逐步流行。家长逐渐尊重子女人格尊严，并在实践上开始打破传统家长专制的家庭教

① "三自反"出自《孟子·离娄下》，依据《论语》《孟子》等经典的注释惯例，在此仅注明篇目。
② （清）吴汝纶撰．施培毅，徐寿凯校点．吴汝纶全集．卷三：尺牍·谕儿书．合肥：黄山书社，2002：579.
③ （清）吴汝纶撰．施培毅，徐寿凯校点．吴汝纶全集．卷三：尺牍·辑佚·与诒甫．合肥：黄山书社，2002：637.
④ （清）吴汝纶撰．施培毅，徐寿凯校点．吴汝纶全集．卷三：尺牍·谕儿书．合肥：黄山书社，2002：592.
⑤ 同上，588.
⑥ 同上，590—591.
⑦ 同上，575.
⑧ 同上，599.
⑨ 同上，601.
⑩ 沈家本．寄簃文存［M］．北京：商务印书馆，2015：17.

育模式。1920 年罗素来华讲学《儿童教育原理》。人是自己的主人，人要不断地自我了解、自我接纳、自我学习、自我肯定，最终自我实现。父母若能够给予儿童更多的支持和关爱，就能积极地发挥儿童的潜能。父母要协助孩子更清楚地认识自我，要给予孩子更多的尊重和接纳，培养孩子的自信和自尊，让孩子学会自己做决定。1937 年，奥地利人本主义心理学家阿德勒的著作《儿童之教育》，从心理学上强调了家庭教育应该让孩子有自主性，遵循大自然所赋予人的自然发展之道，父母应引领而不是压制其成长。

（1）独立自然的儿童观

在中华传统家庭教育中，三纲五常，尤其是“父为子纲”是极其严格的。贾宝玉听到贾政的话就要打哆嗦，鲁迅的父亲在全家人准备上船去看赛会时硬要他背诵“一字也不懂的《鉴略》”，背不出来就不准去。儿童是没有独立自主的人格的。文艺复兴后西方的儿童观发生了根本性质的变化，在进化论思想的大背景下，人们认为儿童是独立的、自主的，家庭教育应该尊重儿童。

蔡元培对传统封建教育模式进行反思与批判，反对家长、教育者预设一个目标强迫儿童接受的教育模式。他强调儿童教育的民主性，主张“尚自然、展个性”的教育原则。他认为要通过培育儿童德、智、体、美各方面的和谐发展，进而培养儿童健全的人格，为未来成为合格的公民打下基础。他还十分强调美育在儿童教育中的特殊作用，他甚至认为美育对学龄前儿童来说是最重要的教育方式。

鲁迅 1919 年 10 月写了《我们现在怎样做父亲》一文，文章根据进化论的学说，狠批了父权思想：“他们以为父对于子，有绝对的权力和威严，若是老子说话，当然无所不可，儿子有话，却在未说之前早已错了。”《风筝》讲述了今日之我对昨日之我的反思与检讨。鲁迅受杜威“儿童中心”思想的影响，提出了“幼者本位”的教育思想，“本位应在幼者，却反在长者，置重应在将来，却反在过去”。

陈鹤琴对传统的以家长意志为中心的教育模式并不赞同：“我们中国的旧家庭对于子女是很严厉的，古有‘君要臣死臣不得不死，父要子亡子不得不亡’之说，所以父权日重，而小孩子的意志日益浅薄，自由幸福也从此没有了。”①“然父母亦必须尊重子女的意志。断不能以一己之意志为意志，而驱使子女像牛马一样。”陈鹤琴也主张要尊重儿童的独立性，“凡小孩子能够自己做的事情，你千万不要替他代做”②，父母要积极地鼓励小孩子去试探外界新鲜的物质。近代以来的家庭教育思想开始主张家长尊重儿童独立的人格与意志，打破以家长为中心的教育理念。

（2）科学有为的母职教育

随着欧美家庭教育思想的传入，在“男主外、女主内”的家庭模式下，如何做母亲，

---

① 陈鹤琴 . 家庭教育［M］. 上海：华东师范大学出版社，2006：174.

② 同上，178.

母亲如何教育孩子的问题，以“母职教育”为主题，得到了广泛的讨论。母职该是两个目的，“一是因生殖个人以绵延人类，二是因改良个人以改良人种”。做母亲的一定要用自己的智慧、想象、艺术感觉以及生理上、心理上的本性使儿童自由发展，以达到“母职的最后也是唯一的一目的，是在教养出一班比现在人更高超的小孩子，庶可希望人类进步”。①

潘光旦以优生学为依据，提出了“母教”的五个阶段。第一是择教之教：女子为做母亲应接受相应的教育。他认为当时高中和高中以上的教育，只是在教别人吃饭的本领，根本没有涉及如何做人家的父母，更没有教女子如何做母亲。儿女的生、养、教是非于结婚以前有充分的学习不可的。第二是择父之教。第三是孕期保健的教育。第四是保育之教。第五归结为品格之教。“品格教育的最大的责任还是在家庭以内，还是母教的中心部分，实际上，家庭教育就等于品格教育，母教就是品格之教。”②

康有为等人均在中华传统重胎教的基础上，结合西方的思想，提出了近代胎教的思想。有学者系统地论述了胎教事项。第一，孕妇要处处以胎儿为前提，加强自身坚强意志的修养，“其精神中有此坚强意志之景象，必影响于胎儿。胎儿受此刺激，以为其精神之根本，则将来求其有坚强意志，则必较他儿未受此印象者为易，且其功效亦必较大也”。第二，孕妇要随时调节自己的感情，切勿以自己的喜怒哀乐影响胎儿成长，“务期和平乐易，不使有过激烈之发动，庶胎儿感之，得以为其中正情念之根本”。保持良好的情绪并非易事，因而，“故为之计者，内则当陶铭自己心性，借诗书之诵读或道德之谈话等类，以为涵养方法。外则当注意环境，凡易起激烈感情之地……及易起激烈感情之事……皆当早为避免”。第三，孕妇要使欲念平均，“无论贪淫放纵之不可为，即祈神候佛希知干名等之强度，亦不可使之过高，以免妨害胎儿欲念平均之根本”。最后，孕妇对于知识的选择应当谨慎，“择其适于生活而合乎道德者，多为灌注，以为胎儿智力之本。凡邪鄙不正之智识，如欺诈等足以为胎儿性灵之危害者，皆当绝对禁止，以防护胎儿智育德育之本”。③

（3）家庭教育的目的——培养健康的国家公民

1906年出版的《蒙养镜》为儿童读物，号称“家庭教育第一编”。该书由德国撒瓦士曼氏原著，日本大村仁大郎编述，清朝桐城人吴燕来译补，严复为其作序。严复在《蒙养镜序》一文中，从物竞天择、存国保种的角度，论述家庭教育特别是早期家庭教育的重要性。他认为，一个国家、一个民族的盛衰强弱，关键在于国民的素质，国民素质的高低，取决于幼时的教育，“夫一国一种之盛衰强弱，民为之也。而民之性质，为优胜，

① 雁冰评儿童公育问题—兼质挥杨二君．梅生编．中国妇女问题讨论集第五册．民国丛书第一编（18）．上海：上海书店，1989：60.

② 潘光旦．新母教．潘乃穆，潘乃和编，潘光旦文集第五卷［M］．北京：北京大学出版社，1997：145.

③ 洗震．人生之根本教育［J］．妇女杂志，1917，3（6）.

为劣败，少成为之也”。好的教育不仅仅是“设学堂，置教科，植师范，讲普及”等活动就可以实现的，根本的是要重视早期的家庭教育，“子弟之德，堂构之美，夫非偶然而至者，灼灼明矣”。康有为在他的《大同书》中描绘出一幅“无邦国、无帝王、人人平等、天下为公”的大同社会。在“去家界为天民”一部中，他提出了一套“公养”“公教”的体系，妇女怀孕后入“人本院”待产，婴儿出生后由“育婴院”“怀幼院”来养，后由“蒙学院”“小学院”“中学院”“大学院”来教育。梁启超发表《少年中国说》《新民说》等文。

许多知识分子在《妇女杂志》《教育杂志》等刊发文，表明了新的儿童观。“要晓得家庭非为过去而存在，实为将来而存在。我的子女，非为我而生于此世，为彼自身生活的向上而生，具有彼等自身应该负担的责任。所以做父母的，应该把眼光注于将来，尽量使子女得健全的发展，绝不要加入丝毫自我的目的在内。”① “过去中国父母教育子女的目的就是扬名显亲、光大门楣。换句话说，是以个人主义和家族主义作为出发点的。他们并没有想到教育子女要他成为对社会有用的分子，国家良好的公民。”② 越来越多的知识分子意识到要想取得民族的复兴，首先必须培养具有国家观念、民族意识的良好国民，为社会国家民族的前途谋福利，并以此为家庭教育的根本目标。“负家庭教育责任者，训练儿童时切不再被卑狭的宗族观念所麻醉，应有国家的观念，使儿童明了‘国家即四万万同胞的家庭’，教儿童立誓为国争荣。”③

3. 家庭教育开始立法

近代教育的另一个重要特点是家庭教育上升到了国家法律层面。1903 年，清政府颁布《奏定学堂章程》，设立蒙养院，确立了相对完备的近代学制系统。后又专门通过《蒙养院及家庭教育法》，规定设立蒙养院，招收三岁至七岁的儿童，通过游戏、谈话、歌谣等进行学前教育，特别强调“蒙养家教合一之宗旨，在于以蒙养院辅助家庭教育，以家庭教育包括女学”，确定了家庭教育在新学制的地位，进一步促进家庭教育的科学化、近代化。

民国时期，包含家庭教育方面的法令主要有《中等以下学校推行教育办法》(1938 年)、《推行家庭教育办法》(1940 年)、《家庭教育讲习班暂行办法》(1941 年) 及其具体的计划《家庭教育实验区设施计划要点》等。《推行家庭教育办法》提出：“各级教育行政机关应督导各级学校、社会教育机关及文化团体、妇女团体，按照本办法之规定，积极推行家庭教育。”并对之做了相应的安排和规范。《家庭教育讲习班暂行办法》是对《推行家庭教育办法》第八条的具体化，讲习班以“推进良好家庭教育，激发民族意识，灌输家事常识，改善家政管理，促进社会进步为宗旨”，暂行办法对讲习班的组织机构、

① 李光业 . 家庭之民本化［J］. 妇女杂志，1921，7（2）.
② 杨卫玉 . 民族复兴与家庭教育之改造［J］. 教育杂志，1936，26（12）.
③ 陆传籍 . 大时代的家庭教育［J］. 东方杂志，1939，36（9）.

工作人员、学院、教学安排、经费、学籍等方面进行了具体规定。以上法令，体现了近代家庭教育的进一步发展。但由于国民党政府在政治上的腐败、经济上的危机，只是在上海等极少数的地方有所体现，在绝大多数地方，成为一纸空文。

（二）近代家庭教育的主要思想

在近百年的发展中，近代家庭教育形成了可以归纳的主要思想，在家庭教育的主要目标、教育内容和教育方法三个主要方面都有所体现。不仅有《妇女杂志》《教育杂志》等刊物的相关文章，也有相关的论著面世。其中，1916 年时任广东省省长的朱庆澜亲笔撰写并捐资出版了《家庭教育》专著。1925 年，陈鹤琴也出版了《家庭教育》，该书融会家庭教育理论与实践，陶行知为之作序“愿与天下父母共读之”，认为是“近今中国出版教育专书中最有价值之著作”。全书 12 章，有 101 条家庭教育的原则。因为不仅有心理学、教育学的背景，而且是以陈鹤琴的长子一鸣为主要研究对象，切近、生动，一经出版便多次再版。综合起来，书中对家庭教育的主要目标、内容和方法阐述如下。

1. 家庭教育主要目标

家庭的教育目标是培养具有国家意识的多方面发展的独立的人。近代知识分子对家庭教育的“救亡”任务抱有极大的自觉性。“故吾国家庭教育，果能从今日起彻底改进，日就光明，则救亡可以不成问题。苟不然者，家庭教育长此腐朽，举家皆为无教之子弟，即举国皆为不良之公民，浊流滚滚，因果相弃，长夜漫漫，不知所属，虽日言救国，有何益哉。”① 朱庆澜也强调：“要把中国变强，非把中国的小孩好好教育起来不可，否则，中国永无翻身的日子。”“人人能照这本书教育子弟，能替国家养成好人民，是国家的大福气，能在家里养成好儿子，就是各家的大福气了。”② 因此，在传统的“成人”之教的基础上，特别在家庭教育中贯穿“爱国思想”的教育。同时，在身体健康、体育、德育、智育和美育等诸方面发展。

2. 家庭教育主要内容

在理论上，这一时期的教育内容呈现出多方面的特点。朱庆澜提出了“仁的教育”“义的教育”“礼的教育”“智的教育”“信的教育”“制苟且的教育”“勤俭的教育”“公德的教育”“军国民的教育”等九项内容。在实践上，柳亚子、梁启超、陈鹤琴等人在给儿女的教育中也体现出了家庭教育的全面性。梁启超作为典型的代表，后文我们会详细分析。在《柳亚子家书》中，柳亚子对孩子的生活，如加衣、理发、洗脚、晒被等日常琐事，极为关心。1920 年 9 月 17 日给柳无忌的信里，提醒儿子要时刻留心气温的变化，

① 王社伟 . 家庭教育与救亡［A］. 蒋息岑编 . 家庭教育的实际［C］. 上海：大东书局，1933：31.
② 朱庆澜 . 家庭教育 . 赵忠心编著 . 中国家教之道［M］. 桂林：广西科学技术出版社，1998：294.

不要贪懒。他曾多次在家书里督促刚上中学的儿子注意饮食，养成按时洗头、洗脚和勤换衣服的习惯。收录的524封家书里面，很大一部分涉及孩子学习方面。如他曾经多次让柳无忌把学校里面的章程和每周的课程表抄寄一份给他。对于孩子学业上取得的成绩，他由衷感到高兴。他的孩子们回忆说，"我们如有不对的地方，则好言教导，不大声斥骂。"① 他非常尊重孩子的自我意志，主张让孩子在相对自由的环境中成长与发展，一般的事情都由孩子自己做主。如对孩子的职业选择，仅仅提出建议，并不干涉。难能可贵的是，潘光旦、吴燕生等人特别关注特殊儿童的教育，对天才儿童、智障儿童、聋哑儿童的家庭教育进行了研究。

（1）公德与私德并重——道德品质培养

家庭教育，"其一为义较广，即儿童自出生以至入学，六七年间，生理与心理健全之保障是。其二为义较狭，即同时期内，儿童情感生活之指导，与道德观念之养成是"。② 近代的家庭教育沿袭传统的精髓，仍旧把德育放在首要位置，看重道德教育在人生教育过程中举足轻重的作用。"我国数千年教泽其所以为立国之精神者，道德而已矣。""道德之于人群犹元气之于万物也。天地成于元气，万物成于天地。人禽判于道德。故天虽生才，才者未必成君子，则以教育成之。" ③ 并认为忠恕之念及同情心是人类道德的根本④。"如过爱，则能消灭儿童之志气，渐趋于荒淫之途，而浪费金钱，诈伪等恶德乃因此而起。过不爱，则儿童日处于冷酷之境遇中，易流入残虐之途，而好斗殴人等事渐因之而起。" ⑤

朱庆澜提出的九项教育内容中，有五项是直接的德育内容。"仁的教育"，他解释为"仁就是良心，爱人爱物件之心"。教育儿童不要随便毁坏物件、动物，不要欺辱奴婢、婆妈、盲人、聋子、乞丐，不要仗势欺人。"义的教育"有两个方面："合理该做的事，拼命往前去做，叫义。不合理不该做的事，怕羞不去做，也叫作义。""礼的教育"，对孩子而言，一是要尊敬长者，二是对别人有礼貌。这些连同"信的教育""勤俭的教育"都与中华固有的传统教育思想是一致的，是其继承与发扬。

同时，以"爱国""公德"为主要内容的新的道德品质成为重要内容。朱庆澜所强调的"公德的教育""制苟且的教育"和"军国民的教育"体现了这一内容。"公德的教育"是针对私德而言，"爱自己的心叫私心，爱大众的心叫公德"。而传统教育对公德强调不够，"中国人人只知道有己，不知道有人，所以无从一个团体，人人只知道爱家，不知道爱国，所以把堂堂一个大国，制造成一个弱国"。因此，他主张公德教育要从小进行。他

① 柳无忌.我们的父亲柳亚子［M］.北京：中国友谊出版公司，1989：162.
② 潘光旦.中国之家庭问题.潘乃穆，潘乃和编.潘光旦文集第一卷［M］.北京：北京大学出版社，1997：220.
③ 游桂芬.论女子教育应注重道德［J］.妇女杂志，1915，1（6）.
④ 西神.家庭教育之精义［J］.妇女杂志，1917，3（7）.
⑤ 论道德教育之关系［J］.东方杂志，1905，2（4）.

还主张进行“制苟且的教育”，就是要救治意志薄弱有头无尾，“中国所以不能强盛的缘故，由于做事有头无尾”，从而提高中国人的民族自尊心和自信心。“军国民的教育”主张教儿童树立“爱国当兵”的思想。总之，此时主张父母应以各种知识，由浅入深教育儿童。例如在此国难期内，应将国耻史当故事讲给他们听，无形中培养他们的爱国思想，并使他们预先了解世界的大略情形。①

（2）体育

在救亡图存的历史使命下，在深为鸦片所害的状况下，先进的知识分子出于民族发展的考虑，开始把儿童视为下一代之国家栋梁、富国强兵的未来主体，非常重视儿童健康问题。在谈到家庭教育的任务时，多首先提到体育，把体育放在最重要的位置。认为无论家庭教育或学校教育，首先必须注意儿童的健康，必须养成儿童健壮的身体：身体为事业之母，儿童的身体，正在发育之中，稍一不慎，即易影响他的健康。故训练儿童的健全身体，实属重要。②人类事业的活动和发展，完全建筑在健全的身体之上，没有健全的身体，休想事业的活动和发展有优良成绩的表现。所以我们欲使民族新生命的活动能力，得以充分地扩展，非先锻炼儿童的健全体魄不为功。而尤其在我国，更应积极提倡健康教育，使民族新生命的体力健全，个个儿童都是身强力壮，以洗雪耻辱，增加国家的实力。③“我国旧法的教育，只求智力的发展，而不知身体的锻炼。其实身体的健全发育，是人生快乐和幸福的源泉。人们欲求心性的适当发展，非先使身体的各部能执行它们的正当官能不可；身心互为发展，这是不可移易的定理。”④在强调健康、体育的意义的同时，许多人也给出了具体的内容。

要使儿童从小养成有秩序的生活习惯，规定儿童的饮食起居、作息时间表，并督促其按规定实行。儿童的疾病多系饮食不慎引起的。因此，要使儿童身体康健，首要注意儿童的饮食。儿童的食品应富于滋养并易于消化，每日饮食的时间和分量要有定量，除规定时间外，不允许儿童吃零食。指导儿童进行体育活动，做适当的运动，不要过于激烈，也不要偏废，帮助儿童选择能使全身各部位发达的体育项目。还要经常进行户外活动，经常旅行、郊游等，以便呼吸新鲜空气，纳受充足的阳光。

（3）智育

在智育方面，此时期的知识分子反对把智育简单理解成读书识字，主张在日常生活中教给儿童以人和物的常识。他们认为我国种种学问之所以落后于西方国家，全由于家庭不使儿童接触自然物象所致。因此，今后家庭中当设法使儿童与自然物象接触。可以

---

① 朱庆澜．家庭教育．赵忠心编著．中国家教之道［M］．桂林：广西科学技术出版社，1998：294.

② 农隐．关于家庭教育的谈论［J］．妇女杂志，1925，11（10）.

③ 陆传籍．大时代的家庭教育［J］．东方杂志，1939，36（9）：77.

④ 东岑．家庭教育的改革［J］．妇女杂志，1928，14（12）：4.

利用儿童的好奇心、好知心，以增长他的新知识。对于一切动植物，可为实地的观察，观察自然美，可以养成高尚的情趣。①

在一般的社会生活常识、智力的增长之后，专业技术知识也逐步被强调。近代湖南黄氏是医学世家，黄世甘在1908年撰写家训强调："近代泰西医学，外科尤见奇效，输入中国，足见东海西海，均有圣人。""近年中西医之相谤，各存门户之见。""泰西医学，原不可以自圣；吾国医学，又安可以自封。""医学不可囿于一家之传、一地之见。""必须取古今中外各医家之同异，弃短取长，融会贯通。"陆林强调"医之为学，愈出而愈新。愈保其道，必以攻为守，所谓不进则退也"。②家庭教育中认可了除儒家经典以外的众多丰富的知识内容，鼓励子弟积极吸收有益的西学知识，社会逐渐形成崇尚西学、实学的风气。学者王师晋在家训中要求子弟除诵读儒家经典外，"力量有余，要留心经济之书，兵政、河渠、钱漕、法律"③等。

（4）美育

这一时期受西方美育思想的影响，扩展了传统的乐教，也将美育提到了相当高的地位。蔡元培曾提出了"以美育代宗教"的主张。"儿童本纯洁的天真，对于自然间的美善，具有特别的爱好。大地的伟美，花草的芬芳，都能自由吸收，以助长其烂漫的机运。"④"携儿童浏览名画及自然界之美丽景物或集良朋使儿童与之接近，其收效益巨。盖吾人智识非必尽得于书籍，一花一草之微、一山一水之秀，何尝不足以开吾人之茅塞，畅吾人之灵府。凡此种种既简且便，为父母者能稍分精力从事于此，则于家庭教育之道思过半矣。"⑤"盖因家庭之间，儿童与父母，最相接近，最相亲昵。为父母者，若能清洁儿童之环境，观察儿童之个性，因机利导，自不难养成良好之品性。"⑥

（5）性教育

近代以来，受西方思想的影响，我国的知识分子也慢慢开始对性教育进行公开的研究与探讨。与传统家庭教育中对性教育的刻意遮掩相比，近代家庭性教育思想呈现日趋开明的趋势。"家庭教育，既为各种教育之基础，两性教育，亦自以家庭为中心。"⑦

中国古代家教家风中，多认为男女两性上的严防死守是至关重要的。"有伤风化"，往往针对的是男女僭越礼制而言。"男女授受不亲"，闺门女"大门不出、二门不迈"，在婚姻上更是没有一点自主权，全凭"父母之命、媒妁之言"。"指腹为婚"、"娃娃亲"、童

① 王爵 . 改良家庭教育的我见［N］. 申报，1922-10-22（1）.
② 陆林 . 中华家训大观［M］. 合肥：安徽人民出版社，1994：541.
③ 同上，1994：521.
④ 东岑 . 家庭教育的改革［J］. 妇女杂志，1928，14（12）：4.
⑤ 希和 . 家庭中儿童之教育［N］. 申报，1921-11-26（4）.
⑥⑦ 林昭音 . 两性教育之研究［A］. 梅生编 . 中国妇女问题讨论集第三册［C］，民国丛书第一编（18）. 上海：上海书店，1989：88.

养媳是普遍存在的。父母如果要对子女实施合理的性教育，自己首先要端正对“性”的看法，“性的本能和日常生活上的各种本能，同占重要，没有什么不同。中国向来看两性关系是非常卑下而且秽亵，以为男女之间，除了严防以外，更无别法，甚至于夫妇之间，也有‘男居外，女居内。深宫固门，阍寺守之。男不入，女不出……’的话。在这种习惯之下，与性教育的意见，相差真是远极了”。如果继续对性采用避讳、闪躲的态度，家庭中性教育就难以有效实施。

周建人认为，“担任这职务的人，最好自然是母亲，因为教授那些知识，非得儿童的信任和儿童视为最亲的人不可。除母亲以外，或者由祖母担任也可以，但总觉得不及由母亲担任的好”①。父母应该关注儿童的日常生活，避免他们由于不良的生活习惯而导致性的刺激，减少儿童生理心理上的损伤。父母在对青春期子女进行两性教育时，要谨记男女交往是人类再正常不过的事情。两性为人类最重要的生活，男女的交际与爱情，是人类自然的本能。

林昭音在美国教育家惠尔的两性教育分期的基础上，提出了新的分期理论：自一岁至七岁为性教育的“蒙昧时期”；由于男女发育迟缓程度有别，故男自九岁至十七岁，女自八岁至十六岁为“青春发动期”；男自十八岁至二十五岁，女自十七岁至二十三岁为“觉悟时期”。此时父母应加强对子女婚恋观念的理论指导，“对于子女之婚姻，宜予以自由选择之权，而略加以指导”。②

链接：性教育的阶段性

合理的教授时机是性教育的关键，“兹为实施方便起见，分作五期：一、幼儿期，自生后约至六周岁；二、长童期，约自六周岁至十二周岁；三、青春期，约自十二周岁至十八周岁；四、成熟期，约自十八周岁至二十四周岁。此四期合而称之曰婚前之性教育。五、自结婚至育儿为止，称之曰婚后之性教育”。

3. 家庭教育的主要原则与方法

（1）崇尚身教

在教育原则与方法上，首先强调的是家长的言传身教。朱庆澜说“父母要做个样子”。他认为，“做父母的，一天到晚同儿女在一起，一举一动，儿女都把你监管着的。比如教儿女不要吃烟，父母断断不可吃烟，如果父母吃了烟，不但叫儿女疑心”，还“从

① 周建人. 性教育的理论与实践［A］. 梅生编. 中国妇女问题讨论集第五册，民国丛书第一编（18）. 上海：上海书店，1989：176.

② 林昭音. 两性教育之研究［A］. 梅生编. 中国妇女问题讨论集第三册［C］，民国丛书第一编（18）. 上海：上海书店，1989：94.

此不信父母的话”，“看不起父母”，“做出不服父母，不孝父母的事”。因此，父母“要禁止儿女不要做那样事，总要自己先不去做，要教儿女做那样事，总要自己先去做”。他把以身作则看作是家庭教育的“根本道理”“根本法”，并断言：“根本法一错，什么教法都是无效的。”

陈鹤琴明确提出做父母的一定要以身作则，并将“做父母的要以身作则”作为一章进行论述，具体有“做父母的待子女要公平”“做父母的对待子女应当有相当的礼貌”“切不可欺骗小孩子”等八个具体的原则与方法，涵盖了日常父母容易犯的错误。比如，父母应讲礼貌，他讲到传统上的旧家庭的严父，总是想让子女敬畏自己，以为要严厉地对待子女，子女才会敬畏。其实，要想得到子女的畏敬，仅仅依靠对子女严厉是不可的，“需要在行为上、举动上处处能够使做子女的佩服你、尊敬你，那么做子女的就不约而同地会敬畏你了。倘使做父母的行为乖张，举止轻狂，实在足以引起做子女的轻视之心，那么即使你天天打他们，骂他们，他们也不会畏敬你的”。① 此后，他在多个场合、多篇文章中反复强调了“父母以身作则”的原则：“要以身作则。这句话是非常重要的。我们晓得小孩子生来是很好的，也是无知无识。父母怎样做，他就怎样学……总之做父母的行为好，做小孩子的行为大概也是好的。反过来说，做父母的行为坏，他小孩子的行为大概也是坏的。所以做父母的教养子女的第一条原则，就是要尊重‘以身作则’这条原则。”② 只有这样，家庭教育才会真正有效，从而达到教育的目的。他还强调了父母态度要力求一致。

潘光旦也很强调父母言传身教的榜样原则。他觉得品格教育在全部教育里虽说是最难的，但也很容易。它不需多说话，不用许多的书本，更不用什么仪器材料，它只需要一个榜样。如果家长的一言一行，无论在人前还是人后，都能一贯地遵守相当的道德标准，这就是品格教育。儿童是最能模仿的动物，自然而然就会收到不教而自教的效果。

由于“男主外、女主内”的家庭模式，当时特别强调母亲在家庭教育中的作用。因此，许多学者特别强调了母亲更要注意自身的形象对子女产生的影响。“幼儿未入学校或幼稚院之前，其惟一信仰者不为父而为母。因与母接触时机较多，故母之示范不可不审慎。勤敏之母，其子女恒勤敏，奢惰之母，其子恒奢惰。”③

在父母言传身教的传统内容之外，与传统家庭教育所不同的性教育，也非常强调父母自己对性的自然态度和端正的行为。一旦父母有不正当的举动，其子女就会受其影响，“身正则影正，身曲则影曲，此为父母者之不可不留意也”④。父母本身应有正确的两性观

① 陈鹤琴 . 家庭教育（2 版）[M]. 上海：华东师范大学出版社，2013：104.

② 陈鹤琴 . 怎样做父母 . 家庭教育（2 版）[M]. 上海：华东师范大学出版社，2013：174—175.

③ 汪集庭 . 母教丛谈 [J]. 妇女杂志，1917，3（11）.

④ 林昭音 . 两性教育之研究 [A]. 梅生编 . 中国妇女问题讨论集第三册 [C]，民国丛书第一编（18）. 上海：上海书店，1989：94.

念。性是自然。“譬如代数学中之正负号，磁电学中之阴阳相。正负变化，而方程式以成，阴阳相引，而电流以生。所以男女之两性本能，当发达旺盛之时，每因得对异性之刺激，与外部官体之感觉，内部遂用认识其异性，而引起天然之倾向，与适当之反应。此种反应之作用，本在乎满足两性活动之愉快，和欲达到两性本能之目的——生殖作用。”父母在对儿童进行性教育的过程中，应当保持一种“极公开极自然”的态度，“绝无保守秘密的必要性。只要时常注意着儿童，从婴儿时就很随便地讨论这些问题，注意他了解程度，授以适当的知识，组成他的健全人格，就是性教育独一无二的法门。”“可使儿童于两性未发达之前，已有科学上基本之智识，及至觉悟时期，自能免去神秘的观念，和卑污的态度。”

（2）尽早与适当并重

教育婴孩，习惯成自然，是中华传统家教的经验之一。我们有重视胎教的历史，康有为《大同书》：“生人之本，皆在胚胎，人道之始，万化之原也。”近代的许多教育者也都强调了及早教育的原则。在此基础上，要根据儿童的身心发展阶段来进行教育被着重提了出来，尽早与适当并重，成为家庭教育的重要原则。

朱庆澜认为：“教育定要跟着小孩的程度。”“教人的不跟着教的人的程度走，好似人请个吃素菜的客，却是预备一桌燕菜烧烤，主人只管费了事，客却没有地方下箸。”陈鹤琴认为“我们应当按照小孩子的年龄知识予以适当的做事动机”。[①] 为此，他还特别主张游戏的教育法，多带儿童到大自然中去等具体方法。

（3）重视环境浸染

重视环境的浸染，本来也是中华家庭教育的原则。随着西方心理学的传播，在近代被继承与发扬。环境，不仅仅指物理空间所构成的环境，也更明确地强调为心理、行为的环境。康有为认为人种的优劣与生存环境、气候有着莫大的关联，胎教之地应建于温冷带之间[②]，“院地当择平原广野、丘阜特出、水泉环绕之所，或岛屿广平、临海受风之所，或近海广平之地，次则远背山陵，前临溪水，又次则高山之顶及岭麓广平者”。[③] 优美的环境、合理的饮食、和谐的人际关系、良好的心境。妇女怀孕后若在宜人的环境里生活，自会心情愉快，对胎儿的生长是十分有利的。

朱庆澜用的是“家庭的气象教育”。他说：“气象就是样子，家里是个什么样子，小孩一定变成什么样子。家庭气象，好比立个木头，小孩好比木头的影子。木是直的，影一定直；木是弯的，影一定弯。”因此，全家人应给孩子造成一个好的生活环境。“如果只是父母极和气勤谨，而伯伯叔叔伯娘婶婶都是极乖张，极懒惰，小孩不知不觉地也会学那伯伯叔叔伯娘婶婶的坏样子。”也是在这个意义上，“治家是第一层功夫”。我们也可

① 陈鹤琴 . 家庭教育［M］. 上海：华东师范大学出版社，2013：25.
② 康有为 . 大同书［M］. 上海：上海古籍出版社，2005：188.
③ 同上 .192.

以看出，这个家庭，仍是大家庭的概念。

陈鹤琴从心理学上分析了儿童刺激—反应的心理过程，他认为应该“替他选择环境以支配他的模仿”，“为儿童造良好的环境”。“或者是好，或者是坏，都是因为环境的关系。”具体地，他认为应该根据不同的年龄营造相应的游戏环境、劳动环境、科学环境、艺术环境和阅读环境。比如阅读环境，“要小孩子喜欢阅读，我们的家庭，我们的社会，必定要先有阅读的环境。在家庭里，做父母的，自己一天之间，总要看看书，看看报；对于小孩子，我们也应当买给他各种相当的儿童读物。开始的时候，做父母的还应当好好地指导他，引起他的兴趣，使他喜欢阅读哩”。①

（三）近代家庭教育实践的代表

近代家庭教育的实践极能说明时代的特点。在近代，在讨论家庭教育时，也常以“母职教育”“父职教育”“女子教育”“父母教育”为前提。的确，家庭教育更为具体地是由父、母来实施的。根据文献，恰也可以将近代家庭教育实践按照母亲和父亲两类教育者来划分。母教以朱德（1886—1976）的《回忆我的母亲》、胡适（1891—1962）的《我的母亲》、老舍的（1899—1966）《我的母亲》为主要资料；父教以梁启超为代表，资料主要依据其年谱和《梁启超和他的儿女们》。

1. 生命的情感的教育——母教

由于近代家庭分工，母亲更多地与子女朝夕相处，子女与母亲共同生活共同奋斗，对母亲的言谈举止、生活情感、希冀与爱，有着充分的体验，常常能够造就深厚的联结。大多数的近代母亲，虽然没有著书立说，但她们的影响是通过她们的孩子为大家所熟知的。她们正是有意无意地用“言传身教”这家庭教育的第一原则，对子女进行了生命的教育。老舍先生说：“生命是母亲给我的。我之能长大成人，是母亲的血汗灌养的。我之所以能成为一个不十分坏的人，是母亲感化的。我的性格、习惯，是母亲传给的。从私塾到小学，到中学，我经历过起码有廿位教师吧，其中有给我很大影响的，也有毫无影响的，但是我的真正的教师，把性格传给我的，是我的母亲。母亲并不识字，她给我的是生命的教育。”朱德终生感谢母亲那种勤劳俭朴的习惯，母亲那种宽厚仁慈的态度，“我应该感谢母亲，她教给我与困难做斗争的经验。我在家庭中已经饱尝艰苦，这使我在三十多年的军事生活和革命生活中再没感到过困难，没被困难吓倒。母亲又给我一个强健的身体，一个勤劳的习惯，使我从来没感到过劳累。我应该感谢母亲，她教给我生产的知识和革命的意志，鼓励我以后走上革命的道路。在这条路上，我一天比一天更加认识到：只有这种知识，这种意志，才是世界上最可宝贵的财产”。胡适写道：“但这九年

① 陈鹤琴．家庭教育［M］．上海：华东师范大学出版社，2013：164.

的生活，除了读书看书之外，究竟给了我一点做人的训练。在这一点上，我的恩师便是我的慈母。”

从子女所记忆母亲的言传身教分析，主要有吃苦耐劳、怜贫济困、自强不息、与人为善等方面的教育。

（1）吃苦耐劳

老舍父亲离世时，老舍的哥哥“不到十岁，三姐十二三岁，我才一岁半，全仗母亲独力抚养了”。“父亲的寡姐跟我们一块儿住，她吸鸦片，她喜摸纸牌，她的脾气极坏。为我们的衣食，母亲要给人家洗衣服，缝补或裁缝衣裳。在我的记忆中，她的手终年是鲜红微肿的。白天，她洗衣服，洗一两大绿瓦盆。她做事永远丝毫也不敷衍，就是屠户们送来的黑如铁的布袜，她也给洗得雪白。晚间，她与三姐抱着一盏油灯，还要缝补衣服，一直到半夜。她终年没有休息。”

朱德对母亲的记述：母亲生我前一分钟还在灶上煮饭。虽到老年，仍然热爱生产。从我能记忆时起，总是天不亮就起床。每天天还没亮，母亲就第一个起身。全家二十多口人，妇女们轮班煮饭，轮到就煮一年。母亲把饭煮了，还要种田、种菜、喂猪、养蚕、纺棉花。因为她身体高大结实，还能挑水挑粪。母亲这样地整日劳碌着。我到四五岁时就很自然地在旁边帮她的忙，到八九岁时就不但能挑能背，还会种地了。记得那时我从私塾回家，常见母亲在灶上汗流满面地烧饭，我就悄悄把书一放，挑水或放牛去了。有的季节里，我上午读书，下午种地，一到农忙，便整日在地里跟着母亲劳动。这个时期母亲教给我许多生产知识。

（2）善良富有同情心

朱德的母亲“同情贫苦的人——这是朴素的阶级意识，虽然自己不富裕，还周济和照顾比自己更穷的亲戚。她自己是很节省的。父亲有时吸点旱烟，喝点酒；母亲管束着我们，不允许我们染上一点。……人手少了，又遇天灾，庄稼没收成，这是我家最悲惨的一次遭遇。母亲没有灰心，她对穷苦农民的同情和对为富不仁者的反感却更强烈了”。母亲在家庭里极能任劳任怨。她性格和蔼，没有打骂过我们，也没有同任何人吵过架。因此，虽然在这样的大家庭里，长幼、伯叔、妯娌相处都很和睦。

毛泽东在母亲去世时，写《祭母文》：“吾母高风，首推博爱；远近亲疏，一皆覆载；恺恻慈祥，感动庶汇。爱力所及，原本真诚；不作诳言，不存欺心。……病时揽手，酸心结肠；但呼儿辈，各务为良。”多年后，在向埃德加·斯诺说起人生经历时，毛泽东说：“我母亲是个心地善良的妇女，为人慷慨厚道，随时愿意接济别人。她可怜穷人，他们在荒年前来讨饭的时候，她常常给他们饭吃。”

老舍的姑母常闹脾气。她单在鸡蛋里找骨头，是“家中的阎王”。但他没有看见母亲反抗过。“没受过婆婆的气，还不受大姑子的吗？命当如此！”母亲在非解释一下不足以平服别人的时候，才这样说。她最会吃亏。给亲友邻居帮忙，她总跑在前面：她会给婴儿洗三——穷朋友们可以因此少花一笔“请姥姥”钱——她会刮痧，她会给孩子们剃头，她会给少妇们绞脸……凡是她能做的，都有求必应。但是吵嘴打架，永远没有她。她宁吃亏，不逗气。当姑母死去的时候，母亲似乎把一世的委屈都哭了出来，一直哭到坟地。不知道哪里来的一位侄子，声称有继承权，母亲便一声不响，叫他搬走那些破桌子烂板凳，而且把姑母养的一只肥母鸡也送给他。

（3）热爱生活，自强不息

老舍记忆中的母亲，虽然为了生计终日劳作，可是在忙碌中她还把院子屋中收拾得清清爽爽。桌椅都是旧的，柜门的铜活久已残缺不全，可是她的手老使破桌面上没有尘土，残破的铜活发着光。院中，父亲遗留下的几盆石榴与夹竹桃，永远会得到应有的浇灌与爱护，年年夏天开许多花。“她们浇花，我也张罗着取水；她们扫地，我就撮土……从这里，我学得了爱花，爱清洁，守秩序。这些习惯至今还被我保存着。有客人来，无论手中怎么窘，母亲也要设法弄一点东西去款待。舅父与表哥们往往是自己掏钱买酒肉食，这使她脸上羞得飞红，可是殷勤地给他们温酒做面，又给她一些喜悦。遇上亲友家中有喜丧事，母亲必把大褂洗得干干净净，亲自去贺吊——份礼也许只是两吊小钱。到如今如我的好客的习性，还未全改，尽管生活是这么清苦，因为自幼儿看惯了的事情是不易改掉的。”母亲在朱德的记忆中是热爱生活的，“吃的是豌豆饭、菜饭、红薯饭、杂粮饭，把菜籽榨出的油放在饭里做调料。这类地主富人家看也不看的饭食，母亲却能做得使一家人吃起来有滋味”。母亲不仅关心热爱自家的生活，也常关心别人，这对朱德也有较大的影响。“母亲沉痛的三言两语的诉说以及我亲眼见到的许多不平事实，启发了我幼年时期反抗压迫追求光明的思想，使我决心寻找新的生活。”毛泽东在《祭母文》中写道：“整饬成性，一丝不诡；手泽所经，皆有条理。头脑精密，劈理分情；事无遗算，物无遁行。洁净之风，传遍戚里。不染一尘，身心表里……”勤劳的母亲，热爱生活的母亲，在艰苦的环境中，也为子女创造出促进成长的环境。

（4）性格坚韧，支持儿女求学报国

老舍的母亲在兵荒马乱之时，丧失丈夫，怀抱幼子。“在这种时候，母亲的心横起来，她不慌不哭，要从无办法中想出办法来。她的泪会往心中落！”老舍说，“这点软而硬的个性，也传给了我。我对一切人与事，都取和平的态度，把吃亏看作当然的。但是，在做人上，我有一定的宗旨与基本的法则，什么事都可将就，而不能超过自己划好的界限。我怕见生人，怕办杂事，怕出头露面；但是到了非我去不可的时候，我便不得不去，正像我的母亲。”“入学，要交十元的保证金。这是一笔巨款！母亲作了半个月的难，把这巨款筹到，而后含泪把我送出门去。她不辞劳苦，只要儿子有出息。”

朱德写道：那时新旧思想冲突得很厉害。我们抱了科学民主的思想，想在家乡做点事情，守旧的豪绅们便出来反对我们。我决心瞒着母亲离开家乡，远走云南，参加新军和同盟会。我到云南后，从家信中知道，我母亲对我这一举动不但不反对，还给我许多慰勉。

胡适记忆中的母亲，管束最严。“要我用功读书。她总是起得早，催我去上早学。学堂门上的锁匙放在先生家里；我先到学堂门口一望，便跑到先生家里去敲门。”

这些著名的母亲所给予子女的教育，在近代中国，继承了古代母亲具有的传统美德；而有些母亲则融入近代中国救亡图存的革命之中，变成有知识、有文化的新女性、新母亲，如赵一曼、江竹筠等先烈先贤。赵一曼写给儿子陈掖贤的遗书，多么痛地表达了母亲的遗憾与希冀：“宁儿，母亲对于你没有尽到教育的责任，实在是遗憾的事情。母亲因为坚决地做了反满抗日的斗争，今天已经到了牺牲的前夕了。母亲和你在生前永远没有再见的机会了。最亲爱的孩子啊！母亲不用千言万语来教育你，就用实行来教育你。在你长大成人之后，希望不要忘记你的母亲是为国而牺牲的！”总之，近代中国母教，有的更多地传承了古代母教文化的各种优秀品德，有的更多地吸收了欧美日本的新的教育理念，而也有的在救亡图存的大背景下，以鲜血和生命向孩子向后人进行了“实行的教育”。这所有的类型，汇集在一起，体现了中国特殊的近代特点。今天，我们应该从这些母教中沉思吸收。

2. 满门俊秀——梁启超的家庭教育

梁启超不仅是近代著名的思想家、学问家，而且是一位出色的家庭教育者。中华优秀传统文化与西方先进文化的融合体现在梁启超的思想和家庭教育实践中。中西融合也是他家庭教育的最大的特点。实践证明，他的家庭教育是非常成功的，他成功地把自己的九个子女教育成出色的人才，其中有三位中科院院士，他们分别是建筑、考古、火箭专家，有社会活动家，有投奔新四军的女战士，有爱国军官，也有默默奉献、甘当绿叶的专门人才。他们每个人都是自己人生的奋斗者、自主者。

（1）齐家

梁启超的家庭结构，带有中国传统家庭向现代家庭过渡的特点。1891 年 19 岁的梁启超与大他四岁出身名门的李蕙仙结婚。王桂荃是梁启超的第二位夫人。她身世悲惨，4 岁父亲猝死，被转卖做丫头，随李蕙仙来到梁家。1903 年，18 岁时，在李蕙仙的主张下和梁启超结婚。这是符合中国传统士大夫家庭思想和礼制的，因此也是为李蕙仙所主张的。但由于梁启超接受了西方所提倡的“一夫一妻制”，所以他并没有公开王桂荃的身份。梁启超夫妇和孩子们组成温馨的大家庭，彼此知己知音，每个人都宽容大度；梁启超能够化解一切矛盾，和他注重家庭建设，对妻子理解、尊重，积极交流是分不开的。

李夫人于婚后第二年随梁启超回广东老家拜见翁姑，尽晚辈之礼，操持家务。1893 年长女梁思顺出生。梁启超在日后的《悼言》中回忆这段时光，“夫人以宦族生长北地，嫔炎乡一农家子，日亲井臼操作，未尝有戚容”。[①]1898 年戊戌变法失败后，梁启超只身

① 吴荔明．梁启超和他的儿女们［M］．北京：北京大学出版社，2013：16.

亡命日本，李蕙仙携家人避难澳门。其间梁启超多次写信表达感激之情与敬佩之心，并多鼓励、引导之语，1898 年 9 月 15 日的信中写道："……闻之喜慰敬服，斯真不愧为任公闺中良友矣。""大人（父亲）遭此变惊，必增抑郁，惟赖卿善为慰解，代我曲尽子职而已，卿素知大义，此无待余之言，惟望南天叩托而已。"①10 月 6 日写道："大人当此失意之时，烦恼定不知几多……以赎吾不孝之罪，吾惟有拜谢而已……""卿我之患难交，非犹寻常眷属而已。"②

1899 年李夫人赴日本时，带着亲戚和他们的孩子。回天津后，还抚养了很多梁家和李家亲戚的孩子。"每天都有一大桌人吃饭，大多是亲戚寄养在这里的孩子。"家中吃饭很自由，梁启超坐在中间，必等人都到齐后，由他先拿起筷子才能开始吃，他在饭桌上天南海北不停地讲。谁先吃完谁可以先走，有时只剩下梁启超和夫人吃得慢，最后只剩他们两人，也毫不介意，仍兴致勃勃地聊天。离开桌子又过一会儿再回来吃些菜，也不会受到任何干涉。1924 年李夫人病逝，梁启超在《晨报》发表《苦痛中的小玩意》表述了苦痛情形："哎，哀乐之感，凡在有情，其谁能免？平日意态活泼兴会淋漓的我，这回也嗒然气尽了。"③ 道出了他至深的情谊。也得益于他以情感为纽带，大家庭团结起来，在他离世后，仍然能够团结和睦。

（2）充分地表达对子女的爱

梁启超对每个子女都充满了父爱，关键是他乐于将父爱积极主动地恰当地表达给孩子们。中国传统的父教，往往是"父不夸子"，即便欣赏孩子，往往也会含蓄收敛。但梁启超的父爱表达是热烈的、坦诚的、自然的。即便到今天，我们仍然可以透过他写给子女们的信，感受到他的爱，佩服他这位既有责任感有爱又能表达出来爱的极出色的父亲。

从 1898 年戊戌变法失败后逃亡日本开始，他写了数百封家书。梁启超给大女儿梁思顺写过几百封信。1923 年到 1929 年，他共有五个子女在海外，他非常想念他们，在这段时间就有大量的书信传递两代人的情谊。他们在信中讨论国家大事、人生哲学，倾诉着彼此生活中的苦和乐、悲和欢，他们互相惦念着，互相鼓励着。信中没有任何说教，只有循循善诱；没有指责，只有建议，每封信都充满了真挚的爱，这爱变成一种力量，注入了孩子们的生命，使他们不断地奋进。

信的开头，对子女们的称呼，也就可见他对孩子的疼爱，"大宝贝思顺""小宝贝思庄""那两个不甚宝贝的好乖乖"④"对岸一大群孩子们""一群大大小小孩子们"不一而足。而他的"大宝贝思顺"其时已是几个孩子的母亲，在加拿大任着大使夫人了；"小宝

① 丁文江，赵丰田 . 梁启超年谱长编［M］. 上海：上海人民出版社，1983：166.

② 同上，167—168.

③ 同上，1023.

④ 指在美国的梁思成、梁思永。

贝思庄”也是大学生了；“那两个不甚宝贝的好乖乖”，梁思成和梁思永都是美国著名大学的大学生。

1924 年 8 月 24 日出生于北京的梁思礼，是他最小的孩子。梁启超称他为老白鼻——老 baby。他是那么爱小儿子，也将这爱分享给海外的儿女们。1925 年他给海外的儿女们写信说：老白鼻好玩极了，从没有听见哭过，但整天喊和笑……放在床上爬几爬，滚几滚，就睡着了……1927 年 1 月 2 日他又告诉儿女们：老白鼻一天一天越得人爱，非常聪明，又非常听话，每天总逗我笑几场。他读了十几首唐诗，天天教他的老郭（注：保姆）念。他还用一些白话打油诗来描写这个老白鼻的好玩儿的样子。1927 年，老白鼻生了一场大病，连日发烧，最高到 39.4（摄氏）度。梁启超非常着急，五天内给海外的孩子们写了三封信，3 月 29 日：“老白鼻得病已逾一月，时好时发，今日热度很高，怕成肺炎，我看着很难过。”①3 月 30 日：“老白鼻病厉害极了，昨天早上还是好好的说，说笑跳玩，忽然发起烧来，夜里到三十九度四，现在证明是由百日咳转到肺炎，很危，拟立刻送到城里去入协和医院。（还不知协和收不收，清华医正在打电话去问）……我现在心很乱，今日讲课拟暂停了，正在靠临帖来镇定自己。”② 后好转又赶紧写一封信报平安：“前三天因老白鼻着急万分，你们看信谅已惊惶，现在险象已过，大约断不至有意外。现又由协和移入德院，因协和不准亲人在旁，以如此小孩委之看护妇，彼终日啼哭，病终难愈也。”“老白鼻平安，真谢天谢地，我很高兴，怕你们因前信担忧，所以赶紧写这封。”③ 他给女儿思庄写信，直言自己收到信时的喜悦心情：“我得着总是喜欢到了不得。”他不仅直接表达对孩子们的喜爱，还善于将这种喜爱在孩子们之间分享，让大家形成情感场。

（3）注重日常的陪伴与平等的交流

梁启超是忙碌的，但他只要有时间，就会陪伴他的孩子们。在日本，只要有时间和孩子们在一起，尤其在晚饭后，大家围坐在一起，一边喝酒一边讲爱国英雄的故事。④1912 年，梁启超结束 14 年的流亡生活回国。在天津家中吃饭，他会等人到齐后，在饭桌上天南海北不停地讲。全家人把吃饭时间也看作每天团聚交流感情的好时光，大家都无拘无束地围坐在一起，十分高兴。

他的九个成年子女中，五男四女，他没有重男轻女，将女儿和儿子是平等看待的。他给女儿们的爱并不比儿子们的少。他同样鼓励女儿们读书，追求自己的人生。他与孩子们的交往是真挚诚恳、自由平等的。梁启超的子女们所取得的成就和他的教育分不开，他不仅是孩子们的慈父，还是孩子们的朋友。他注意引导孩子们对知识的兴趣，又十分

① 丁文江，赵丰田．梁启超年谱长编［M］．上海：上海人民出版社，1983：1122.
② 同上，1122—1123.
③ 同上，1123.
④ 吴荔明．梁启超和他的儿女们［M］．北京：北京大学出版社，2013：35.

尊重他们的个性和志愿，他非常细微地掌握每个孩子的特点，因材施教，对每个孩子的前途都有周到的考虑和安排，但也不强求他们一定按照自己的意图去办，而是反复地征求孩子的意见，直到他们满意为止。他的孩子们性格都很坚强乐观，有的还很风趣，富有人情味儿。①

1923年梁思顺已结婚多年，梁启超在信中还开心地说："我对于你们的婚姻得意得了不得。我觉得我的方法好极了，由我留心观察看定一个人给你们介绍，最后的决定在你们自己，我想这真是理想的婚姻制度，好孩子，你想希哲如何，老夫眼力不错吧。徽因又是我第二回的成功。我希望往后你弟弟妹妹们个个都如此。（这是父母对于儿女最后的责任）我希望普天下的婚姻都像我们家孩子一样，唉，但也太费心力了。"②

他给女儿思庄的信中，要女儿不要在意学费的事："现在家里光景并不很紧，你不用着急，你的学费是家里头正当支出，并不算多……你只要安心做你学问便是了，其他都不必忧虑。""你功课不是很好也不要紧，因为你进大学也算是提早一年多的，功课格外费些力是一种事，况且原学社会科学中途又改自然科学当然要吃力一点，但都不要紧……只要你身体结实，用功不太过分，我便放心了。"

1927年饱受肾病折磨的梁启超给思顺写信："我平常想你还自可，每到病发时便特别想得厉害，觉得像是顺儿在旁边，我向她撒一撒娇，苦痛便减少许多。"③

（4）培养富有趣味的人，注重教育内容的丰富性

梁启超是个富有趣味的人，他也主张趣味教育。在《趣味教育与教育趣味》这篇演讲中，他说："假如有人问我，你信仰的什么主义？我便答道：我信仰的是趣味主义。有人问我，你的人生观拿什么做根柢？我便答道：拿趣味做根柢。我生平对于自己所做的事总是做得津津有味，而且兴会淋漓，什么悲观咧，厌世咧，这种字面，我所用的字典里头，可以说完全没有。我所做的事常常失败——严格地可以说没有一件不失败——然而我总是一面失败一面做，因为我不但在成功里头感觉趣味，就在失败里头也感觉趣味。我每天除了睡觉外，没有一分钟一秒钟不是积极的活动。然而，我绝不觉得疲倦，而且很少生病，因为我每天的活动有趣得很，精神上的快乐，补得过物质上消耗而有余。……我是个主张趣味主义的人，倘若用化学化分'梁启超'这件东西，把里头所含一种元素名为'趣味'的抽出来，只怕所剩下仅有个零了。"④趣味的教育，绝不是单调的、古板的，他对孩子们的教育是多个方面——修身、读书、职业、理财、爱情、择友、家庭等诸方面。这多个方面，都渗透着他所主张的趣味。他的孩子们也得了他的真传，个个都

① 吴荔明．梁启超和他的儿女们［M］．北京：北京大学出版社，2013：35.
② 梁启超．梁启超未刊书信手迹［M］．北京：中华书局，1994：583—584.
③ 吴荔明．梁启超和他的儿女们［M］．北京：北京大学出版社，2013：113.
④ 丁文江，赵丰田．梁启超年谱长编［M］．上海：上海人民出版社，1983：953.

有一部“艰辛的奋斗史，但他们从不悲观，个个都是胜利者”。①

立德修身。梁启超很注重孩子们道德的培养。他强调生活、学问都有许多的乐趣，要热爱生活、广闻博览、注意择友。他建议女儿思庄多走些地方，多认识些朋友，性格格外活泼些。择友是最要紧的事，要“慎重留意，不可和轻浮的人多亲近”，孩子们离开家庭独立在外地，更要让他们常常注意这一点。1927 年 8 月 29 日给梁思成的信说：“一个人想要交友取益，或读书取益，也要方面稍多，才有接谈交换，或开卷引进的机会。不独朋友而已，即如在家庭里头，像你有我这样一位爹爹，也属人生难逢的幸福，若你的学问兴味太过单调，将来也会和我相对词竭，不能领我的教训，你在生活中本来应享的乐趣，也消减不少了。我是学问趣味方面极多的人，我之所以不能专积有成者在此，然而我的生活内容，异常丰富，能够永久保持不厌不倦的精神……趣味转过新方面，便觉得像换个新生命，如朝旭升天，如新荷出水，我自觉这种生活是极可爱、极有价值的，我虽不愿你们学我泛滥无归的短处，但最少也想你们采我那烂漫向荣的长处。”②“烂漫向荣”，用得极好，表达的是无论何时都对人生、对国家、对社会积极的价值取向，这正是梁启超趣味教育的旨归。

他主张孩子们能吃苦，要乐观，不管在什么样的环境中都要有坚强的意志。“生当乱世，要吃得苦，才能站得住（其实何止乱世为然）。一个人在物质上的享用，只要能维持着生命便够了。至于快乐与否，全不是物质上可以支配。能在困苦中求出快活，才真是会打算盘。”“一个人若是在舒服的环境中，会消磨志气。那么，在艰难懊丧的环境中也一定会消磨志气。你看你爹爹苦日子也过过多少，舒服日子也经过多少。老是那样子，到底消磨了没有……我自己常常感觉我要拿自己做青年的人格模范，最少也要不愧做你们姊妹弟兄的模范。我又很相信我的孩子们个个都会受我这种遗传和教训，不会因为环境的困苦和舒服而堕落的。”

读书做学问。“做学问总要‘猛火熬’和‘慢火炖’两种工作，循环交互着用去，在慢火炖的时候才能令所熬的起消化作用融洽而实有诸己。思成，你已经熬过三年了，这一年正该用炖的功夫。不独于你身子有益，即为你的学业计，亦非如此不能得益。”他持续地关心，及时地给予鼓励指导。梁思成曾怀疑美国的死板仿古教学方法，担心自己学不到设计方法而成为画匠。1927 年梁启超在写给他的信中说：“你觉得自己天才不能赴你的理想，又觉得这几年专做呆板功夫，生怕会变成画匠。你有这种感觉，便是你的学问在这时期内将发生进步的特征，我听见倒喜欢极了。孟子说：‘能与人规矩，不能使人巧。’凡学校所教与所学总不外规矩方面的事，若巧则要离了学校方能发见。规矩不过求巧的一种工具，然而终不能不以此为教，以此为学者，正以能巧治人，习熟规矩后，乃

① 吴荔明. 梁启超和他的儿女们［M］. 北京：北京大学出版社，2013：41.

② 丁文江，赵丰田. 梁启超年谱长编［M］. 上海：上海人民出版社，1983：1152—1153.

愈益其巧耳。（不能巧者，依着规矩可以无大过）……况且凡一位大文学家、大美术家之成就，常常还要许多环境及附带学问的帮助。中国先辈屡说，读万卷书，行万里路……将来你学成之后，常常找机会转变自己的环境，扩大自己的眼界和胸怀，到那时候或者天才会爆发出来。”“莫问收获，但问耕耘。”“一面不可骄盈自慢，一面不可怯弱自馁，尽自己能力做去，做到哪里是哪里，如此则可以无入而不自得，而于社会亦总有多少贡献。我一生学问得力专在此一点，我盼望你们能够应用我这点精神。”①

他教给孩子们做学问的方法，不仅要专精，还要广博。1927 年 8 月 29 日，他在写给梁思成的信中说：“思成所学太专门了，我愿意你趁毕业后一两年，分出点光阴多学些常识，尤其是文学或人文科学中之某部门，稍微多用点工夫，我怕你因所学太专门之故，把生活也弄成近于单调，太单调的生活，容易厌倦，厌倦即为苦恼，乃至堕落之根源。”他在给女儿梁思庄的信中嘱咐：“专门科学之外，还要选一两样关于自己娱乐的学问，如音乐、文学、美术等。”“你三哥说，你近来看文学书不少，甚好甚好，你本来有些音乐天才，能够用点功叫他发荣滋长最好。姊姊来信说你因用功太过，不时有些病，你身子还好，我倒不十分担心。但做学问原不必太求猛进，像装罐头样子塞得太多太急，不见得便会受益。我方才教训你二哥，说那‘优游涵泳，使自得之’，那两句话，你还要记得受用才好。”

他鼓励女儿思庄上加拿大的那个大学，他说：“全家都变成美国风，实在有点讨厌，所以庄庄能在美国以外的大学一两年是最好不过的”。② 他还在 1926 年 6 月 5 日写信鼓励说：“大学考得怎么样？能进大学固甚好，即不能也不必着急，日子多着呢。”思庄进入大学两年后就该选专业了，梁启超细致考虑，以他的远见卓识看到将来生物学及信息学对社会发展的极端重要性。1927 年 8 月 29 日，他写信建议女儿思庄专修一门自然科学：“你现在打算选择没有？我想你们弟兄姊妹到今还没有一个学自然科学。”他建议思庄修生物学，因为它是现代最进步的自然科学，而且也是哲学社会学等的主要基础。但也再三说，要看看是否和自己的性情相近。③ 在他从梁思成的信中得知思庄学习生物学并不顺利时，他赶紧写信说：“你不大喜欢学生物学，既已如此，为什么不早同我说。凡学问最好是因自己性之所近，往往事半功倍，你离开我很久，你的思想近来发展方向我不知道。我所推荐的学科未必合你的式，你应该自己体察做主，用姊姊哥哥当顾问，不必泥定爹爹的话……我很怕因为我的话扰乱了你治学之路，所以赶紧寄这封信。”④

---

① 丁文江，赵丰田 . 梁启超年谱长编［M］. 上海：上海人民出版社，1983：1115—1116.

② 同上 .1072.

③ 吴荔明 . 梁启超和他的儿女们［M］. 北京：北京大学出版社，2013：47.

④ 同上，47—48. 此信未发表，保存在梁思庄女儿吴荔明处。

三、中国现当代家庭教育

1949 年以来，随着经济社会的发展及医疗水平不断提高，婚姻制度和家庭结构发生变化。家庭教育无论在观念理论上、政策上还是在实践上，都有与传统以及近代家庭教育不同之处。同时，家庭教育也呈现出了较为明显的纵向时间轴上的阶段性和空间上的差异性。差异性具体表现为同一阶段内，家庭教育既有一般的共同特点，又有群体间、地区间的发展不平衡性，呈现出差别较大的多样性。

（一）现当代家庭教育的发展过程

政府层面是否重视家庭教育，有没有相应的机构，是否出台相应的政策，是否建立相应的制度，家庭教育理论是否繁荣，理论的主要对象和来源，家庭教育实际的状况等因素共同决定了家庭教育的样态。本部分将主要从家庭教育政策、家庭教育理论和家庭教育实践三个维度，来考察中华人民共和国成立 70 多年来家庭教育的状况，如家庭教育与经济社会文化尤其是社会治理的关系。

中国传统社会，家庭是国家的缩影，国家是家庭的扩大。政府的教育理念与家庭基本一致。而清末民国时期，中国社会处于激烈的转型时期，先进知识分子引进国外家庭教育理念，政府颁布相关法令政策。由于当时绝大多数家庭艰难的生存状况以及政府基层治理极其薄弱的现状，家庭教育理论与《家庭教育办法》等的意义更多是文献上、思想上的。只有少数知识分子家庭教育实践是转型的，广大家庭尤其是乡村家庭实行的仍然是中国传统的家庭教育。因此，现当代家庭教育也以中国传统家庭教育、近代家庭教育为参考点，我们可以看到清晰的阶段性。

1949 年 10 月 1 日中华人民共和国成立，家庭教育的环境随之发生了一些重大变化。国家非常重视少年儿童和妇女工作，确立了中华人民共和国的文化教育为新民主主义的，即民族的、科学的、大众的文化教育。12 月 23—31 日，教育部召开了新中国第一次全国教育工作会议，制定了全国教育工作的系列指导方针，主要包括“教育为工农服务，为生产建设服务”“新中国的教育建设要以老解放区新教育经验为基础，吸收旧教育某些有用的经验，特别要借助苏联教育建设的先进经验”等。1950 年 3 月 30 日，教育部发布通告，规定 6 月 1 日为国际儿童节。6 月 1 日，为庆祝第一个国际儿童节，毛泽东、刘少奇、周恩来、朱德、宋庆龄为国际儿童节题词，《人民教育》刊发社论，对家庭教育的现状与任务发表了官方评议：

旧社会对待儿童的观点、方法和习惯，现在在一定的范围内还占支配的势力，打骂儿童的习惯在全国大多数家庭中还普遍存在……不合理地压抑儿童的活动……把儿童当作成人看待等观点下许多戕贼儿童天真的行为，也还是普遍存在。大家习惯了，谁也不觉奇怪。由于父母的无知、迷信、不卫生、偏见、狭隘自私等，对儿童身心的不良影响，那更是说不胜说了。当然，这些情形的改变是一个长期的教育问题。不能再将这类习惯看作只是个人的私事，社会应对这些旧习惯随时加以批评、指责，同时对于父母们进行必要与可能的教育。改造家庭教育应列为我们教育上注意的项目了。①

同时，随着新中国的成立，新民主主义和社会主义制度为我国传统家庭和家庭生活的根本改变奠定了基础。1950 年 5 月 1 日，中华人民共和国制定的第一部法律《中华人民共和国婚姻法》(以下简称《婚姻法》) 公布实施了。它明确规定："废除包办强迫、男尊女卑、漠视子女利益的封建主义婚姻制度。实行男女婚姻自由、一夫一妻、男女权利平等、保护妇女和子女合法利益的新民主主义婚姻制度。" 对曾经普遍存在的不合理的旧的婚姻形式进行了禁止，"禁止重婚、纳妾。禁止童养媳。禁止干涉寡妇婚姻自由"。对父母家庭教育的责任也有所涉及，"第十三条：父母对于子女有抚养教育的义务"。之后，全国开展了大力宣传贯彻《婚姻法》的活动。各级政府及有关部门用报纸、广播、连环画、幻灯、电影、戏剧等群众喜闻乐见的形式进行了广泛的宣传，《小二黑结婚》《小女婿》《刘巧儿》等戏剧受到群众的热烈欢迎。这些宣传直抵基层农村。可以说，无论是从政策法律还是从实践上，我国的婚姻家庭都进入了一个新的历史时期。存在了数千年的"父母之命媒妁之言" 的包办婚姻得以终结，代之以实行自主、自由，主张以爱情为基础的婚姻；真正开始实施一夫一妻制；反对父权制，实行家庭中亲子关系的平等；反对夫权制，实行家庭中夫妻关系的平等。这是开展现代家庭教育的基础。《婚姻法》确立了父母对于子女有抚养教育的义务，溺婴、弃婴、买卖儿童被禁止。保护儿童不仅是个人的事情，也变成了国家的责任。

在具体的政策和理论研究上，虽然 1952 年教育部颁布《小学暂行规程（草案）》，要求成立家长委员会。但当时百废待兴，在教育战线上，学校教育是重中之重，家庭教育没有引起足够的重视。新中国的家庭教育应该什么样，认识还不清楚。这一时期，在实践上，家庭教育基本属于"自留地"。家庭的共同特点是以多子女家庭为主。和近代家庭教育实践的类型相似，每个家庭依据自己的家庭文化和教育思想进行家庭教育实践。老一辈无产阶级革命家的家庭教育特别强调子女的无产阶级道德修养，避免特权思想，要以身示范等。如任育才学校副校长的韩作黎，有一天他的两个儿子拿了校园的两

① 柳湜 . 庆祝第一个国际儿童节［J］. 人民教育，1950（02）.

个石榴，他知道后严厉批评了儿子，拿钱去赔偿，并用星期天带着两个孩子在校园义务劳动了一天。具有自觉家庭教育意识的知识分子，如戴自俺、傅雷等人，则通过家书等形式，和孩子进行平等、温和、多方面的交流，留下了《和一个初中学生的通信》《傅雷家书》等。随着妇女地位的提升，学前教育、单位制寄宿制的幼儿园等保育工作在城市逐步发展，这对双职工家庭的教育影响是巨大的。在广大农村，家庭作为生产单位与消费单位有过合一与分割。总体而言，整体上仍然是父权制的家庭教育，父亲具有权威性。

人民公社制度使传统的生产消费一体化的家庭功能分解为分离的生产与消费，在一定程度上影响了家庭教育，但这种影响并没有带来实质性的变化。农村妇女主任在一定程度上履行了指导家庭的责任。“文化大革命”对城市家庭尤其是受到冲击的家庭影响是巨大的，对农村家庭的影响相对小些，是渐进式的。其间，教育仍然从政策上保障工农子弟的受教育权。实际上由于生活水平低、子女数量多，许多家庭满足于让孩子接受最低限度的教育。发表于《人民教育》的《她为什么要中途退学?》很有代表性：“她却因为家中弟弟妹妹多，父母亲整天忙于抓革命，促生产，不得不让她带着弟妹们。为了上学她向父母亲不知请求过多少次，但是都没有得到允许。”针对大批这样的孩子的辍学，学校实行了“三许可”的制度（即贫下中农子弟因为家务忙许可迟到，许可早退，许可带弟妹们上学），吸收超龄儿童入学。又经老师多次上门劝说，“她才被父母允许上学”。但其实随时都会有辍学的风险。① 总体上看，这一时期的家庭教育，处于倒退的阶段。

改革开放以来，中国社会政治经济思想发生了一系列巨大变化，社会生活方式和人们精神状态也相应变化，为家庭教育的发展开辟了道路。同时，由于这种急剧的变化和计划生育政策的全面实施，家庭教育又面临着新的挑战。1980 年修订的《婚姻法》实施，在确认父母对子女有抚养教育的义务的基础上，强调了父母有管教和保护未成年子女的权利和义务。随着工业化、城市化和现代化进程以及“计划生育”政策的实施，我国家庭规模逐渐缩小，核心家庭逐步数量增加，家庭类型也越来越呈现出多样化趋势。单亲家庭、跨国婚姻、两地分居、留守家庭等逐步增多。

家庭教育事业得到了逐步的关注。1980 年 9 月北京市妇女联合会成立了北京市家庭教育研究会，由具有长期教育实践与教育管理经验的韩作黎先生任首届理事长。随后，江苏省家庭教育研究会筹备成立。在其筹备会的第一次会议纪要中记载：家庭教育是个薄弱环节。许多家长，特别是广大工人、农民家庭的家长，缺乏科学育儿知识，不懂得如何教育子女，因而往往导致学校教育、社会教育事倍功半。为了培养教育好祖国的下

① 张天兴．她为什么要中途退学?［J］．人民教育，1974（04）．

一代，必须重视家庭教育研究。为提高家庭教育水平，使家庭、学校、社会三方面紧密配合，步调一致，各地也逐步地成立了家庭教育研究会。

在科教兴国的大背景下，许多重要教育法规政策也确认了家庭教育的地位，也逐步强调为家庭教育提供指导。1985 年《中共中央关于教育体制改革的决定》提出国家、社会、家庭必须保证适龄儿童和青少年接受义务教育。1986 年《中华人民共和国义务教育法》第四条明确规定："国家、社会、学校和家庭依法保障适龄儿童、少年接受义务教育的权利。"第十一条明确规定："父母或者其他监护人必须使适龄的子女或者被监护人按时入学，接受规定年限的义务教育。"对那些适龄儿童、青少年不入学接受义务教育的，由当地人民政府对他的父母或者其他监护人批评教育，并采取有效措施责令送子女或者被监护人入学。这一法律规定，对广大农村家庭尤其是不发达地区的农村家庭发生了重要影响，家庭教育与学校教育的联系更为紧密。1991 年通过的《中华人民共和国未成年人保护法》再次确认了家庭教育的相对独立的地位，专章明确监护职责和抚养义务，尊重未成年人接受教育的权利，"父母或者其他监护人应当以健康的思想、品行和适当的方法教育未成年人"。1995 年通过的《中华人民共和国教育法》提出学校、教师可以对学生家长提供家庭教育指导。1996 年，全国妇联、教育部联合颁布第一个家庭教育五年计划。1998 年全国妇联和教育部联合发布了《全国家长学校工作指导意见（试行）》，开展家庭教育工作检查评估，标志着政府家庭教育工作的责任。1999 年中共中央国务院发布的《关于深化教育改革全面推进素质教育的决定》提出素质教育应当贯穿于学校教育、家庭教育和社会教育等各个方面，要形成学校、家庭和社会共同参与德育工作的新格局。2006 年、2012 年两次修订的《中华人民共和国未成年人保护法》在 1991 年的基础上，强调家庭等要尊重和保障未成年人的受教育权，提出："父母或者其他监护人应当学习家庭教育知识，正确履行监护职责，抚养教育未成年人。有关国家机关和社会组织应当为未成年人的父母或者其他监护人提供家庭教育指导。"2010 年《国家中长期教育改革和发展规划纲要（2010—2020 年）》明确提出建立中小学家长委员会，同时在德育、减负、评价等部分也明确提及家庭教育。2011 年全国妇联和教育部、中央文明办发布了《关于进一步加强家长学校工作的指导意见》，认为家庭教育是现代国民教育的重要组成部分，是学校教育和社会教育的基础，在未成年人思想道德建设中具有特殊重要的作用。家长学校是宣传普及家庭教育知识、提升家长素质的重要场所，是指导推进家庭教育的主阵地和主渠道。2015 年 10 月，教育部发布《关于加强家庭教育工作的指导意见》，明确了加强中小学幼儿园家庭教育工作的具体举措。

链接:《中华人民共和国未成年人保护法》(2012年修订)

第二章 家庭保护

第十条 父母或者其他监护人应当创造良好、和睦的家庭环境，依法履行对未成年人的监护职责和抚养义务。

禁止对未成年人实施家庭暴力，禁止虐待、遗弃未成年人，禁止溺婴和其他残害婴儿的行为，不得歧视女性未成年人或者有残疾的未成年人。

第十一条 父母或者其他监护人应当关注未成年人的生理、心理状况和行为习惯，以健康的思想、良好的品行和适当的方法教育和影响未成年人，引导未成年人进行有益身心健康的活动，预防和制止未成年人吸烟、酗酒、流浪、沉迷网络以及赌博、吸毒、卖淫等行为。

第十二条 父母或者其他监护人应当学习家庭教育知识，正确履行监护职责，抚养教育未成年人。

有关国家机关和社会组织应当为未成年人的父母或者其他监护人提供家庭教育指导。

第十三条 父母或者其他监护人应当尊重未成年人受教育的权利，必须使适龄未成年人依法入学接受并完成义务教育，不得使接受义务教育的未成年人辍学。

第十四条 父母或者其他监护人应当根据未成年人的年龄和智力发展状况，在做出与未成年人权益有关的决定时告知其本人，并听取他们的意见。

第十五条 父母或者其他监护人不得允许或者迫使未成年人结婚，不得为未成年人订立婚约。

第十六条 父母因外出务工或者其他原因不能履行对未成年人监护职责的，应当委托有监护能力的其他成年人代为监护。

2010年2月，全国妇联、教育部等部门颁布了《全国家庭教育指导大纲》，2019年5月15日，全国妇联、教育部等九部门发布关于印发《全国家庭教育指导大纲（修订）》的通知。“家庭教育重在教孩子如何做人”“家庭教育是家长和儿童共同成长的过程”“尊重儿童成长规律是家庭教育的前提”“尊重和保护儿童权利是家庭教育的基础”，新增了第三部分家庭教育核心理念内容，指导家长认识到陪伴对于儿童成长的重要性。引导家长学会建立良好的亲子依恋关系，不用电子产品代替家长陪伴儿童，多与儿童一起进行亲子阅读；处理好多子女家庭的亲子关系、子女间的关系，让每个儿童都得到健康发展。在实践层面，中央到地方行动起来，很多地区做出了具有地方特色的探索。

（二）家庭教育研究由对国外的介绍逐步走向本土的研究

现当代中国家庭教育研究从介绍古今中外理论经验到走向独立的本土化研究。中华人民共和国成立之初，各行各业主要是向苏联学习，家庭教育也如此。当时以介绍苏联的家庭教育思想为主。在心理学、社会学等相关学科停滞不前的十年，苏联、欧美等国家和地区却快速发展。改革开放后，知识界立刻涌现出了对苏联①、东德等相关成果、经验的介绍。如何遵循儿童身心的发展规律进行教育成为共识。家庭教育的地位逐步被确认且不断加强，家庭教育研究有走向本土化的趋势。

1951 年政务院文化教育委员会出版了《家庭与学校》一书，全面介绍了苏联儿童教育方面的理论与经验。这本书是苏联《家庭与学校》杂志的选编本，介绍了列夫·托尔斯泰、高尔基等人的家庭教育思想。《人民教育》介绍了马卡连柯《家庭教育的一般条件》，在书中强调了父母较早开展正确教育的意义。这些反映了我国 20 世纪 50 年代初期对家庭教育重要性的认识。一些研究者和实践工作者在对中国家庭教育传统和近代以来的家庭教育理论学习继承的基础上，认真地对来自苏联的经验，尤其是对马卡连柯宝贵的家庭教育理论和经验进行了学习和借鉴。关于家庭教育对孩子成长的意义，家长应该意识到家庭教育不仅仅是家长的权利，也是家长的义务。家庭教育应该和学校教育、社会教育相结合。

当时也有对社会主义家庭教育理论问题的争论。1951 年《人民日报》发表社论，开展了对武训和《武训传》的批判。批判运动中，对曾经歌颂过武训精神的陶行知的教育思想进行了批判，也对陈鹤琴的教育思想进行了简单否定。这对于继承和发展我国近现代丰富的教育资源遗产带来了危害。1951 年，陶行知、陈鹤琴的学生戴自俺出版《和一个初中学生的通信》②，该书是戴自俺与在初中读书的儿子的家书，时间是 1949 年 8 月至 1951 年 8 月。著者认为这些信少年儿童看了可以得到鼓舞、启示、帮助，对于家长和教育工作者也有意义。对此，《人民教育》发表了《评〈和一个初中学生的通信〉》，问："它究竟对今天新中国的教育事业有没有价值呢？是不是像序文中所说的'它是一本少年儿童的优良读物，也是一般家长和教育工作者的重要参考书，并且是一道把学校教育和家庭教育沟通一气，渡上更高境界的宝筏'？"文章认为该书固然有些进步思想，但也混杂着不少错误的言论。如对孩子进什么样的中学学习所做的建议，对中学要学好数学、英语、国文的看法，对强调孩子要学书法、写好字等都给予了批评。"著者

① 如马中平．伟大的列宁与平凡的家庭——略谈家庭教育对列宁青少年时代的影响［J］．河南师大学报（社会科学版），1981（12）；唐其慈．应该提高家长的家庭教育水平——读苏霍姆林斯基著作札记之二［J］．外国教育动态，1982（01）．等。

② 戴自俺出版《和一个初中学生的通信》自序首先引用了马卡连柯的话"你们做父母的教育儿女，不是仅仅为了父母本身的愉快，在你们的家庭里，在你们的领导下，成长着未来的公民，未来的事业家，和未来的战士"等，这也是当时苏联家庭教育理论对我国家庭教育研究者的影响。

同时要求一个初中学生研究书法。书法固然在我国也是一种艺术，但是我们今天并不提倡书法的艺术，文学既是一种语言的符号，我们只要求学生把字写端正、写清楚，使人能看懂就可以了。”文章批评戴自俺建议儿子的“练字，贵有恒。不必太多，只要有恒……”，还严厉地批评了戴自俺家书中关于文言的见解：“文言，有文言的好处，有文言的特点。你千万不要以为麻烦而不学，也不要以为难懂而怕学。”文章认为这是腐朽的言论，开历史的倒车。“新民主主义时代再不允许唱复古的滥调了。”①最后，认为该书“老教条主义毛病”“思想相当混乱”“庭训式地将某些错误思想，灌进新中国少年儿童头脑中去”，“家庭琐事都拉杂写在里面”。整本书“陷于琐琐碎碎的说教，婆婆妈妈式的叮嘱”，“新术语夹着旧教条”。书的作者应该好好学习，书应该大修或停止出版。

1958年《人民教育》发表《过时的“家庭必备”》，对吉林人民出版社在1958年10月出版的《家庭中的儿童教育问题》(徐曜萱著)进行了批评。认为“这本书涉及儿童教育中的一些重要问题，但它基本上是把儿童教育局限在家庭的范围之内，强调了儿童的家庭教育。儿童的劳动教育，只是提出了自我服务和家务劳动；关于互助互爱的教育，只是提出了家庭成员之间特别是兄弟姊妹之间的相互关心和帮助，而没有把这些扩大到更大的集体以至整个社会生活中去”。并进而认为，“把儿童教育当作一种集体事情，强调儿童的社会教育，是目前新的形势提出的新的要求”，“此书不合时宜”。今天看来，显然是批评者力图把“家庭中的儿童教育”扩大为儿童的社会教育。那么，家庭教育相对独立的理论地位也模糊了。很多教育工作者认为，它仍是一个具有独立研究价值的问题。从理论上说，存不存在相对独立的家庭教育成了问题。但这个问题并没有争论下去，而是以一种事实上的沉默宣告了家庭教育理论的隐身。

然而，只要存在家庭，家庭教育就是事实，不管是否研究它。1962年，广东教育界人士座谈进一步开展教育科学研究活动，将“家庭教育与社会教育问题的研究”作为九大教育研究问题之一提了出来。因此，改革开放之初，伴随着计划生育政策的快速实施产生了一系列家庭教育问题，很快地，家庭教育研究就开始了。这个时期，主要有三个研究主题。

一是中国家庭教育人物、经验、理论研究。最早出现的是对鲁迅、郭沫若、茅盾等人的家庭教育研究。如王峻峰发表了《鲁迅论家庭教育》②，认为家庭教育是鲁迅整个教育实践中的重要内容。鲁迅在总结和批判封建家庭教育的同时，也为建立新型的家庭教育提出了自己精辟的见解，“一面清结旧账，一面开辟新路”，“完全解放了我们的孩子”。理解、指导、解放，概括起来就是“健全的产生，尽力的教育，完全的解放”。作

---

① 汤廷诰．评《和一个初中学生的通信》[J]．人民教育，1952(01)．
② 王峻峰．鲁迅论家庭教育[J]．中国教育学刊，1981(02)．

者强调鲁迅的这些家庭教育思想和无产阶级的家庭教育观是一致的，“毛泽东同志和许多老一辈无产阶级革命家以及无数的共产党人，在教育子女上的光辉范例，与鲁迅的家庭教育观可以说是完全相通的。”① 我国历来是主张“家教”的国家，这是因为家庭是孩子的第一所学校，父母是孩子的第一任老师。每个孩子从诞生到入学前，全在家庭生活中度过，即使在入学后，家庭教育也没有丝毫减弱，学校教育只有与家庭教育相配合，才能取得应有的效果。因此，家庭教育如何，直接关系着孩子的成长。但什么是正确的家庭教育？这个问题至今没有得到完全解答，也未引起社会和教育部门的足够重视。如何重视和改革家庭教育，是当今教育不可忽视的重要课题。茅盾②、郭沫若的成就的取得，除了时代等重要原因外，就是从小所受的家庭教育。郭沫若告诉读者：“除父母和沈先生之外，大哥是影响我最深的一个人。”“我到后来多少有点成就，完全是我长兄赐予我的。”③

同时，一些近代的重要家庭教育著作得以再版。教育科学出版社 1981 年再版了陈鹤琴 1925 年首次出版的《家庭教育》。陈鹤琴已年九旬，他在重版序中写道：“儿童是振兴中华的希望。儿童教育是整个教育的基础，关系到我们伟大祖国的命运。”“老骥伏枥，志在千里……最近，党中央号召全党、全社会都要重视儿童和少年的健康成长，我更为激动，愿为培育共产主义事业的幼苗再发一分光和热。”④ 同所有的重建一样，中国的家庭教育研究从我们以往的遗产中汲取着资源和营养。改革开放四十多年来，这个方面的研究成果越来越丰富，对中国传统和近代的著名人物的家庭教育思想和实践、传统蒙学、家书、家训、家教的资料出版、研究日益丰富。

二是苏联及西方国家的家庭教育理论介绍。改革开放之初，研究者在汲取革命传统中的家庭教育经验和理论的同时，也致力于介绍国外家庭教育的经验与理论，并着重论述家庭教育相对独立的地位和作用。如有研究者认为在美国，社会教育、家庭教育和学校教育之间分得很清楚；有研究者谈革命领袖列宁所受的家庭教育对他的影响⑤；有研究者介绍了容易导致子女犯罪的四种家庭类型；有研究者认为家长是学校的同盟者；有研究者介绍列夫・托尔斯泰的家庭教育经验，即设立特别的信箱，大家把自己写的东西都投进来，周末共读、评价、赏析。六岁的孩子，在他们行将上学前这关键性的一年，如何让他们准备进入新的生活？仅仅是教给他们读和算就够了吗？这些问题，A・T・赫里普柯娃在其著作《童年世界——学龄前儿童》一书中一一做了回答。书中说：即使是最好的学前教育机构，如果他们的工作不与儿童的家庭教育紧密配合，也不能取得应有的

① 王峻峰 . 鲁迅论家庭教育［J］. 中国教育学刊，1981（02）.
② 李广德 . 茅盾的童年、少年和青年时代［J］. 湖州师范学院学报，1982（01）。
③ 王锦厚，伍加伦 . 郭沫若和他的大哥［J］. 广西民族学院学报（社会科学版），1980（04）.
④ 陈鹤琴 . 家庭教育［M］. 上海：华东师范大学出版社，2013. 重版序 .
⑤ 马中平 . 伟大的列宁与平凡的家庭——略谈家庭教育对列宁青少年时代的影响［J］. 河南师大学报（社会科学版），1981（06）.

成绩。该书共分五篇，以一种有趣的、引人入胜的方式来叙述学前教育学和儿童心理学的原理，从“为了教育儿童，必须了解儿童”的理念出发，学龄前各个阶段方面的教育，都有所涉及。①

在这诸多理论中，影响最大的是苏霍姆林斯基的家庭教育思想，国内发表的关于他的家庭教育思想论文较多。同时，中国妇女出版社 1982 年出版了他的《家庭教育学》，该书对家庭教育的重要性、内容、原则和方法作了精辟的论述。在家庭教育的地位和意义上，他强调了进行家庭教育是父母必须要尽的义务：“教育人，教育自己的子女——这是一个公民的义务。”“如果没有时间教育儿女，就意味着没有时间做人。”② 他尖锐地批评了某些家长不教育孩子，只满足孩子吃好、睡足两种需要的做法，要求每个家长“献身于社会教育事业，好好教育孩子，使他们成为好的公民、好的工作人员、好儿子、好女儿，未来的好父母”。“塑造幼儿智慧、思维的‘工厂’仍是母亲和父亲。家庭集体、父亲、母亲以及其他长辈们成熟的智慧世界就是幼儿思维的基础。幼儿的这个基础是其他任何人都不能代替的。”③ 苏霍姆林斯基首先是教育实践者，他遇到过各种各样的孩子，他研究了七十多个难管教的孩子，认为这些孩子难以管教的“最重要的原因是孩子所受教育和孩子早期童年的周围环境条件所引起的”。因此，无论是从孩子自身的人生来讲，还是从家庭来讲，家庭教育都至关重要，父母“把好的品质灌注到孩子身上”，才能从孩子身上得到“生活中的欢乐”。解决了家庭教育的地位和意义问题后，他也提出了家庭教育的目标——家庭教育的目标和学校教育的目标是一致的，都要“培养全面和谐发展的人”，发掘孩子的“天赋才能”，使他们成为“精神丰富”“体魄完美”“道德纯洁”“审美需求和趣味丰富”“兴趣多样”的“社会进步的积极参与者”。

相应地，家庭教育的内容主要包括：

（1）在家庭中要把爱的种子播种到孩子的心灵中。人类最微妙的能力，就是爱的能力。爱能够揭示出人的内心深处的源泉，由此将永远使生气勃勃的善良感情徐徐而来。而这爱的能力最初的生产土壤便是家庭。家长培养孩子爱的能力，也是有规律的：首先是爱父母；二是爱家庭，要使孩子知道家庭不只是父母的，也是自己的，言行举止都不要辱没家庭，要“珍视家庭的名誉”等；三是爱他人，“要珍惜孩子们的爱人之心，要不断巩固他们对人的信心”，逐步在孩子脑中确立“一切为了人类，一切为了人类幸福”的思想；四是爱祖国，要使孩子从小“关心祖国的现在和未来”，“对祖国履行义务是人的神圣职责”，“像珍惜自己的声誉、自己家庭的荣誉一样，珍惜这一种神圣职责”。

（2）保护儿童心灵的纯洁。他提出培养善良的信念和情感，教育孩子善于控制自己的愿望，防止儿童心灵染上“多关心自己，少管别人闲事”的漠不关心的恶习，要教育

---

① 周蕖 . 童年世界——学龄前儿童［J］. 外国教育动态，1981（03）.
② 苏霍姆林斯基 . 杜志英等译 . 家庭教育学［M］. 北京：中国妇女出版社，1982：138.
③ 同上 . 55.

孩子说实话真话，防止欺骗弄虚作假的恶习，让孩子在“智力劳动中体验到灵感的力量”从而培养孩子勤奋细心的良好习惯等切实的需要注意的内容。

（3）在智育方面要教会孩子思考。父母应当引导孩子去观察大自然和周围世界，发现其中“各种事物和现象之间的因果关系”、事物内在的特点，使孩子头脑中长出“思考的翅膀”，“跃起求知欲”，“孩子提出的问题越多，那么他在童年早期认识周围的东西也就越多，在学校中越聪明，眼睛越明，记忆力越敏锐。”

（4）家庭中要进行劳动教育。“孩子的劳动锻炼是家庭教育的最为重要的组成部分。”家庭劳动教育应从两方面入手，首先要培养孩子热爱劳动的情感。尊重劳动，认识到劳动是幸福的创造者；其次是使孩子通过劳动在力量和能力上做出“重大努力”，“让孩子掌握多种技能”，培养良好的劳动习惯。

苏霍姆林斯基认为家庭教育需要遵循一些原则与方法：一是爱抚与严格要求相结合的原则；二是教育一致性的原则；三是言传身教。孩子的行为只有通过父母的行为来教育，孩子的情感只能由父母的情感所激起；四是及早教育，从胎教开始；五是父母一定要掌握教育方法，不能“不学无术”或“一知半解”，“孩子的心田是最细腻、最敏锐的东西，对待它应当特别小心、谨慎、柔切、善良。”① 此外，他还提出了学校教育、社会教育和家庭教育一体化育人的思想。

同时，关于日本、德国、美国等国家庭教育的思想和经验的研究逐步增多。钟启泉较早地介绍了日本保育学会会长、世界幼儿教育机构（OMEP）日本委员长、著名儿童心理学家山下俊郎的相关著作。尤其是《独生子女——其心理与教育》，分为《独生子女研究的意义及其发展源流》《独生子女的心理特点》《独生子女健康问题》《独生子女智力生活》《独生子女性格特征》《关于独生子女社交生活》及《独生子女的教育》七个部分进行连载。② 黄志成介绍了东德学校与家庭合作的形式，家庭访问的作用有：增强家长对学校的信心；了解学生所处的家庭环境；向家长汇报学生在校情况，了解家长的意见和想法；教师提出家庭教育的看法。家长会的作用是：使家长了解学校教育的目标、内容和方法，以及学校的情况；使家长获得教育学和心理学的一些知识；家长之间交流教育子女的经验。③ 美国式的家庭教育是以培养孩子富有开拓精神、能够成为一个自食其力的人为出发点的，帮助孩子从小树立明确的经济观念，注意教导孩子怎样有计划地分配自己少得可怜的零用钱以及如何想办法去赚钱。母亲要经常带女儿去超级市场买东西，以便了解行情，让她们在结婚前就熟悉家务，懂得料理家庭生活，有计划地安排衣食住行。当孩子成绩不好时，父亲总是帮助孩子一起找原因，并且规定补习的时间和作业。如果分数从 B 上升到 A，就给予物质奖励。美国也有不少“儿童电视迷”，父母对此不是放任

① 苏霍姆林斯基．杜志英等译．家庭教育学［M］．北京：中国妇女出版社，1982：97.

② 钟启泉．独生子女的心理及其教育——山下俊郎《独生子女》札记（一）［J］．全球教育展望，1981（03）.

③ 黄志成．东德学校与家庭合作的形式［J］．全球教育展望，1981（05）.

不管，而是约法三章，例如："吃饭时不准看电视，功课做好了才可以看。"《怎样帮助您的孩子学习好》是美国的瓦恩施坦教授等专门为基础教育阶段的家长写的。有许多也可以供中国家长应用的具体的实操方法，如保持孩子注意力的方法，设置具体的学习目标，多提问题，积极的自言自语与想象等。

随着我国对外开放的深化和世界教育形势的变化，美国、日本、德法英等欧洲国家的家庭教育理论和经验被更多地介绍到国内。国外的家庭教育，结合了儿童心理学、人本主义心理学思想，家庭教育理论发展比较迅速。较之我国的家庭教育思想，更具有系统性和操作性。阿德勒学派家庭教育理论中就家庭教育的任务、具体策略、父母的角色及亲子关系的特点以及不良儿童的辅导做了简要介绍，并就其对当代家庭教育的启示做了简要分析。家庭教育的主要任务即是对儿童合作意识和合作能力的培育及良好社会兴趣的培养等。阿德勒强调，要完成此任务，必须首先注重民主和谐的家庭气氛的构建。阿德勒认为，创设良好家庭氛围，必须基于父母与子女之间友善和坚定的相互尊重，以及父母和孩子之间关系的平等。只有搭建好这个和谐的、平等的教育平台，父母才可能同儿童对话，进而对其合作意识和合作能力进行良好的培养。①

随着20世纪以来各种心理学派的发展，尤其是约翰·鲍比所开创的依恋理论学派的研究开展，阿德勒、马斯洛等人的理论不断地在家庭教育实践中广泛运用，美国等国家的家庭教育持续着从艺术向科学转变。"近几十年，各式各样的育儿专家不断涌现，这些专家之言，即便只是随便听听，可能也听不进去。因为有关育儿的传统观念似乎瞬息万变，有时是不同专家之间莫衷一是，有时则是曝光率最高的几名专家突然异口同声地宣布旧观点是错的，而新观点至少在短时间内，是无可辩驳的真理……对孩子的教育也是要么丢掉棍棒，放纵孩子，要么揍孩子一顿，然后去坐牢。"② 美国的经济学家也关注到家庭教育这个庞大的市场。在《美式教育：专家、父母和一个世纪以来的育儿经》中，安·赫尔伯特记录了美国那些众说纷纭甚至自相矛盾的理论。20世纪90年代末期，美国教育部开展了较大规模的"童年早期的纵向研究"。

通俗的、直接面向普通家长的各种读物、培训在中国越来越受到广泛的关注。美国的"正面管教"风靡全球。通俗读物中，有如《怎么说孩子才会听，怎么听孩子才会说》等针对具体问题的，也有《你的N岁孩子》([美]路易丝·埃姆斯著),《从0岁开始》丛书([美]盖瑞·艾卓著)这样针对各个年龄段孩子家庭教育的系列著作。

三是中国现实的家庭教育问题研究，尤其是独生子女教育等问题的讨论。核心家庭所占比例迅速上升，并成为家庭结构的主导形式。家庭结构核心化、家庭关系简单化，一方面有助于增加亲子互动频率，父母对子女关注增多，以及家庭教育投入提高；另一

① 刘红.阿德勒的家庭教育思想及其借鉴意义[J].贵州教育学院学报，2000(3).
② 史蒂芬·列维特，史蒂芬·都伯纳.王晓鹂译.魔鬼经济学(01)[M].北京：中信出版集团，2016：153—154.

方面，由于家庭中没有兄弟姐妹，在物质丰富的背后，往往是孩子心灵的孤独与健全人格的缺失，如自私、任性等。独生子女教育问题也逐渐成为当代家庭教育中必须面对的课题。改革开放之初，随着计划生育政策的贯彻落实，一个家庭最多两个孩子，研究者们就注意到独生子女教育的问题。“无限宠爱在一身”，不少家庭中孩子成了中心人物，“孩子像太阳，父母、爷爷、奶奶像卫星，围着太阳转不停”；与娇惯相反，有一些父母简单粗暴地对孩子，从一个极端跳到了另一个极端。家长应该关心孩子的身体，让他们健康成长；但真正的父母之爱，是珍视、保护孩子们纯洁的心灵。①

有研究者结合国情，从现代心理学关于脑发育的理论出发，认为家庭教育从早期就要全面培育。从幼年起，家长就要让儿童养成诚实、朴素、有礼貌、讲卫生、守纪律的习惯；孩子长大些，要进一步培养其爱祖国、爱人民、爱劳动、爱科学、爱护公共财物的品德，要进行“四个坚持”的教育，使他们逐步形成革命的人生观和科学的世界观。家长应深入浅出地讲清道理，尤其要注意在生活实践中进行具体指导，培养言行一致的行为习惯。家长还应及时指导儿童通过观察、游戏和各项活动，认识周围事物和生活，扩大知识面，发展思维力，养成爱学习、爱思考、爱提问的习惯，开发大脑的潜力，从而打下良好的学习基础。要认识到早期增进儿童身体健康的必要性，并能采取有效措施来增进儿童身体健康和正常发育。以身作则建立威信，严格要求防微杜渐，统一要求教育一致。当然，家庭教育是不能脱离社会生活而孤立进行的，家长要时时注意周围社会环境对孩子的影响。当孩子进学校读书后，家长更应当主动地和学校密切合作，共同教育好孩子。②

很多研究者认为：现代家庭教育的儿童观应由“养儿防老”——视儿童为私有财产转变为视儿童为社会的成员，是有个性的独立个体。在教育观上，由粗放型的、经验的、非自觉的教子到实现儿童个性自由、全面发展。亲子观由具有等级性、依附性转变为父母与子女平等的观念。教育内容由侧重伦理教育到侧重社会实践、生存教育。随着高考制度的恢复，计划生育政策的严格执行，独生子女一代的成长，儿童的学习成绩成为家庭关注的重点。教育方式由强调家长权威、专制色彩浓厚的说教方式为主到鼓励孩子自己做主，民主、平等方向的转变。

目前，研究者建立社会主义家庭教育学的认识越来越明确。心理学、临床医学等研究者的加入，也使家庭教育的研究逐步多样化，研究基础也越来越坚实。有研究进行了5至6岁独生子女知识面、认识能力及家庭教育状况的调查；有研究就4—6岁独生子女行为习惯的表现做了调查和分析，摸索教育独生子女规律；也有专就少年犯罪与家庭教育关系的调查研究。陈会昌等采用问卷法对200名1—10岁儿童的父母进行调查，探讨

---

① 立言．爱与恨之间［J］．人民教育，1979（10）．

② 纪石仁．少年犯罪与家庭教育关系的调查［J］．社会，1982（01）．

其家庭教育观念的一般特点。结果显示，不同年龄儿童的家长均把家长教育子女的责任心以及学校对孩子个性与创造性的培养看作是最重要的因素，他们认为遗传和环境都是儿童发展的重要因素，但在不同方面，发展的决定因素不同，在对儿童的培养方向上存在性别差异。①

随着城镇化、工业化的进程，大批留守儿童作为一个特殊儿童群体受到社会关注，这对我国的家庭教育是非常大的挑战。有研究认为，长期得不到父母亲面对面的教育和关爱，留守儿童的家庭教育基本是缺失的。留守儿童在家庭教育基本缺失的情况下，在学业成绩、心理素质、道德品质及身体发育等方面出现的问题，必须引起高度重视并予以研究和解决。此外，另一个特殊的儿童群体——流动儿童的家庭教育问题也凸显出来，流动儿童的家庭教育功能也在弱化。

在研究团体上，随着各地市家庭教育研究会的成立，全国性的研究团体也逐步建立。1989 年中国家庭教育学会成立，2003 年中国教育学会家庭教育专业委员会成立。高校逐步设立了家庭教育学科，相应专著获得了出版，有赵忠心的《家庭教育学》（1994 年）、缪建东的《家庭教育学》（2009 年）、黄河清的《家庭教育学》（2014 年）、关颖的《家庭教育社会学》（2014 年）等。我国家庭教育研究由于长期发展不足，理论研究总体薄弱。随着素质教育、终身教育理念逐渐深入人心，学习化社会来临，家庭教育被赋予了更重要的责任。这些都凸显了家庭教育的作用，提升了家庭教育的地位。当代家庭教育的特点是，父母普遍具有较强的教育意识和教育需求，同时家庭教育理论研究不足，本土化的家庭教育研究任重道远。

（三）家庭教育的未来展望

党的十八大以来，国家非常重视家庭教育，“中国家庭教育进入自觉建构期”②。党和国家领导人在很多重要场合强调家庭教育的重要性。2015 年春节团拜会上，习近平总书记指出：家庭是社会的基本细胞，是人生的第一所学校。不论时代发生多大变化，不论生活格局发生多大变化，我们都要重视家庭建设，注重家庭、注重家教、注重家风。2016 年 12 月，习近平总书记出席第一届全国文明家庭表彰大会时发表重要讲话。重申家庭是社会的细胞，强调家庭和睦则社会安定、家庭幸福则社会祥和、家庭文明则社会文明。家庭是人生的第一个课堂，父母是孩子的第一任老师。2018 年 9 月，在全国教育大会上，习近平总书记指出：“办好教育事业，家庭、学校、政府、社会都有责任。”将

---

① 陈会昌 .1—10 岁儿童父母的教育观念［J］. 心理发展与教育，1997（1）.

② 朱永新 . 当务之急是将家庭教育纳入现代教育管理体制［N］. 杨咏梅 . 新中国 70 年家庭教育经验与反思［C］. 中国教育报，2019-06-27（10）.

家庭放在重要位置，“家庭是人生的第一所学校，家长是孩子的第一任老师，要给孩子讲好‘人生第一课’，帮助扣好人生第一粒扣子。教育、妇联等部门要统筹协调社会资源支持服务家庭教育。全社会要担负起青少年成长成才的责任”。这是习近平总书记第一次把教育部门放在妇联前面来统筹协调资源支持家庭教育。

同时，我们也必须看到，家庭教育在政策、理论和实践层面面临着巨大的挑战。政府主导，具体哪个部门主导呢？妇联、教育部、文明办等多达数十个部门，具体怎样协同发挥合力，是迫切需要解决的问题。从九五规划到十三五规划，覆盖城乡的家庭教育指导服务体系一直在建设之中，已有的家庭教育指导服务机构在城乡、不同省市间发展极不均衡。我们不得不面对的现实是，很多区域的家庭教育指导服务机构仍处于“僵尸”状态。家庭教育指导服务市场混乱，各类家庭教育服务指导机构缺乏必要的准入机制和专业规范，在网络化、自媒体时代更加难以监管。家庭教育实践缺乏底线的规范的现代家庭教育启蒙。社会变迁带来的多元化、父母亲职教育的缺乏，使家庭教育面临前所未有的挑战。2016 年民政部在全国共摸底排查出农村留守儿童 902 万人。留守儿童问题频发，包括得不到保护的性侵事件、原阳县 4 个少年因玩耍被误埋工地的惨剧；有迷信某些夸大其词的缺乏依据的诱导，如向某育儿公众号付费，专门学引导孩子睡眠也结果眼睁睁看着三个月大的婴儿死亡的事件；还有过度养育、过度溺爱导致的孩子成长问题，不一而足。据江苏省妇联与有关部门的调查显示，近 50% 的家长缺乏家庭教育知识和科学的家庭教育方法，约八成家长提出需要家庭教育指导服务。① 这些现象都在呼吁全社会关心儿童成长，加强家庭教育指导的管理，呼吁家庭教育指导走向规范化、专业化。

家庭教育未来发展主要从以下几个方面着力：

一是强化家庭教育领导职能。目前我国家庭教育由全国妇联管理，教育、卫生、民政等等多个部门协同。《关于指导和推进家庭教育的五年规划（2016—2020 年）》由全国妇联、教育部等九部门颁布，提出的总体目标为“加快家庭教育事业的法制化、专业化、网络化、社会化建设，基本建成适应城乡发展、满足家长和儿童需求的家庭教育指导服务体系”。但由于没有能够切实推进的主责部门，政府主导的原则难以贯彻。政府主导原则体现了“家庭教育指导服务是一项施惠于民的公共服务事业，政府要提供相应保障”。② 这一原则的真正落实，需要各职能部门分工合作。建议重构现代教育体系，明确教育部门在家庭教育、学校教育和社会教育里要起到牵头作用，当务之急就是将家庭教育纳入现代教育管理体制，在家庭教育的黄金时期趁热打铁，更好地推动家庭教育事业

① 茹希佳 . 家庭教育：父母任何一方不能“缺位”[N] . 中国妇女报，2019-05-27.

② 关颖 . 家庭教育“十三五”规划的创新点 [N] . 中国妇女报，2016-11-18.

蓬勃发展。[1] 在2019年的全国教育大会上，习近平总书记特别强调了教育部门在家庭教育指导上的责任。教育部印发《关于加强家庭教育工作的指导意见》，进一步明确了家长在家庭教育中的主体责任和加强中小学幼儿园家庭教育工作的具体举措。这都为进一步的改革提供了方向和基础。

二是加强家庭教育法制化建设。相对于学校教育和社会教育，我国缺乏系统、完善地促进、支持家庭教育事业的法律与政策。家庭教育的法律地位得不到确认，家庭教育服务、指导、管理等支持系统既不健全也不规范，亟待立法回应。《关于指导和推进家庭教育的五年规划（2016—2020年）》提出在全国层面形成立法草案，同时鼓励有条件的地方出台地方性法规。《家庭教育促进法》列入全国人大立法规划，立法重点内容包括：家庭教育的界定、家庭教育的基本理念和原则、家庭教育的工作机制、家庭教育的特别措施（针对留守、流动、流浪儿童以及残疾、经济困难儿童的家庭教育，规定特别措施）、法律责任（明确违反相关法律规范应承担的法律责任）等。在地方性法规方面也已经取得突破。2016年5月，重庆市通过了我国内地第一部家庭教育地方性法规《重庆市家庭教育促进条例》。此后贵州、山西、江西、江苏、浙江、福建、安徽相继出台家庭教育促进条例。这些《条例》都规定，父母应当与未成年子女共同生活。确因外出务工等无法与其共同生活的，应与村（居）民委员会、就读学校、受委托监护人保持经常联系和交流，了解子女的生活、学习和身心发展状况。父母应当通过书信、语音、视频等方式与未成年子女保持日常沟通联系，定期与未成年子女团聚。《条例》对父母或者其他监护人采用侮辱、虐待、家庭暴力等方式开展家庭教育，侵害未成年人合法权益的行为做出了处罚规定。但如何大力宣传，具体执行，还有许多工作要做。

三是加强家庭教育理论研究。家庭教育的政策制定和实践进步，离不开家庭教育理论研究的繁荣。“国外的各种家庭教育理念背后，都有其学术理论及大型调研报告的支持。”[2] 而我国由于各种原因，在理论研究上“欠账”太多，缺少坚实的基础研究和厚实的研究成果。虽然近年来家庭教育越来越受到关注，研究力量也逐步增强，但研究仍然分散。“现有的家庭教育研究学者力量比较薄弱，广大教育学者对家庭教育的关注度仍然不够。”[3] 家庭教育作为一个需要社会学、教育学、生理学、医学、心理学等多学科共同研究的领域，作为需要理论与实践不断地交替往复的学科，“家庭教育的基本理论问题尚未研究透彻。家庭教育研究的科学性不够，具有重大社会影响的成果较为缺乏。科学性不够导致家庭教育研究的影响力有限，与国际学术前沿接轨不够，研究的国际交流不多。家庭教育研究‘单兵作战’明显，跨学科协同研究力度不足。家庭教育研究理论与实践

①②③ 朱永新. 当务之急是将家庭教育纳入现代教育管理体制［N］. 杨咏梅. 新中国70年家庭教育经验与反思［C］. 中国教育报，2019-06-27（10）.

存在脱节，二者缺乏沟通的桥梁。家庭教育政策研究数量较少，缺少长期追踪研究”①。因此，需要深化家庭教育科学研究，促进家庭教育学科体系建设，建立高水平的研究机构，多方合作对重点研究课题进行持续攻关，整体提升家庭教育理论研究水平。

思考题

1. 如何看待中华优秀传统文化对当前家庭教育的影响?
2. 如何继承与创新中华优秀传统文化，开展当代家庭教育研究?
3. 如何理解近代家庭教育培养独立、自主的人的教育思想?
4. 请你谈谈家庭教育未来的发展趋势。

---

① 缪建东 . 家庭教育理论研究应深度回应实践问题［N］. 杨咏梅 . 新中国 70 年家庭教育经验与反思［C］. 中国教育报，2019-06-27（10）.

第三章 家庭教育的理论基础

家庭是人类最基本的社会组织，保证了人类生存与发展的最基本需求，实现了生活资料和人类自身的生产。家庭是孩子的第一所学校，父母是孩子的第一任老师，孩子完成社会化的最初阶段是通过家庭来实现的。尽管孩子后来开始接受学校教育，进入社会，家庭依旧发挥着重要的无法代替的教育作用。

家庭教育学研究，要坚持运用马克思主义的立场、观点和方法，结合我国文化传统、政治制度以及社会经济发展特点，创造性学习已有家庭教育相关理论，构建家庭教育理论体系，指导家庭教育实践。

一、系统发展理论

基于 30 多年的临床心理治疗和研究实践，中国中医科学院广安门医院汪卫东教授提出了心理发展与人格形成的系统发展理论，不但可以为教育实践提供重要的理论基础，也对预防和治疗精神与心理疾病有很好效果。

系统发展理论认为，人格的形成是建立在遗传基础上又不断受环境影响而逐渐形成的、相对稳定的行为方式与内部发展的各种要素共同作用的过程。人格有七个要素，分别是胆量（或胆气）、自我（或自知）、人际关系（或人伦）、思维方式（或思虑）、意志力（或意志）、性发展和世界观（或三观）(如图 1)。

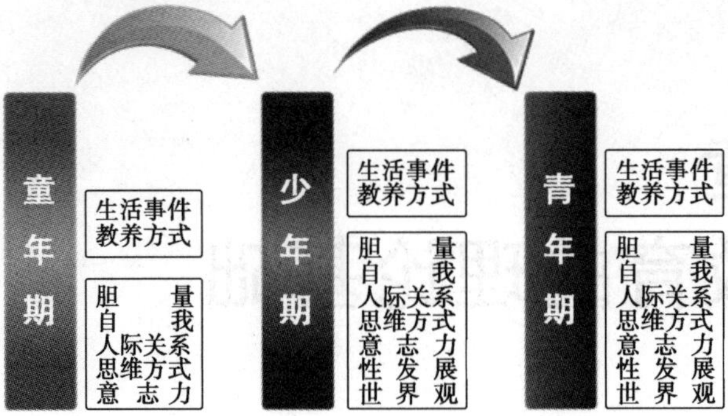

图1　人格形成与发展过程图

人格的本质，是个体在适应自然和社会环境过程中各心理要素发展的结果；人格的形成过程，是个体在适应自然和社会环境过程中各心理要素发展的过程。因此，对人格的研究也应该与发展心理学对个体的研究相适应，必须揭示个体在适应自然和社会环境过程中各心理要素发展的过程和结果。

（一）基本思想

系统发展理论对人格形成与发展有以下认识：

（1）人格形成是人的心理发展要素相互作用过程中，内部结构动态变化与主体逐步稳定化的结果。

（2）人格的先天基础性与后天发展构成了辩证统一关系。

（3）人格的形成与发展具有阶段性。

（4）人的心理发展要素相互作用过程、内部结构动态变化与主体逐步稳定化，是人格形成的内在动力。

（5）人格形成有一个多重要素的内部发展过程，是在人的内心发生的、影响着人怎样行动、怎样感觉的所有情绪、动机和认知的过程。

（6）人格虽然在一定的年龄段比较稳定，但定会存在细微的变化。就个体一生而言，在成熟期之前是一个不断发展的过程，在人的中年或老年早期是一个稳定的过程。进入老年中期和后期，人格发展逐渐进入返童萎缩而表现出幼稚化现象。

（7）人格形成之前必然是一个内部发展过程，是由外而内、由内而外的互相作用的过程，这个发展过程与个体发展过程中的全部心理活动过程有关。

（8）外显行为具相对稳定性。

（二）人格模型

系统发展人格理论的基本内容，包括以下两个方面（如图 2）：

1. 以个体心理与行为的发展阶段和发展过程为纲

人格的形成是一个复杂过程，基因对个体人格形成产生影响。

（1）人格形成“先天期”

基因期：现代研究认为，遗传基因对人格的影响是存在的。无独有偶，在中国古代的医学中，也存在这种认识。

孕育期：个体诞生前的胚胎期，到形成胎儿的时期。

（2）人格形成“后天期”

① 0 ～ 3 岁（人格形成初期）；

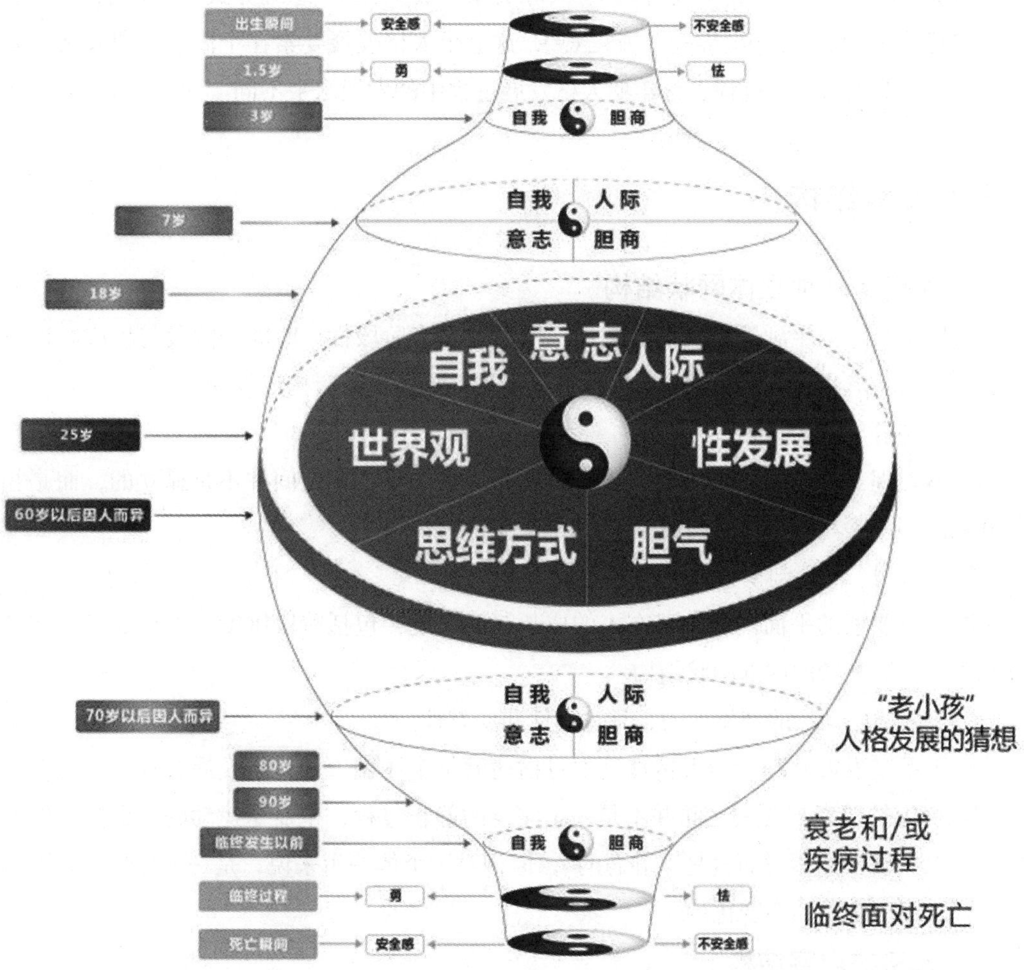

图 2　人格立体模型图

② 3 ～ 7 岁（第一反抗期）;

③ 7 ～ 10 岁（第一反抗期到第二反抗期的过渡期）;

④ 10 ～ 18 岁（第二反抗期）;

⑤ 18 ～ 25 岁（人格初步稳定期）;

⑥ 25 岁以后老年期前期（人格成熟稳定期）;

⑦ 老年期后期（人格萎缩期）。

当然，各个分期在人格形成和发展过程中所占有的地位并不是相同的。根据临床心理治疗经验，以及发展心理学研究，我们观察到人格形成“后天期”中第一反抗期亦即“3 ～ 7 岁”和第二反抗期亦即“10 ～ 18 岁”对个体后期的人格初步稳定期和以后的人格成熟稳定期的影响非常重大，也对“再成长治疗”即人格矫正治疗非常重要。我们将其作为人格形成与稳定的两个重要阶段。

2. 以个体心理与行为的发展要素为目

胆量（或胆气）、自我（或自知）、人际关系（或人伦）、思维方式（或思虑）、意志力（或意志）、性发展和世界观（或三观），这七个人格发展要素在个体幼儿期人格发展过程、少年期人格发展过程、青年期人格发展过程中的发展水平不同。

（三）人格结构

1. 人格是一种立体网状结构

人格从个体出生到死亡具有连续性，同时还具有阶段性。时间、阶段与构成心理发展各要素之间形成了立体交叉型的内部网状结构，纵横交错，构成复杂。

（1）要素与要素的关系

个体心理与行为的要素与要素之间具有相关性，各要素之间并不是孤立的，而是相互联系的。要素与要素之间构成了平面网状关系。

（2）时间、阶段与要素的关系

要素与要素的平面网状关系在人的成长时间维度（包括阶段维度）上构成了立体交叉型的、错综复杂的内部网状结构。

（3）人格是动态的和发展的，呈过程性和动态性

由于系统发展心理学的人格理论本身描述的是个体一生的人格发展过程，所以个体心理与行为的要素与要素之间并不是一个完全的静止过程，生命是运动的，个体是发展的，所以人格虽然相对而言是“静态的”，但相对于个体一生来说，是一个过程，有不同的阶段，因而也是动态变化的。

2. 人格的内容结构

我们认为，相对稳定的人格的内容结构分为核心层、中间层、外显层，根据目前的

研究，人格在形成的早期，可能是比较单一的，宛如人体的细胞。

（1）人格构成的“核心层”

0 ～ 1.5 岁：

在婴儿还没有形成人类所能够理解的“人格”之前，亦即 0 ～ 1.5 岁左右，是人格形成的初期，出生的瞬间，在婴儿的心理中实际上已经存在安全感和不安全感，而这种安全感和不安全感似乎是一种辩证的发展关系。出生时，婴儿从母亲的子宫中出来，对胎儿来说，子宫是温暖柔软的，环境稳定，被很好地保护着，而突然来到外面，外面的一切都是陌生的，生存环境发生了很大的变化，不安全感非常强烈，被子、妈妈的拥抱都给了婴儿安全的感觉，本能的需求最为重要。婴儿的这种安全感与不安全感的存在与辩证关系，正是后来能够被人们所感知的胆量，或曰胆气，是婴儿先天人格基础与后天人格倾向连接的基础要素。

个体的这种安全感与不安全感的相互作用关系，与幼儿的先天与后天逐步发展关系密切。父亲与母亲的基因与怀孕过程顺利与否，可能为幼儿后天的人格的早期形成过程奠定了生理基础，而且这种生理基础直接作用于人格细胞的核心层，比喻为人格的“细胞核”部分，包括先天形成“气质”与“神经类型”，也对后天的人格形成构成重要影响。所以，我们认为，胎教是十分重要的环节。

胆量或曰胆气（也即早期的安全感与不安全感及其辩证关系）是连接人格先天与后天的桥梁，也可能是人格“核心层”继续丰富和完善的基础。

1.5 ～ 3 岁：

1.5 岁以后，胆量逐渐表现为对外的“勇怯意识”，勇怯意识的发展开始于人成长过程中对自然环境的适应，比如声音、光线、温度、湿度、压力等；其次是人际环境的适应，主要是父母以及其他主要养护人的教养方式，是过度保护的，忽略保护的，还是严厉的等，这个适应过程形成了基本的婴幼儿的“勇怯意识”，也即胆量。随着勇怯意识的发展，到 3 岁的时候，胆量的大小也逐渐影响到“自我意识”的强弱。胆量与自我共同构成了人格形成的“内核层”也即原始的“人格细胞”，而胆量是“人格细胞”的“细胞核”，自我是胆量发展之后反映个体形成的三个关系，即个体自己与自己、个体与自然、个体与他人（或者社会）之间的关系，是比较复杂的，即“人格细胞”的其他成分，比如细胞膜、细胞浆、线粒体等物质。个体发展到这个阶段，已经具备了人格形成的“雏形”，也是人格继续发展的基础。此后，二者相互依存，促进人格系统的继续过程。

从与人格的先天因素的关系来看，从受精卵到出生之前，是后天人格形成的“种子期”或者说是物质期，也可以说是“生理期”亦即生理阶段。

从人格的后天因素来看，从出生到 1.5 岁前后，人格形成进入“核心层”形成过程，即从生理期向心理期的逐步过渡，这是人格形成的萌芽期。

从 1.5 岁至 3 岁，人格的“核心层”进一步丰富，从原始的胆量积累逐步形成自我，使得人格形成过程逐步从生理向心理方向发展，从而完成了人格“核心层”的形成过程。

（2）人格构成的“中间层”

3 ～ 7 岁：

“三岁看大，七岁看老”，一般认为，3 岁以后，“自我意识”进一步强化，胆量也因此强大，从而出现儿童成长的“第一反抗期”。3 ～ 7 岁在经历第一反抗期过程中，人际交往进一步扩大，在各种生活经历和教养方式的共同作用下，在争取“自我”“自主”“自由”的成长过程中，相对稳定的胆量和自我在矛盾中又进一步发展，并且有了基本的人际交往模式和意志力，同时“思维方式”也在人际交往和意志力发展过程中形成比较稳定的模式。

因此，人格发展到 3 岁以后，人格“细胞”进一步丰富与壮大，围绕着胆量和自我这个“核心层”，逐步构成了人格的基本组织，即人格构成的“中间层”。

（3）人格构成的“外显层”

人格成熟期（7 ～ 18 岁或者 7 ～ 25 岁）：

7 ～ 18 岁或者 7 ～ 25 岁，在人格五个基本要素胆量、自我、人际关系、意志力、思维方式发展基础上，一定的生活经历和父母教养方式作用下，个体进一步发展和完善，最终人格的七大要素胆量、自我、人际关系、意志力、思维方式、世界观、性发展都基本发展稳定，人格基本形成。这一时期个体经历了恋爱、婚姻、工作过程，人格也逐步成熟。而现在人们所讲的“人格”，正如美国学者伯格（Jerry M. Burger）将人格定义为源于个体自身的稳定行为方式，内部过程可以通过稳定的行为表现体现出来。

人格稳定期（25 ～ 60 岁）：

25 ～ 60 岁是人格稳定期，虽然也有各种刺激和影响，但一般不会发生很大的变化。即使有变化，也非常缓慢。当然在某些特殊情况下，比如重大创伤或人生经历重大改变，人格也会产生突变。由于人格处在成熟期，各种行为表现特点突出，研究相对比较容易，也是目前人格研究最多、成果最为丰富的阶段。西方卡特尔人格特质理论（16 种 PF）、艾森克的现代物质理论、塔佩斯人格五大理论、中医的五态人格等大多是围绕这个阶段来研究的。

人格萎缩期（60 岁以后）：

由于退休年龄的增长，事业的发展期因人而异，60 岁（有些人在 70 岁甚至更晚）以后出于以下几个方面的原因开始进入人格萎缩期：

一是生理原因：如身体结构与机能的逐渐退化导致运动功能减退和减少；性激素分泌减少导致性情趣减少；大脑机能减退导致记忆力减退等。

二是社会原因：如退休，人生的转换，工作的调整，人际和情感丰富性减少。

三是心理原因：因为退休，生理年龄、社会年龄形成自我暗示，与上述生理原因和社会原因相结合，可能导致性发展、性意识相对减少或者逐渐消退，世界观进一步固化，奋斗与发展意志趋弱，逐步进入只有胆量、自我这两个要素表现突出的阶段，出现向“老小孩”退化的人格发展趋向。

人格衰退期：

临终前，世界观和意志、自我等要素也迅速衰退，面临疾病和死亡，各种人格要素进一步退化，恢复到了 3 岁甚至 3 岁以前那种只有胆量和自我要素参与的人格衰退期。

人格结束期：

出现于临终过程和死亡时，这时勇怯是最核心的人格要素，个体表现出对生命的理解，对疾病和死亡的勇怯。死亡瞬间就如出生时一样，只余应对生命结束的安全感和不安全感。

3. 人格的过程结构

通过对人格内涵与要素的阐述不难看出，人格形成与发展是一个从先天到后天的毕生发展过程；这个过程随着年龄变化其要素不断变化，表现为一个完整的从形成、发展到结束的全过程。

4. 人格的关系结构

（1）要素关系。人格构成是由“核心层”“中间层”和“外显层”构成。无论哪一个层次都很少是单一的要素组成，而是由多种要素组成，各发展要素之间并不是孤立的，而是存在着一定的关系，是一个有机的整体。同时这种关系又非常复杂。

（2）过程关系。人格从形成期到结束期，阶段性与连续性并存，表现为一个完整的发展过程。这种阶段性与连续性也是为了研究的需要，进行的人为划分。

（3）要素与过程之间的关系。同理，上述人格结构的要素关系与过程关系之间并不是孤立和分开的，而是紧密相连的。人格表现为要素与过程之间的辩证统一关系。

（4）人格要素与认知、情绪和行为的关系。人格的存在是相对独立的，但人格的形成不能独立完成，它必须与人的心理过程相呼应。人格与心理过程如认知、情绪和行为等也构成人的心理现象中辩证统一的两个方面。

（四）人格异常发展

人格异常发展，指汪卫东教授研究团队研究的临床人格即胆怯型人格、依恋型人格、自恋型人格、表演型人格、偏执型人格和完美型人格等人格的异常发展过程。发展治疗学理论体系关于个体人格异常发展并导致精神与心理疾病的研究，形成了以下观点：

1. 精神与心理疾病发病过程的“过去的过程”学说

异常心理形成、发展和最终导致疾病是一个过程。这个过程并不仅仅是现在的状态，显然是一个“过去的过程”。也就是说，疾病的形成包括目前医生对疾病的诊断，只是疾病的现在状态，而疾病的发生发展过程已成为过去。因此，对精神与心理疾病的研究与治疗行为，不应该仅仅研究这些疾病的现在状态，而应该加强对这些疾病的“过去的过程”的研究，治疗也不仅仅是针对现在的疾病状态和症状进行治疗（尽管是必需的），而更应该针对“过去的过程”进行治疗。只有这样的治疗思维、治疗模式和治疗方法，才可能是一种根本性的治疗。无疑，这样一个“过去的过程”理论，显然也适合于这些疾病的预防、保健和康复。如果把这种理论应用于教育领域，更加体现“治未病”的预防思想。

精神与心理疾病的形成并不能简单地理解为一个疾病本身的状态。和正常心理发展一样，应该理解为是个体异常心理发展过程的结果。因此，在精神与心理疾病的治疗中，如果治疗仅仅是针对情绪的改善和症状的消除，则不能体现发展心理学的思想，不能体现对个体异常心理发展过程的治疗，即使治疗有效但不能彻底根治。异常发展理论着重强调和体现这个基本思想。我们将这个思想称为“过去理论”。这是异常发展理论的基础理论之一。

根据这个理论，目前针对某些早期和轻型的精神与心理疾病的治疗方法虽然有时是有效的，有时是必要的，但在某些时候也是危险的。例如，对于某些心理因素明确的早期和轻型的“精神分裂症”患者，早期给药未必是正确的。由于医生本身并没有正确的认识，有可能因为这些药物对表面症状抑制作用、症状的改善和对心理治疗的忽视，或者对异常发展知识的缺乏，恰恰掩盖了这些疾病的心理作用本质，错失了心理治疗良机。一些严重的精神和心理疾病，也并不排除是由于对其早期的心理因素缺乏足够的认识，而过早地给予某些抗精神病药物，从而导致缺乏有效的心理治疗而使其病情加重。因此，对精神和心理疾病的早期发现、早期异常发展评估和早期有效的异常发展治疗，显得尤为重要。

2. 病因与发病的“双因理论”

异常心理形成、发展和最终导致疾病是一个过程。这个病理过程是由两个方面的作用力构成的，一个是疾病的外因，一个是疾病的内因。外因是标，内因是本，外因通过内因而起作用。“保护和刺激”是引起精神和心理疾病的外部原因，“缺失和创伤”是引起精神和心理疾病的内部原因。人的心理在“保护和刺激”与“缺失和创伤”的“双因素”共同作用下，经过或剧烈，或持久的长期发展过程，才形成了精神和心理疾病。尽管在某个时期，在某个阶段，外因和内因的作用强度有别，但一定是内外因共同作用的结果。我们把这个理论称为病因与发病的“双因理论”。

人的异常发展和心理疾病的形成过程包含着偏移性异常发展与缺失性异常发展两大方面：

（1）偏移性异常发展并导致心理疾病过程，即心理发展偏移并导致疾病的过程。临床上，很多心理疾病患者都是由刺激引起的“童年创伤”所导致的。

（2）缺失性异常发展，即心理发展的成长缺失，包含时间与空间这两个维度。正常心理发展在空间维度上表现为各要素完整发展；在时间维度上表现为各阶段持续发展。这里的“成长缺失”，主要体现在“成长要素缺失”与“成长阶段缺失”两大方面。

成长要素缺失（主要为空间维度），是指在心理发展过程（认知、情感、意志等）部分要素缺失的基础上，影响到人格的正常发展，继而体现为人格各发展要素的不同程度缺失（主要指性格与能力要素，比如，胆量、耐挫折能力等方面的缺失，异常性格的形成等）。

成长阶段缺失（主要为时间维度）。心理发展过程中，本应在相应时间段所经历的心理现象，因各种原因受阻，未能正常获得，导致人格形成中部分过程阶段性缺失。可表现出间断性、持续性、交错性等形式（比如，第一反抗期、第二反抗期的部分过程阶段缺失）。

临床上也有一些患者并未发现特别明显的“童年创伤”。但是，通过病因追溯技术反复追溯病史后发现：亲子关系中的“不当保护”等原因使个体正常心理发展过程受阻，导致个体成长要素与成长阶段不同程度的缺失。积累到一定程度，在外部因素如刺激的作用下，会引发精神与心理障碍或者精神与心理疾病。因此，刺激引起的“童年创伤”和“成长缺失”可能是异常心理发展不可忽视的两大病因（当年，弗洛伊德只关注了前者）。对异常心理和精神心理疾病的治疗过程都应该包含这两个方面，否则不能彻底治愈。

以上两大原因，即精神与心理疾病发病的原因，一方面，是来自个体之外的“不当保护与不良刺激”的外部影响因素，另一方面，这种“不当保护与不良刺激”又成为个体“缺失和创伤”的内部特征。

二、家庭功能理论

家庭作为社会的一个基本单位，为个体身心发展提供了基本且重要的环境。由于家庭在个体身心发展中的重要影响，学者们对个体心理发展过程中家庭发挥的作用进行了深入研究。近年来，他们逐步地放弃单一研究或者单因素的分析模式，将视角转向家庭系统论。家庭功能理论得到越来越多关注，逐渐成为研究家庭教育的重要理论。

（一）家庭功能的内涵

要想了解何谓家庭功能的内涵与内容，必须先了解什么是家庭。家庭有狭义与广义之分，狭义是指一夫一妻制组成的社会单元，广义是指人类进化的各个阶段中的各种家庭利益集团，即家族。家庭是社会的最小单位，是人类最重要的制度与社会群体形式。霍洛克指出，家庭的功能包括身份定义和经验定义。成员在家庭中明确自己的身份与未来要扮演的社会角色，即身份定义。此外，家庭也应给成员更好地进入社会提供一定的练习场地与情境，使其提前获得一定的经验。① 有学者指出，家庭对培养成员的独特人格发挥着重要的作用，能够帮助成员提升其社会适应性水平。②

家庭功能一词最早出现在国外社会学研究中。目前国际上尚未对家庭功能形成较为一致的概念。施瓦布曾说过，运用在代表阐述家庭功能的词语众多，并且较为混乱。③ 目前主要有两种观点：一是借助家庭所体现的具体特点，比如家庭亲密程度、成员交往质量、适应性等来阐述家庭功能，代表人物有比威尔斯和奥尔森。其中，比威尔斯认为，家庭的功能可以用家庭关系结构、反应灵活性、家庭亲密程度等来表示；奥尔森指出，家庭功能主要是指家庭内各个成员之间的情感维系、家庭规则、家庭交流与应对外部事件的有效性；二是用家庭完成职责的状况来界定家庭功能。指出家庭要能够给其成员提供适宜其身心健康发展的优质环境，代表人物有爱泼斯坦和斯金纳。他们指出，为家庭成员提供适宜的生理、心理与社会性的环境是家庭的基本功能，家庭一定要承担一系列责任，例如为成员提供一定的物质条件，满足其基本的衣食住行的需要，同时也要推动并促进家庭及其成员的发展，解决各类家庭所要面对的突发事件等。④

此外，研究者基本上将家庭功能的内容概括为以下方面，包括婚姻、血缘、亲缘、情感、伙伴、经济、社会化及人口生产与再生产等内容。具体而言，即：一是情感功能。这是家庭的一个基本功能，要满足家庭成员基本的情感需求，彼此之间互相理解、支持、关心与帮助，一同解决面对的难题，消除生活中的烦恼与压力，保持较为平和的心态，有一定的家庭归属感与认同感。二是经济功能。满足家庭成员基本的物质与精神需求，如衣食住行、教育、娱乐等。三是生育功能。繁衍并抚育子女，赡养老人，使生命得以延续，人类社会得以长存。四是社会化功能。家庭是人类生活的一个重要场所，也承担着帮助子女从生物人到社会人转化的职责，它是人类学习语言、知识、社会规范、社会行为标志及社会经验的一个主要场所。五是健康照顾功能。指的是要促进并维护家庭成员的身心健康；六是教育功能。孩子是从家长那里学到价值观念、信仰、处世态度且学

---

① Horrock，J.E. *The Psychology of Adolescence.* Boston：Houghton-Mifflin. Hundleby，J.D. Mercer，Cz W. Family and Friends as Social Environments and Their Relationship to Young Adolescence's Use of Alcohol. *Tobacoo and Marijuana*. British Journal of Addiction，1969（21）.

② Edward，A.D. *Adolescence*：*Theory and Experience.* Published by Charles E. Merrill Publishing Company，1976：52—66.

③ Schwab J J，Gray-Ice H. M. *Family Functioning-The General Living Systems Research Model.* New York 233 Spring Street：Khwer Academic/Plenum Publishers，2000：19—20.

④ 杨丽霞 . 小学高年级儿童社会退缩与家庭功能、同伴关系的相关研究［D］. 江西：江西师范大学，2008.

会与他人建立合适的依恋关系。家庭是教育的中心，对个人的影响最长久而深远。

家庭的不同功能，可以满足人类不同的需要。人类的需要及满足方式会随时代变化而改变，家庭的功能也随着改变。

（二）家庭功能理论基本内容

基于对家庭功能内涵的分析与研究，家庭功能理论应运而生，并发展为两大取向，即结果取向的家庭功能理论与过程取向的家庭功能理论。

1. 结果取向的家庭功能理论

这一理论按照家庭功能所发挥作用的结果将其分成不同类别。一些类别是健康的，不需要家庭治疗与干预，而有些类别则是不健康的或需要家庭治疗与干预的。其关注的焦点在于家庭功能所发挥作用的结果。基于此，对家庭功能发挥情况进行评估，评估其是否健康。这一理论的代表为奥尔森的环状模式理论和比威尔斯的系统模式理论。

（1）奥尔森的环状模式理论

1978 年，奥尔森等提出这一理论。经过四十多年的发展与完善，现在这一理论通常会被运用在家庭研究、临床评估、训练、婚姻与家庭治疗等领域。它基于家庭系统理论，将家庭治疗、家庭社会学、家庭系统论中有关婚姻和家庭的众多概念进行聚类分析，获得了描述家庭功能的三个维度，即家庭亲密度、家庭适应性与家庭沟通。其中，家庭亲密度指的是家庭各个成员间存续的感情关系，如彼此之间的情感距离、相处的时空、兴趣爱好等的一致性或家庭决策形式等；家庭适应性指的是家庭出于面对或解决外界环境、家庭发展需要等调整权势结构、角色配置或者家庭规则的能力，如成员间的协商、共同处理问题的能力及对家庭的认可或满意水平等；家庭沟通指的是成员间进行信息交流的水平，如倾听、同情、支持性语言等，可以促进家庭亲密度与适应性的发展。

这一理论有一个基本假设，即家庭实现其基本功能的结果与其亲密度和适应性之间是一种曲线关系，亲密度和适应性过高或者过低均不利于家庭功能的发挥，平衡型家庭比不平衡型家庭的功能发挥要好；家庭沟通是一个促进性因素，平衡型家庭比不平衡型家庭有更好的沟通[①]。基于此，奥尔森等区分出两个维度，即家庭亲密度与家庭适应性，并将其划分成 5 种水平，两两组合变成 25 种家庭类型，大体可分为平衡型家庭、中间型家庭及极端型家庭（见表 1）。

---

① Olson，D. H. Circumplex Model of Marital and Family Systems. *Journal of Family Therapy*. 2000，22（2）.

表 1　环状模式理论家庭类型

		亲　密　度				
		松　散	自　由	中　间	亲　密	纠　结
适应性	无规律	极端型	中间型	中间型	中间型	极端型
	灵　活	中间型	平衡型	平衡型	平衡型	中间型
	中　间	中间型	平衡型	平衡型	平衡型	中间型
	有规律	中间型	平衡型	平衡型	平衡型	中间型
	僵　硬	极端型	中间型	中间型	中间型	极端型

这一理论指出，相较于不平衡型家庭，平衡型家庭的家庭功能发挥得更好。但应注意，某一家庭隶属哪一类型并非固定不变，会随着家庭结构、家庭成员的变化及一些意外事件的影响，从一种类型变为另一种类型。

20 世纪 90 年代，奥尔森结合其他学者的研究，修订了自己最初提出的曲线模型假设，改为三维线性模型理论，指出无论是线性关系还是曲线关系，和家庭功能所发挥的水平都存在较大关系，家庭功能正常的家庭中存在的是线性关系。而在家庭功能存在问题的家庭中，存在的是曲线关系。

（2）比威尔斯的系统模式理论

系统模式理论于 1977 年由比威尔斯等人提出，他们基于实验室与治疗室的观察，对观察数据进行理论分析与推导，指出家庭系统的应变能力与家庭功能的发挥是一种线性关系，即家庭系统的能力越强，则家庭功能的发挥越好。这一理论根据家庭关系结构、反应灵活性与成员交往风格等特点，来评断家庭功能发挥的好坏。即从两个维度来考察家庭功能：一是在家庭关系结构、反应灵活性方面，其与家庭功能发挥的效果存在线性关系，表现出的家庭类型有严重障碍型、边缘型、中间型、适当型与最佳型等；二是家庭成员交往风格，其与家庭功能发挥的效果间存在非线性关系，表现出的家庭类型有向心型与离心型。将两个维度进行综合，表现出的家庭类型有 9 种，分别为：向心型严重障碍家庭、离心型严重障碍家庭、向心型边缘家庭、离心型边缘家庭、向心型中间家庭、离心型中间家庭、中间混合型家庭、适当型家庭和最佳型家庭等（如表 2 所示）。

表 2　比威尔斯家庭功能模式

	低		高		
向心型	向心型严重障碍	向心型边缘	向心型中间		
			中间混合型	适当型	最佳型
离心型	离心型严重障碍	离心型边缘	离心型中间		

2. 过程取向的家庭功能理论

结果取向的家庭功能理论主要强调的是家庭功能所发挥作用的效果，而过程取向的家庭功能理论认为家庭成员身心健康情况和家庭发挥自身作用的活动是否顺畅关系密切。在具体实践中，假如家庭并未实现其基本功能、履行基本职责、发挥基本作用，易使家庭成员产生一些临床问题。所以，仅仅对家庭类型进行区分在临床实践方面不会发挥太大作用，还要重视家庭发挥其作用、实现其功能会经历的过程。如果家庭实现自身功能的过程比较顺畅，其成员身心健康情况会比较好；反之，则易使成员产生一些心理问题，甚至发生家庭系统危机事件。这一理论的代表是麦克马斯特的家庭功能模式理论与斯金纳等的家庭过程模式理论。

（1）麦克马斯特的家庭功能模式理论

麦克马斯特的家庭功能模式理论以家庭系统论为基础，关注的是家庭功能各个具体内容和其实际操作的结果，用多维度视角具体论述了家庭的功能，从而更好地规避了环状模式理论较为重视形式化内容的劣势。

这一理论具有以下基本理论假设：一是家庭的所有层面都是互相联系的；二是不能离开家庭系统的其他层面单独理解其中某一层面；三是假如离开其他家庭成员或者亚系统，仅通过某一家庭成员不能全方位地了解家庭的功能；四是作用并决定成员行为的主要因素包括家庭结构与家庭组织；五是家庭系统的交互方式会在很大程度上作用于家庭成员的行为。爱泼斯坦等人指出，家庭的基本功能是能够为成员的社会性、心理性与生理性需求的维持与发展提供一个安全的设施。

麦克马斯特功能模式理论重视家庭运作过程在家庭成员中所产生的影响，理论涉及家庭生活的众多领域，但并未包含家庭功能的所有层面，仅仅研究在临床实践方面有较强实用价值的能力，即问题解决能力、沟通、角色分工、情感反应能力、情感介入能力、行为控制，以期更好地让家庭系统进行一系列活动，推动家庭良性发展与家庭成员身心健康发展。其中，问题解决能力指的是在保证达成有效家庭功能时，家庭处理问题或者一些危机事件的能力；沟通指的是家庭各成员之间进行沟通时信息是不是清晰、传递是不是直接；角色分工指的是家庭是不是已经构建形成一整套的家庭功能行为方式，比如是否支持个体发展、有无对家庭进行管理、任务分配是否清晰等；情感反应能力指的是判定家庭各成员面对刺激在情感方面的反应水平；情感介入能力指的是判定家庭成员对其他成员的一些行为与事件的关注水平；行为控制指的是家庭系统产生的为人处世的行为模式。

此外，麦克马斯特的家庭功能模式理论认为，某一单方面因素不能说明家庭功能的好坏，要考察家庭在解决某一家庭问题时所运用某种方式的有效性。家庭可能在某些方面呈现不健康的状态，但在其他方面则表现为健康状态。所以，明确家庭的优势与弹性非常关键。

（2）斯金纳的家庭过程模式理论

1980年，斯金纳等人将与家庭有关的各个概念进行有机结合，构建出较为全面明确的家庭功能的概念和结构，形成了斯金纳的家庭过程模式理论。这一理论指出，完成各种家庭日常任务是家庭的首要目标，其中包括对日常任务和危机事件的处理。家庭成员要一同完成各项任务。在这一过程中，家庭和各个成员获得发展，成员间的凝聚度得以提升，从而保持家庭系统的完整，发挥家庭功能。

对于家庭功能的评价维度，斯金纳的家庭过程模式理论认为有七个，即任务完成、角色作用、沟通、情感表达、卷入、控制、价值观。其中核心维度是任务完成，其他维度基于任务完成而形成。任务完成主要包括：明确问题、思索各项处理难题的方式、选取科学合理的方式处理问题、对处理成效进行评价；为了较好地实现任务完成的目标，家庭各成员要进行任务配置，承担不同的职责，扮演不同的角色；进行任务配置，必然离不开沟通，一定要有情感表达，其对任务完成与角色扮演起着阻碍或促进的作用；家庭各成员的介入度在家庭完成任务方面也发挥着一定的作用；控制为家庭各成员互相作用的行为；家庭要能保持自己的家庭功能，并在任务出现变动的时候能够及时调整；家庭任务的明确、怎样完成任务，这都受家庭成员价值观与规则的影响与制约，尤其是家庭背景。这些维度相互关联，有机结合，形成对家庭功能进行评价的指标。

家庭功能的影响因素众多。横向看，包括非家庭关系因素与家庭关系因素。其中，非家庭关系因素指的是家庭内和家庭成员间关系没有关联的若干影响要素，比如家庭社会经济地位、家庭结构等。纵向看，包括发展阶段和生活突发事件两个因素。

三、家庭治疗理论

20世纪50年代，美国精神分析师兼儿童精神科医师纳森·阿克曼正式提出“家庭治疗”这一概念，家庭治疗理论出现。它以系统论为核心，并首次将其引入心理咨询和治疗领域，认为家庭这一系统对其成员是否出现问题行为具有重要的作用。家庭成员间不良的交往模式、不合理的家庭结构都可能导致家庭成员出现心理行为问题，甚至能进一步推动不良症状的发展。这一理论认为：“父母既是狱卒，也是囚徒——而孩子既是囚徒，也是狱卒。”“孩子抛出鱼饵，父母便咬住，就像鱼一样被他们的孩子捕获……钓鱼人和鱼之间存在一个环路，你们在这两者之间游弋，时而是钓鱼人，时而是鱼。"[①] 这是家庭治疗理论有关家庭系统间关系的看法。

（一）家庭治疗理论的基本观点

家庭治疗是一种以家庭系统作为治疗单位的治疗模式，用于解决人际关系问题。家庭成员的所有行为皆与家庭、其他家庭成员的行为有关，并非某一个体的事情，而是彼此存在互动性，和家庭系统存在较为密切的关系。因此，它鼓励所有家庭成员共同参加治疗活动。通常基于某一家庭成员的问题，对家庭成员间互动情况进行整体性干预，处理家庭及其成员面对的难题。家庭治疗理论不仅仅重视个体的心理冲突、人格特性与行为方式，而是将个体与其存在的问题置于家庭系统中治疗。认为所有的人或事都不是独立存在的，都与身边的其他人或事有非常密切的关系。

家庭治疗理论指出，家庭不同发展阶段有不同的任务目标。例如，第一阶段（新的家庭的形成），家庭界限的形成与互相适应是家庭的主要任务；第二阶段（第一个小孩出生），夫妻次系统与亲子次系统的和谐互动、促进良好依恋关系的形成是家庭的主要任务；第三阶段（孩子开始离开家庭步入学校或其他社会环境），这时候开始，家庭行使促进孩子从依赖到逐渐分离的功能；第四阶段（孩子离家或者结婚），这是从部分分离到完全分离；第五阶段（夫妻一方到双方去世），完成家庭最终的分离[②]。

（二）家庭治疗理论的基本特征

第一，将家庭整体而非某一成员当作问题核心。家庭治疗理论基于家庭整体视角对个体进行观察，协助其全方位地扮演好自己角色，发挥个体在家庭中的功能。也就是说，它将家庭成员的问题当作家庭系统的问题，从整体社会功能视角进行调整。

第二，治疗目标与治疗焦点在于变革家庭中的不良互动关系，重视家庭结构是否科学，家庭成员之间的交流是否适宜，家庭成员关系是否和谐，家庭功能发挥是否正常，家庭不良关系和结构对个体造成影响的程度等。家庭治疗理论认为，家庭关系的理顺，家庭积极功能的加强，可以改善个体家庭环境，达成个体与家庭的成长目标。

第三，重视家庭当时的情况，发现并完善家庭成员之间的互动规则。家庭治疗理论

---

① 萨尔瓦多·米纽庆等著．胡赤怡，卢建平，陈珏译．家庭与夫妻治疗：案例与分析［M］．上海：华东理工大学出版社，2007：9．

② 孔芳．家庭教育新理念——从西方家庭治疗理论谈起［J］．山东理工大学学报（社会科学版），2012（3）．

充分重视治疗过程中表现的家庭互动潜在规则，观察成员之间的时空距离与交流习惯，指导并协助他们构建积极科学的互动方式。

第四，要求家庭成员一同参与，共同调整。家庭问题并非一朝一夕能处理好，家庭情况改变需要所有家庭成员的配合。该理论认为虽然呈现的是个体问题，但需要全部或者大部分家庭成员一同参加治疗，才能改善家庭总体状况。

（三）家庭治疗理论的流派

家庭治疗理论将系统论当作理论基础，在具体治疗过程中，也比较关注家庭各成员之间的互动过程。但是他们在心理功能不良的本质理论假设、对家庭模式的看法与治疗干预策略方面，皆存在较为明显的差别，出现众多家庭治疗理论流派。

1. 多世代家庭治疗

这一流派的创始人是鲍温（Bowen），他提出了“自我分化”概念，认为“自我分化”主要表现于个体和父母间的关系中。人格健康的成员可以和父母实现情绪方面的分离，未分化的个体很难摆脱他人，生活全部被其他家庭成员或者是自己的情感驱使，不会按照实际状况进行理性分析，做出合理选择。这是家庭治疗理论中最具思想性、分析最深刻和透彻的内容。

除了自我分化的概念，多世代家庭治疗流派也提出其他七个概念，即核心家庭情绪系统、多世代传递过程、情绪三角关系、家庭投射历程、情感切断、手足的出生顺序、社会性退化等，这些概念彼此环环相扣。它们都存在一个假设基础，即一种来自生存恐惧的慢性焦虑。所谓的慢性焦虑，是较为普遍的一种自然系统现象，广泛存在，并非日常活动中由于一些生存难题而产生的惧怕心理或忧虑心态。

自我分化较多体现的是一种状态，并不是一个能够实现的目标。它表现的是个体可以确保其本身独立完整，还能够处于家庭或者其他群体的两种驱力之间的平衡。自我分化作为家庭成员的一种能力，可以将自身由本能控制的情绪反应和由理性目标引导的行为反应相区别，明确个体价值与目标，最大程度承担自身情绪与命运的职责。如果自我分化水平较差，容易出现情绪融合的情况，也容易出现核心家庭情绪系统。面对压力时，他们会将焦虑的影响无限放大，试图运用不同方式缓解紧张情绪，降低潜在威胁出现的概率。比较具有代表性的方式就是拉进第三个人，形成三角关系，即采用三角化方式解决关系中存在的情绪压力。

这一理论的一个独特观点是多世代的传递历程。鲍温认为家庭功能严重失调是家庭情绪系统经过数代延续不断积淀形成的，所以进行家庭治疗，至少要绘制家谱图。知道三代的家庭关系脉络，削弱融合与焦虑的水平，缓解症状，提高成员在核心家庭系统与原生家庭中的自我分化水平。

2. 结构式家庭治疗

结构式家庭治疗起源于20世纪70年代，是家庭治疗领域中另一具有较大影响力的理论派别。它的创始人是萨尔瓦多·米纽庆（Salvador Minuchin），犹太人。他受到民族文化的影响，对家庭结构功能进行研究，创立了结构式家庭治疗理论，研究家庭动态发展过程。

这一理论的核心概念是家庭结构、次系统与边界。家庭结构是一系列具有隐性特征的功能需要和规则，是用于整合家庭成员互动的方式。次系统是指在家庭这一大系统中，常常会按照性别、辈分、功能等做一些划分，各次系统会具有差别化的权力，扮演不同的角色，彼此互动也会有差别。例如有个体次系统、夫妻次系统、亲子次系统、手足次系统等。边界能够区隔家庭成员和次系统，控制家庭成员之间相互接触的频率与特性。

"界限的功能是维持系统的分化。每个次级家庭系统都有特殊的功能，并且对其成员有特定的要求；次级家庭系统从其他家庭次级系统的妨碍中获得自由的程度预示了在这些次级系统中人际交往技能的发展程度。"这是萨尔瓦多·米纽庆有关界限功能的叙述。[①] 家庭界限对其成员能不能进入某一次系统中具有决定性的作用，对进入方式也起着决定性作用。它有三种方式，即清晰型、纠缠型和疏离型。家庭界限较为清晰的时候，能够保障家庭成员间的互动有效，全方位体现家庭次系统及各个次系统间互为补充、相互支持的作用；一旦出现纠缠型的家庭界限，家庭成员相互交流的信息就会较为凌乱，虽然关系较为紧密，但成员关系比较纠结，会让一些家庭成员对他人行为进行一定的干预，使其逐步丧失独立性与自主性；疏离型的家庭界限中，家庭成员沟通信息会面临较大困难，彼此之间联系较为生疏，容易出现过度强调自我的情况。应对一些压力情况的时候，会发现很难有相应的支持系统。

结构式家庭治疗的主要目的是治疗者要进入家庭系统，帮助家庭调整其家庭结构，从而改变家庭成员的行为，产生全新体验，创造新的希望。它的一个重要特色是行动先于认知。在治疗阶段，主要采取行动与压力的方式。

3. 系统派家庭治疗

1971年，心理治疗师帕拉左理、伯斯寇罗、赛倾和普拉特等人共同成立了米兰家庭研究中心，开始系统化地在行为、关系、家庭成员感觉和阐述某一事件方式中寻找其中的差别，尝试着揭示保持当前家庭系统各成员间平衡关系的一些互相关联因素，也被叫作米兰派家庭治疗。

---

① 张伯华，刘天起，张雯．心理咨询与治疗教程［M］．济南：山东人民出版社，2010：274.

这一派别的特点是反矛盾。治疗师会告诫家庭不应较早地发生变化，但有时也会加剧家庭各个成员之间存在的矛盾与差别。这样，家庭成员会认识到是彼此之间的看法不同使其他成员出现了困惑。为了让其他家庭成员有所改善，需要形成一致的看法。

系统派家庭治疗采用团队方式展开工作，并且借助一些效果显著且有创新性的治疗技术，让家庭互动模式发生变化，如正向解读、家庭仪式。正向解读指治疗师对家庭行为给予重新界定，把一些症状或者消极行为出现的动机解释为好的、正面的、积极的，以降低家庭成员对治疗师的分析、解释及变化的阻力。家庭仪式主要采用矛盾处方这一形式来解决，具体阐述做什么、主体是谁、什么时间实施及所处的环境。

随着研究的深入，这一理论派别形成三种具有代表性的治疗策略。第一，形成假设。尚未实施家庭会谈的时候，治疗师要和团队其他成员进行深度研讨，给出可能产生家庭问题的一些影响因素。第二，循环性。家庭互动模式并非呈现线性关系，而是由互为因果的回馈链组成，治疗师要通过循环提问，发现家庭成员在某一事件或者关系中的不同看法。第三，中立。指治疗师尽力和家庭各成员形成联盟关系，防止处于家庭同盟之外。

4. 策略派家庭治疗

基于沟通理论，贝特深、杰克森、黑磊等人建立了策略派家庭治疗理论，并于 20 世纪 80 年代发展为该领域的一个主流流派。这一派别认为，问题真实存在，一定要通过治疗师形成一系列的策略给予处理。只要治疗师借助其指导者与权威的姿态，发布命令，让家庭落实全新的互动关系，就会让问题发生变化。这说明，控制整个局面的是治疗师，他们要对家庭变化承担所有责任。

策略派家庭治疗主要以问题解决为导向，重视家庭成员在行为方面的变化。其采取的干预措施是让家庭系统发生改变，从而缓解目前的症状，并不对症状产生的原因进行探究。因此，治疗师的主要工作是就家庭成员的人际关系提供较为清晰的目标，形成一系列干预对策，给出问题具体处理的策略方式。

策略派家庭治疗的治疗过程主要有四个阶段：一是关系建立阶段，和存在问题的家庭成员构建较为和谐的关系，处于较为轻松的环境氛围中；二是问题探究阶段，发现家庭想要获得帮助的原因，了解各个家庭成员对某一问题的看法；三是家庭互动阶段，各家庭成员在治疗师在场的情况下对彼此存在的问题进行讨论，治疗师要关注行为发生活动、层级结构、交流方式及家庭小团体，明确在今后的治疗中可以采取的策略；四是目标设定阶段，这一阶段，治疗师和家庭一同对问题性质进行确认，常常是初拟一个合同，涉及治疗目标与治疗形式，让家庭成员可以不断地对自身目标达成情况进行评估。

这一派别提出了“重新框视”的技术，指的是一旦问题行为很难解决的时候，能够采取全新的视角对这一行为进行重新解释，帮助家庭成员多角度地理解与接收一些问题行为。其深层含义是，“重新框视”不但能够让行为意义发生变化，也会让家庭深层次地理解互动关系中另外方面的价值。

5. 经验派家庭治疗

这一理论派别以人本主义为哲学基础，重视个体自由选择的意志，看重个体具有的自我决定和自我实现的能力，关注现场的即时反应，通过和家庭成员良好的人际互动实现促进家庭自然成长的目的。强调帮助家庭成员发挥潜在能力，释放内在灵性。

作为这一理论派别的鼻祖，维特克倡导从找寻个体内在矛盾转向解决成员人际功能不良的问题。在《心理治疗的根基》一书中，他指出个体成长阶段“卡住”的表征就是精神分裂出现的症状。他认为，治疗阶段的所有参与人员，在一定水平上都是他人的患者和治疗师。从治疗的视角来说，假如治疗阶段治疗师并未获得成员的帮助，这个家庭也很难获得帮助。

6. 人本主义家庭治疗

人本主义家庭治疗有时也称为联合家庭治疗，创始人是萨提亚。她认为所有的家庭都拥有各种潜能，促进有效沟通，提升察觉水平，激发成长潜能，这是人本主义家庭治疗理论的主要目标。这一理论派别将个体怎样看待世界分为四类，即对关系的定义、对个体的定义、对事件的定义及对改变的态度（如表 3 所示）。①

在具体治疗过程中，萨提亚提出了更为直接表现个体内在对自我价值观感受的五种沟通姿态，即指责、讨好、超理智、打岔、表里一致。其中，表里一致是萨提亚提倡的重要目标。个体虽然承受一定的压力，有担心与忧虑，但是依旧有勇气、有信心，能够正确地对待压力，承担一定的责任，有效应对压力。在这种情况下，个体的言语与表情常常较为一致，内心平静和谐，有较高的自我价值感，精力充沛，身心健康。

这一家庭治疗理论基于平等价值观而建立，认为人们能够改变，能够表达一定的情感，要帮助家庭成员将一些较为极端的规则变为有用的规则。它指出健康家庭中的规则可能数量并不多，但都具有一致性，具有一定的弹性，可以应对各种情境。这时，家庭气氛良好，既开放又自由，家庭成员关系较为密切，可以包容各自的差异，相互支持，积极探索外部世界。

---

① 维吉尼亚·萨提亚．萨提亚家庭治疗模式［M］．北京：世界图书出版公司，2007：29.

表 3 不同模式下个体看待世界的方式

看待世界的方式	
对关系的定义	
等级模式	成长模式
人们生来不平等。 角色和地位常常与自我身份的认同发生混淆，认为角色通常意味着优势或是劣势。 等级观点意味着权势和服从。	人们生来具有平等的内在价值。 角色和地位与自我认同不是一回事，角色仅仅意味着在某一时刻或某一段特殊关系中的作用。 平等表现在：人际平等、彼此联系、尊重差异。
对个体的定义	
等级模式	成长模式
人们需要去服从和顺应那些外部的规定，从而获得别人接纳。 人们被期望能像等级高的人一样去思考、感受和行动，通过竞争、顺从和模仿来达到外部标准。 人们忽视或否认他们的感受和彼此间的差异。	个体都是独特的，而且有能力通过内部力量和自我认同来定义自己。 接受与尊重独特的自我，为努力发现了真正的自我而感到高兴。 人们可以清晰明白地表达自己真实的感受。
对事件的定义	
等级模式	成长模式
因果之间是线性关系。 问题只有唯一正确解决方法。 否认自己经历和体验，接受权威，封闭原创性和创新精神。	事件的原因和结果受多种变量影响。 答案并非只有唯一。 人们超越事情的表象来理解他所处的情境，产生新发现、新信息。
对改变的态度	
等级模式	成长模式
维持原状让人更安全。 害怕未知的东西，排斥改变。 人们对改变的态度只有对和错。	人们从改变过程中产生信心。 人们知道改变是不可避免的，因此期待改变。 人们为发现新的选择和资源感到高兴。

7. 社会建构主义家庭治疗

这是家庭治疗理论发展新方向中一个最为典型的理论派别。它认为知识是相对的，依靠脉络而存在，信念系统只能体现自身对世界形成的“社会建构”，不是“真实”的真理。

这一流派的主要观点是：人们运用语言主观地建构自己对现实的观点，形成自己的故事。治疗时应关注问题解决的方式，如奇迹提问、例外提问、外化压抑提问等，以期通过对所面对问题情境的重新建构让其产生新的价值，使得成员能够了解并知道一些新知识。

这一理论指出，作为被治疗家庭组成部分的治疗师因位于其中，不能较为中立地觉察这一系统。因此，治疗师并不会揭示家庭面对的“现实”，其他成员也会按照自身给出的假设处理家庭问题，这就会产生几重“事实”，不会出现统一的“事实”。因此，治疗师要平等地与家庭一起构建治疗师——家庭观察系统，共同观察家庭成员对问题的看法。

家庭治疗理论被看作研究人类行为的一种新的模式，把家庭成员问题放在较为宏观的家庭系统中给予分析，不但能够处理成员个体面对的问题，还能很好地处理和个体有关的家庭系统问题，可以从不同角度对人类行为价值进行理解，促进家庭治疗朝向多元化方向发展。

思考题

1. 如何将系统发展理论运用于家庭教育实践?
2. 试分析系统发展理论与家庭功能理论、家庭治疗理论的异同。
3. 结合当前社会现实，谈谈构建中国特色的家庭教育理论体系要思考哪些问题?

第四章
家庭教育的内容与方法

家庭是社会的基本单元，家庭教育是在家庭私领域发生的。但在中国，家庭教育与国家稳定、社会发展息息相关。家庭观念在中国传统文化中有着重要的地位。“家庭—家族—国家”，这种“家国同构”的社会政治模式是儒家文化赖以存在的社会基础。中国人这种“家国同构”和“家国一体”的观念，其本质就是按照“家”的组织形态来构建社会的政治体系。《大学》有云：“古之欲明明德于天下者，先治其国；欲治其国者，先齐其家；欲齐其家者，先修其身。”中国传统文化中修身、齐家、治国、平天下的观念，就反映了“家”与“国”之间的同质联系。因此，做好家庭教育，不仅是一个家庭的事情，也是国家的事情。

中华人民共和国成立以来，党和政府颁布了一系列有关家庭教育的政策法规，推进家庭教育工作。1950 年实施的《婚姻法》中规定“父母对子女有抚养教育的义务”，1954 年《宪法》规定“婚姻、家庭、母亲和儿童受国家的保护”，《中华人民共和国民法通则》《中华人民共和国义务教育法》《中华人民共和国教育法》《中华人民共和国未成年人保护法》等都有关于家庭教育的相关规定。2004 年中共中央、国务院《关于进一步加强未成年人思想道德建设的若干意见》强调“家庭教育在未成年人思想道德建设中具有特殊重要的作用”。1996 年起，全国妇联、教育部等部委相继制定关于家庭教育“九五计划”“十五计划”“十一五规划”。2010 年，全国妇联等七部委联合颁布《全国家庭教育指导大纲》，指导全国各级各类家庭教育指导服务机构和家庭教育指导老师开展相关工作。2015 年，教育部颁布了《关于加强家庭教育工作的指导意见》，指明了新时期中国家庭教育的发展方向。2016 年 11 月，全国妇联、教育部、中央文明办等共九部委共同印发了《关于指导推进家庭教育的五年规划（2016—2020 年）》（以下简称《规划》），《规划》提出，到 2020 年，基本建成适应城乡发展、满足家长和儿童需求的家庭教育指导服务体系。

一、家庭教育的现状与问题

（一）家庭教育现状

中华人民共和国成立以来，经过妇联、教育、民政等部门的不断努力，我国在家庭教育方面开展了很多工作，取得了明显成效。当前我国家庭教育总体情况如下：

1. 家长的家庭教育观念和教育行为状况尚可

总体上看，父母对自身教育职责的认识趋于理性，父母自我感觉家庭关系良好，觉得自己和孩子比较快乐；家长的家庭观更注重家庭生活充实和生活美满，人才观趋于社会的主流价值观，并且更加务实。

2. 家长对家庭教育指导服务需求强烈

家长在建设和谐家庭关系和教育子女方面需要学习，需要专业的机构和专家进行家庭建设和教育指导。中国教育科学研究院对 3 ～ 6 岁儿童家长和小学生家长的家庭教育调查发现，3 ～ 6 岁儿童家长的困扰由高到低排序为：安全健康（50.10%）、缺少同伴（48.20%）、缺乏育儿知识（38.90%）、工作与育儿冲突（32.70%）、为孩子上学担忧（29.60%）、家人教育观念不一致（26.90%）、遇到育儿困惑不知向谁求助（20.70%）。小学生家长的困扰由高到低排序为：孩子的学习（57.93%）、安全健康（39.94%）、缺乏教子知识和方法（30.36%）、工作太忙没时间管孩子（29.81%）、孩子缺少同伴（25.82%）、为升学担忧（25.39%）、不知如何与孩子沟通（17.87%）、遇到教子困惑不知向谁求助（17.33%）、家人教育观念不一致（16.89%）。① 家长遇到问题多靠自己解决，遇到教子问题不知道向谁求助，一些家长从来没有接受过家庭教育指导服务。

就目前情况而言，家庭教育专业指导体系尚未建立，社会专业指导机构良莠不齐，家庭教育专业人员数量不足，都导致家长难以通过正式的、规范的途径获取帮助。

3. 家庭结构变化导致家庭教育问题复杂化

目前，家庭模式由原来的传统大家庭逐渐向“核心家庭”转变，虽然也有“四二一”家庭结构，但总体上家庭结构逐渐呈小型化与核心化，很多家庭由父母与子女两代人组成。家庭教育完全依赖父母自身，而不再像过去那样有家族其他长辈来进行教导。同时，家庭结构日趋多元化，出现了单亲家庭、流动家庭、留守家庭等多种类型的家庭。一些父母疏于对孩子的呵护和管理，缺乏与孩子的沟通与交流。有的父母甚至放弃对子女抚养教育的义务，孩子缺少父母的情感和心理关怀，成长缺失问题增多。

① 张敬培等 . 小学生家庭教育现状调查［M］. 北京：教育科学出版社，2015：131.

4. 家庭教育面对互联网发展的挑战

在互联网 + 时代，网络普及率日益增加。2015 年第二次全国家庭教育现状调查结果显示，城市近七成孩子上网，农村孩子上网率达到 57.7%；父母在互联网应用上不具优势，坦陈“孩子比我强”和“我跟孩子不相上下”的超过六成。在互联网 + 的后喻文化时代，传统的权威型家庭教育方式受到挑战，家长必须重新调整家庭教育方式以及和孩子之间的相互作用模式。

同时，亲子关系不良的家庭，家长和子女的亲密度受到网络冲击。在网络时代，未成年子女把相当多的时间用于上网，网络作为“第三者”介入家庭生活，使得家长明显有了被淡漠、被边缘的感觉。

家长需要提高指导孩子正确识别和使用网络信息的能力。未成年人由于自身身体和心理发育不成熟，缺乏足够的辨别是非对错的能力，自律意识不强，很容易受到网络上各类不良信息的影响，更严重的还会诱发未成年人犯罪。家长对孩子沉迷网络缺乏足够的应对措施和技巧。

5. 家庭关系亲密度不高

家庭关系亲密度不高，表现为：一是家长虽然重视亲子共处，但父母亲共同陪孩子的时间却很有限，导致亲子沟通缺乏；二是家长自认为了解孩子，但对孩子的了解并不深入；三是家长对孩子管得太多，即使与孩子朝夕相处，但情感关系质量不高；四是夫妻之间关系质量一般。很多夫妻并不知道如何处理婚姻关系，一味采取逃避方式，母亲与孩子关系过于密切，父亲遭排斥。

6. 家长过度关注学业，家庭经济压力较大

孩子的学习是中国大多数家庭的重点，中国教科院课题组调查①发现，超八成小学生放学后有额外作业，近五成家庭将学习作为亲子沟通主要话题，四成学生回家后没有户外活动时间，近半学生回家后主要的娱乐活动为“看电视，玩电脑或手机”。子女成绩的好坏成为父母互相评价的标尺，甚至引发夫妻矛盾。2015 年第二次全国家庭教育现状调查结果显示，七成以上父母“陪孩子写作业”。②

7. 母亲主导家庭教育，父亲教育缺位

家庭教育中，父亲教育对于子女的社会性、性别角色、自信心、抗挫折能力等关键品质的形成起着决定性的作用。中国教科院课题组的调查和《2014 中国城乡家庭教育现状白皮书》均发现，逾五成的家庭中子女教育成为母亲的“独角戏”，三成家庭中能够做到父母共同负责子女教育，而父亲担起主要教育职责的家庭仅占一成，体现出家庭教育

---

① 张敬培等 . 小学生家庭教育现状调查［M］. 北京：教育科学出版社，2015：101.

② 苏婷 . 全国妇联发布第二次全国家庭教育现状调查结果 . 2015-12-23. http：//www.jyb.cn/china/gnxw/201512/t20151223_647587.html.

中父母角色“失衡化”的特点。①

8. 性教育缺失

“性”一直是中国家庭讳莫如深的话题，含蓄而保守的文化传统总是让中国家长谈“性”色变。因此，家庭性教育基本是禁区。

中国的家长不仅在学前没有对孩子进行性教育，在性意识萌动的青春期也缺少基本的性教育。中国教科院课题组调查发现，高达 46.00% 的初中生家长“从未提过”性教育的相关内容，6.36% 的学生通过低俗而不健康的成人片或成人小说获取性知识。② 可见初中生家长的性教育素养和能力普遍有限，严重滞后于青春期孩子的需求。

9.“两个反抗期”教育缺失

儿童在心理发展上会出现各种官能的“敏感期”。在特定的敏感显露期内，官能如果能够得到“及时”满足，就会快速发展。孩子在 7 岁以前最重要的就是“第一反抗期”。由于中国家长对孩子控制过多过严，导致孩子反抗期发展滞后。中国孩子在 3 ～ 7 岁处于“第一反抗期”，10 ～ 18 岁是“第二反抗期”，每一阶段时间都比西方孩子要长。

初中生自主意识更强，是心理的激烈变化时期，出现了标志着自主性发展的“第二反抗期”，很多家长对孩子成长变化认识不足，教育方式不能满足子女的成长需求，导致青春期亲子冲突频发。

（二）家庭建设和家庭教育存在的问题

目前，我国家庭建设和教育存在的主要问题是：

1. 家庭建设方面的问题

一是个体身心发展问题。家庭中个体身心健康存在问题，很多人处于焦虑和抑郁状态。

二是家庭关系问题。

（1）婚前问题。男女双方都没有做好承担丈夫（或妻子）、父亲（或母亲）、女婿（或儿媳）角色准备，就进入婚姻生活，导致婚姻关系不稳，家庭关系出现各种问题，有的甚至离婚。

（2）夫妻关系问题。婚后夫妻没有把良好、和谐的夫妻关系作为家庭建设第一要务，而是把孩子作为家庭重心，导致夫妻关系出现问题，妻子将情感重心放到孩子身上，丈夫被冷落，父亲教育严重缺位，出现第三者等问题，婚姻亮起红灯。

（3）家庭成员关系。很多中国家庭三代同堂，导致婆媳关系紧张。老人过多插手家

① 钟磬.《2014 中国城乡家庭教育现状白皮书》在京发布 . 2014-12-20. http：//news.cri.cn/gb/42071/2014/12/20/7211s4811993.htm.

② 大数据：呈现初中生家庭教育十大误区 . 中国教育报 . 2016-04-08. http：//www.newssc.or.

庭关系与第三代教育，导致家庭成员关系不睦。

（4）家庭内外关系。夫妻与双方亲戚之间关系处理不好，间接影响夫妻关系。

（5）亲子关系。因为不会处理夫妻关系，导致父母一方或双方与孩子关系或过于亲密，或过于疏远。

三是特殊时期如孕产期与哺乳期时期家庭问题。

孕产期与哺乳期是家庭成员关系的特殊时期，也是考验婚姻生活的重要时期。如果夫妻关系、家庭成员关系没有处理好，这些时期家庭成员关系会非常紧张，严重时可导致婚姻破裂。

四是隔代教育问题。中国三代同堂的家庭，关系比较复杂。老人带孩子，容易溺爱、放任等。《2014 中国城乡家庭教育现状白皮书》调查发现，三分之一家庭的结构模式是三代同堂，两代人如何共同教育好孩子，以及隔代教育的问题困扰着很多家庭。

五是不重视家庭文化建设。

不注重温馨、和谐的家庭文化建设，导致夫妻关系、婆媳关系、亲子关系、家长自我成长问题相互交织、错综复杂。比如，初中生家庭产生的特有问题不仅是由于孩子自身的心理变化导致的，也与家长的变化以及家庭的整体需求有很大关系。中国教科院课题组调查发现，大部分初中生的家长已进入中年，有 91.38% 初中生的父母年龄超过 36 岁，处于成年中期，正遭遇来自生理、工作、婚姻、子女教育和社会支持等多方面的困境①。工作方面，受到来自年轻后辈突飞猛进的压力；婚姻方面，夫妻关系趋于平淡；获得的社会关注和支持较少，遇到问题时更容易陷入孤立无援的处境，即处在“中年危机”中。初中生家庭教育也不可避免地会受到家长中年危机的影响。

2. 家长自我学习与成长方面的问题

很多家长缺乏自我学习和自我成长意识，教育观念落后，教育方式不符合孩子身心发展规律；缺乏与孩子的沟通与交流的技巧，使孩子缺少情感疏通和心理关怀，有的家长还经常用打骂、处罚和唠叨等错误的方式来教育孩子；家长也无法应对网络带来的冲突与困扰，不能用科学有效的方式引导孩子正确应对信息大潮。

3. 教育子女方面的问题

近十几年来，中国家庭教育出现了一系列问题。很多家庭在教育中重智轻德、重智轻能，家长对孩子过度保护且要求过高，影响了孩子的健康成长和全面发展。目前中国家庭教育中很严重的一个问题是，没有真正按照中国文化特点，培养身心和谐、适应社会、全面发展的“人”。

（1）重管理控制，轻自主发展

家长普遍对孩子自主性发展重视不够。家长对子女管得太严，因学业而发生冲突较

---

① 徐璐，张敬培．初中生家庭教育调查：“尽量挤时间陪伴家人”效果不一定好［N］．中国教育报，2016-3-3.

多，特别是初中时期。初中生已具备一定的自我管理能力，也希望能自主安排学习，需要家长逐步放手。中国教科院课题组 2015 年调查中，问及“与小学阶段的学习相比，最不适应哪些方面”，有 18.43% 的初中生认为“父母管得更严”使自己难以适应；调查亲子间最易发生冲突的方面，选择“学习”一项的高达 62.19%，仅次于“玩电脑、游戏”①，可见学业冲突已然成为亲子冲突的主因，凸显出家长未能根据孩子的学习变化适当调整教育方式。

（2）重物质需求，轻精神生活

家长更多关注孩子的物质需求，满足孩子的物质生活，但是对精神成长关注相对较少。很多家长对孩子的物质需求无限满足、有求必应，但是对孩子的精神需求却很漠然，孩子缺乏人文关怀、素养培养和心灵陶冶。

（3）重学业成绩，轻综合素质

在教育功利化背景下，家长对孩子的考试成绩尤为重视。于是，家长非常关注孩子的学习，希望孩子成绩优异，而忽略了孩子其他方面的发展，用“育分”代替“育人”。比如，家长不注重培养孩子良好的情感能力，不引导孩子磨炼意志，不提高孩子的耐挫折能力，不注重孩子的交往能力培养。

（4）重完美成功，轻心灵滋养

“望子成龙”是中国家长的普遍心态，许多家长都希望孩子进好学校、上名牌大学、考研、读博、出国深造等，寄予孩子很高的期望且追求完美。家长们普遍认为，要获得理想的职业，必须有高学历，因此他们对孩子的学历要求很高。由于家长对孩子投入过多，因此也抱有极高回报期望。一旦孩子表现不尽如人意，家长心理难以平和，容易导致心理落差，情绪失衡。为了不使自己失望，家长只能给孩子不断地施压。在这种情况下，孩子会迎合家长、迎合老师甚至迎合社会评价，成为一个“优秀”的孩子。这样的优秀，往往忽略了孩子本身的需求，孩子付出的代价是失去自我，成年后易引发精神与心理疾病。

二、家庭教育的内容

根据现阶段我国家庭教育的需求和目标，以培养健康全面发展的人为宗旨，家庭教育的内容综合考虑了德、智、体、美、劳五个方面。为了有效指导家庭教育实践，结合

① 张立静 . 关注全国初中生家庭教育状况调查 3［N］. 中国教育报，2016-3-2.

孩子成长发展的规律特点，我们提出了适合不同阶段孩子的教育内容和方法。

（一）家庭德育

家庭德育，指对孩子进行的有意识的教育，将相关的社会道德要求和规范内化为子女内在品德的教育活动。德育主要包括道德教育和思想教育，其核心是道德品质的培养。

家庭是人类社会的基本组织单位，家庭的幸福、和谐和稳定是人类社会和谐、进步的基础。道德是巩固和协调各个家庭成员之间关系的意识和规范，是家庭保持和谐稳定的重要基础，同时也是我国社会主义精神文明建设的重要组成部分。目前我国正处于发展的关键时期，社会形态逐渐步入现代化。原有的社会格局被打破，新的社会格局正在慢慢形成。因此研究当代家庭德育具有重要的理论和现实意义。

当代中国家庭德育应弘扬中华民族优秀文化传统，以马克思主义基本理论为基础依据，紧密结合我国社会的发展规律，明确德育的基本要求与内容，才能够更好地达到提升每个成员道德素质的目的。

1. 家庭美德培育

《礼记·大学》中提到“修身、齐家、治国、平天下”，其中“齐家”指的是管理自己的家庭，培育家庭美德。自古以来，我国就有老有所终、幼有所养的家庭文化传统。在现代社会中，因为生活压力，有些儿女多年未回家看望父母。2013 年修订的《中华人民共和国老年人权益保障法》中规定，儿女不经常回家看望长辈将承担一定的法律责任。此法一出，立即在社会上引起了热议。教育部 2014 年颁布了《完善中华优秀传统文化教育指导纲要》，指出应当充分发挥家庭在中华传统文化教育中的作用，鼓励通过家庭德育，形成尊老爱幼、男女平等、夫妻和睦、勤俭持家、邻里团结的良好家风。

（1）尊老爱幼

尊老爱幼是中华民族的传统美德，体现着中华民族的博爱精神和道德追求。百善孝为先，当今的中国社会，人口老龄化带来的社会问题日益凸显，老年人口基数大，增长快，而且呈现出受关注低、空巢化等趋势。虽然我国社会的社保体系日趋完善，但是很多老年人赡养还是依靠家庭和子女。家庭在老人赡养的问题上不光要保证物质赡养，更要重视精神赡养，真心实意地孝敬老人、尊重老人。

相关链接

孔子“远其子”

孔子的学生陈亢问孔子的儿子伯鱼说：“您父亲对您有没有与众不同的教导？”伯鱼回答说：“没有。有一次，父亲独自站立在庭院里，我从他身边走过时，他问我：‘你学《诗经》了吗？’我说没有。他便说：‘不学《诗经》，就不能很好地表达自己的思想。’于是，我就学习了《诗经》。又有一次，父亲问我：‘你学礼了吗？’我说没有。他对我说：‘不学礼，就不能在社会上立足。’于是，我就学习礼。我听到我父亲的教导就是这 些。”

陈亢听后高兴地说：“我通过询问，收获有三：一是知道要好好学习《诗经》，二是知道要好好学习‘礼’，三是知道君子教导自己的儿子，与教导学生的要求是一致的，没有进行特别的教导。”

（资料来源：赵忠心编著．中国家庭教育五千年［M］．北京：中国法制出版社，2003：32.）

爱幼指的是关爱子女。父母抚养子女，既是家庭的一项重要责任，又是人类社会得以不断前进的必要条件。父母与子女之间不只是简单的血缘关系，更需要通过爱、相互尊重和互相关心产生精神和思想上的联系。父母爱子女表现为父母抚养和教育子女，抚养指的是为子女的成长提供必要的物质条件，教育指的是塑造子女健全的人格和高尚的心灵，帮助孩子适应社会生活，成为一个自食其力的人。

父母对子女的爱不应当只注重提供物质基础，更应重视道德品质的培养。有些父母对子女过分溺爱、一味纵容，最后可能使子女有恃无恐，甚至误入歧途，悔恨终身。有些父母对子女的爱走向另一个极端。在望子成龙心理驱使下对孩子极其严苛。尤其是一些父母将自己对生活的希望都寄托在子女身上。如果子女没有朝着自己预设的方向发展，就会失望恼怒，甚至大发雷霆。因此，当今父母如何真正实现爱幼抚幼的道德责任是家庭德育中要加以关注的现实问题。

（2）男女平等

男女平等主要体现在夫妻双方权利和义务上的平等、家庭地位上的平等、对待子女责任上的平等等。家庭地位的平等也会带来夫妻权利与义务的平等。只有夫妻相互关心，和谐共处，才能创建团结和睦的家庭环境。

除了夫妻地位的平等之外，父母和子女之间，虽然在自然的地位上有所不同——父母亲是监护人，未成年子女是被监护的对象，但是双方都应具有独立和健全的人格。父母既要避免家长专制的作风，也要防止子女不尊重父母的情况发生。父母应当以平等的姿态对待子女的教育。子女也应当尊重父母，主动接受长辈的引导和教育。

（3）夫妻和睦

夫妻关系是家庭关系的核心。夫妻相处的核心是夫妻之间互尊、互信、互忠、互谅、互助。互尊，即人格上相互尊重，地位平等；互信，即情感上相互信任，夫妻之间感情的维系与增进是以相互信任为纽带的；互忠，即夫妻相互忠实于对方，任何形式的背叛都是不道德的；互谅，即是生活中相互体谅、相互包容；互助，即思想上相互帮助，帮助对方树立正确的世界观、人生观、价值观，追求崇高的社会理想，增强法纪意识、道德意识。

（4）勤俭持家

"勤俭持家"包含两层意思：勤劳致富和节俭持家。勤劳致富包含了家庭对社会的贡献，家富则国家昌盛。勤劳致富是家庭美满幸福的重要因素，人民要过上美满幸福的生活，就必须大力提倡发扬勤劳致富的美德，通过自己的积极努力来提高家庭物质生活水平，尽可能地为社会多做贡献。在提倡勤劳致富的同时，还必须鼓励勤俭持家，既要"开源"，也要"节流"，这样才能使家庭兴盛。

经历了 40 年的改革开放，我国经济快速发展，人民群众的物质生活水平得到了显著的提高。与此同时，勤俭持家的传统美德也逐步淡化了。过度消费、享乐主义、好逸恶劳等情况多有发生。一些富裕起来的家庭沉迷于攀比消费、过度消费等。因此，提倡勤俭持家具有十分积极的现实意义。

（5）邻里团结

"远亲不如近邻"，这句古话反映了邻里关系的重要性。邻里关系实际上是个人、家庭和社会之间关系的缩影。良好的邻里关系会产生积极的相互影响，给家庭创造安宁和谐的生活氛围。

邻里关系应当遵循互让互谅、互信互敬、互相帮助、互相照顾的原则，这是形成良好社会风气的重要因素。家庭是社会的组成细胞，不是孤立的存在，家庭的生存和发展都是和社会相联系的。

现代社会家庭的开放程度与之前相比大大提高，在处理与社会各方面的关系时，应当体现出时代精神，良好的家庭内外关系是现代家庭道德的重要内容，是家庭获得社会支持的不可或缺的因素，因此，我们应当珍惜邻里之情，真诚相处。

2. 家庭心理健康教育

（1）心理健康教育的内涵

心理健康教育指的是有计划、有目的地培养个体良好的性格、处事能力和良好的人际关系等心理素质，同时对个体的不良心理和障碍进行矫正。

心理健康是个体身心发展的客观需要，也是社会发展的客观需求[①]。心理健康的一般标准包括正常的智力发展水平、基本的自我认知能力、基本的人格协调能力、基本的自主与独立性、能够控制自己的情绪、基本的生活适应能力、基本的社会交往能力七项标准。

人格健康是心理健康的关键，人格健康教育对于个体和社会的发展都有着十分重要的意义。作为个体最早接触的有文化意义的社会组织，家庭对个体的人格形成与发展起着先决性的作用。家庭教育作为社会化过程中的重要环节，其本质就是引领个体实现社会化，也就是使每个人形成适应社会的人格。

（2）心理健康教育的内容

家庭心理健康教育的主要内容是端正孩子的人生态度，引导孩子树立正确的理想和信念，学会做人，学会做事。家长在家庭中对孩子进行心理健康教育应当主要从以下几个方面考虑：

一是培养健康积极的情感、品德和意志。重点在于使孩子学会管理情绪，做自己情绪的主人，学会正确处理、调节和控制自己的情感，体会挫折与磨砺。逐步引导孩子在遇到问题时，冷静分析。在遇到挫折时，以适当的方式释放压力和情绪，在此基础上，使孩子逐步树立自信心，形成正确的伦理道德观念。

二是培养孩子的个性。对家长而言，发现并培养孩子的独特个性很关键。为了让孩子的身心都能健康成长，家长需要尊重他们的个性。

个性发展是个体的自主性和独特性的自由充分发展。苏霍姆林斯基认为："最主要的是在每个孩子身上发现他最强的一面，找出他作为人发展根源的'机灵点'，做到使孩子能够最充分地显示和发展他的天赋素质的事情上，达到他的年龄可能达到的最卓越成绩。"每一位家长都应当努力发现孩子与众不同的特点，帮助其成就独特的自己。

三是培养良好的学习态度。家长在重视孩子智力发展、鼓励其刻苦学习的同时，更应当加强对孩子的记忆力、注意力、思辨能力、观察能力和创造力的培养，让孩子树立积极主动的学习态度，明确目标，努力学习。

四是培养孩子正确的人际交往心理。在人际交往中，教会孩子正确地认识和评价自己，教会孩子人际交往的准则和处理人际关系的技巧，引导孩子与他人友好相处。

五是进行一些针对性的教育。比如针对青春期的孩子，家长应当注重对孩子进行青春期相关性知识和心理教育，教会孩子正确处理好男女同学之间的友谊和正常交往、自尊而且相互尊重等。

家庭心理健康教育的内容是十分广泛的，可以说，在孩子成长的任何阶段所遇到的心理问题，家长都应当积极关注和引导。

---

① 叶一舵．家庭心理健康教育概论［J］．福建师范大学学报，2003（1）：123—127.

（二）家庭智育

做好家庭智育，首先应当了解“智力”的内涵。世界著名心理学家霍华德·加德纳是这样定义智力的：智力是一种社会环境中个体处理信息的心理和生理的潜能，这种潜能能够在某种社会和文化背景中被激活，用以解决问题以及创造社会文化所珍视的产品。

霍华德·加德纳提出的“多元智力理论”认为，每个人都至少具备语言智力、音乐智力、逻辑数学智力、空间智力、身体运动智力、自省智力和人际智力。这种理论认为，不存在单纯的某种智力和达到目标的方法，每个人都会用自己的方式来发掘各自的大脑资源，这种为达到目的所发挥的个人才智才是真正的智力，造就了人与人之间的不同。

1. 语言智力

语言智力主要是指个体听、说、读、写的能力，表现为个体能够完整有效地利用语言与人交流，描述事实、表达思想的能力。

2. 音乐智力

音乐智力主要是指个体接受、辨别、记忆、表达和创造音乐的能力，表现为个体对节奏、音调和旋律等音乐元素的敏感以及通过作曲和歌唱等方式表达音乐的能力。

3. 逻辑数学智力

逻辑数学智力主要是指推理和运算的能力，表现为对社会中事物之间各种关系（比如类比、逻辑和因果等关系）的敏感性和通过数理运算、逻辑推理等方式思考的能力。

4. 空间智力

空间智力主要是指认知、辨识、记忆和改变物体的空间关系，并且借此表达自己思想和情感的能力，表现为对形状、结构和空间关系的敏感性以及借助平面和立体的造型将它们的关系表现出来的能力。

5. 身体运动智力

身体运动智力主要是指控制自己身体的能力，通过运用四肢和躯干对事件做出恰当的身体反应，而且能够利用身体语言表达自己的想法和情感。

6. 自省智力

自省智力主要是指认识和反省自身的能力，表现为能够正确地认知和评价自身的情绪、欲望、个性、动机和意志，并且能够在此基础上形成自尊、自制和自律的能力。

7. 人际智力

人际智力主要是指与人交往和相处的能力，表现为能够正确觉察、体会他人的情绪和意图，并且以此为基础做出恰当反应的能力。

多元智力理论告诉我们，智力或者能力是多元化、差异化、个体化的，不同个体有不同的表现形式。对不同的儿童来说，适合自己的教育的才是最好的。家长应顺应儿童天性，关注儿童需求，努力发现并发展儿童的潜能，用合适的方式引导其成长。同时，智力教育应更侧重培养个人的兴趣和能力。智力教育的核心不是教会儿童各种知识，而是引导儿童通过对事物的探索获得知识，培养兴趣，发展能力。

相关链接

恽代英论智育

常人谓智育为读书，此实误解，读书不过一部分之智育而已。如迳以教育为仅读书而已，实于家庭教育之根本，大有妨碍。……吾人今日之智育，可不由读书而得者甚多，几至智育全部，皆可不用书籍传授。何也，书籍死物，不足以尽天下之活理。欲知天下之活理，唯有取自自然之活书而一一读之。吾人今日已渐觉悟读活书之法矣。言书籍之弊可缕述焉。……家庭对于智育之教授，有不可不十分注意者，即观其修改之所趋向，而察其将来合宜之职业，为之预为画策，以全力养成其将来对于此职业之技艺，使之胜任而无失败之患。

（资料来源：恽代英 . 家庭教育论［J］. 妇女时报，1916-11-20，1917-4-21. 王大龙主编，赵刚、王玲副主编 . 中国家教百年［M］. 武汉：湖北教育出版社，2017：113—117.）

（三）家庭体育

科学研究表明，体育锻炼能够使人的生理状况得到最大程度的改善。在体育锻炼过程中，几乎人体所有的生理功能和相关的机体组织的功能都能够得到激发，包括心血管、神经系统、呼吸系统、新陈代谢、肌肉组织、认知意识等①。

不仅如此，未成年者的智力开发和能力培养更是以其身心和谐健康发展为基础。身体素质是其他素质与能力的载体和基础。青少年时期是人的一生中身体发育和成长最关键的时期。身体素质发展是第一位的，关系到孩子一生的健康和发展。未成年者的身体素质培养和锻炼主要依靠家庭体育教育来实现，因此，重视家庭体育教育对孩子的发展十分必要。下面，从未成年子女的身体健康和心理成长两个方面来阐述家庭体育教育的实施必要性与教育内容。

1. 关注孩子的身体健康

教育部 2015 年印发的《学生体质健康监测评价办法》中提到：我国中小学生的身体

① 邓树勋 . 运动生理学［M］. 北京：高等教育出版社，2006.

素质指标近年来呈下降趋势，中国中小学生的体质状况普遍不佳。“身体是革命的本钱。”健康的身体是生活和工作最重要的保障。提高孩子的身体素质不仅是当前学校教育的重要任务，更应该被每一个家庭所重视。

近几年，国家对学生身体健康越来越重视，因此，身体健康教育在家庭教育中的地位应当不断提高。

家长要从以下几个方面保证孩子的身体健康：

（1）保证规律作息，养成锻炼的好习惯。科学研究表明，每天持续不断地进行运动是保持身体健康的必要条件。但是现在的孩子，忙碌的课业占据了他们进行运动锻炼的时间。建议培养孩子锻炼的习惯和健身的方法，每天保持一、两小时的锻炼，且要系统、规律，这样才会有实效。

（2）保证科学合理的营养，培养孩子不挑食、不偏食的好习惯。保证身体健康，养成好的饮食习惯，对孩子的成长帮助最大。其实，儿童青少年时期养成的饮食习惯会伴随人一生。现阶段中小学生健康状况不佳和不良的饮食习惯有很大的关系。要让孩子养成良好的饮食习惯，家庭教育起着非常重要的作用。

（3）保证充足的睡眠，关心孩子的用脑卫生。优质的睡眠是身体健康的前提。目前，很多学龄阶段孩子都睡眠不足，大量的作业压缩了孩子的睡眠时间，巨大的竞争压力造成了孩子睡眠质量下降。长此以往，孩子的健康状况自然每况愈下。对于家长而言，合理地安排孩子的作息时间显得尤为重要。一方面要提高孩子的学习效率；另一方面，告诉孩子睡眠的重要性，引导孩子养成科学作息习惯。

（4）保持良好的情绪和心态。据一项抽样调查统计，在中国中小学生当中，感到日常学习和生活不快乐的孩子占到了 70%。很多孩子都感到压力大，有沮丧、焦虑等情绪，这种情绪会影响他们的身体健康。因此，家庭健康教育中，对于孩子情绪的关注也是家长要做的重点工作之一。

孩子的身体健康是任何东西都换不来的，是家庭幸福的最基本前提。因此，家庭教育应当本着“健康第一”的原则，每个家长都应当学习健康的生活和饮食方式，指导孩子养成良好的生活和饮食习惯。

2. 培养孩子的意志品质

体育能够有效地培养孩子的意志品质。意志品质必须通过实践来培养。要通过家庭体育全面培养孩子的意志品质。家庭体育的多样性、灵活性、直接有效性，为全面培养孩子的意志品质提供了各种各样的场景。例如，进行某些带有一定冒险性的运动（登山、游泳、越野）有利于培养孩子勇敢、果断、机智、顽强的意志品质；从事某些对体力要求较高、需要时间较长的运动（如晨跑、几个家庭联合的足球比赛等）有利于培养孩子坚韧不拔的毅力；从事某些对沉着冷静心理要求较高的家庭体育（如象棋等）有利于培养孩子的自律品质、自制能力；从事具有较大练习密度和强度的身体素质练习，有利于培养孩子吃苦耐劳的精神；而开展一些家庭体育竞赛（如拔河比赛、篮球赛等），则有利于培养孩子拼搏进取的品质。

家庭体育能够增进家长与孩子情感的亲密度，有助于建立良好的亲子关系。在家庭体育锻炼中，家长与孩子一起运动、游戏，使孩子开心愉快地运动和锻炼，幸福健康地成长。

（四）家庭美育

1. 家庭美育的目的、任务

美育的目的是帮助孩子树立正确的审美理想和观点，提高审美能力，培养审美情趣，在掌握有关美的知识的基础上，发展表现美和创造美的能力。

家庭美育的任务具有基础性和长期性的特点，大致包括：

（1）培养发现美的意识和能力

美育不同于其他教育，是个体通过激发生命活力，去直接体验、感受，在愉悦中受到教育。家长要善于在长期的家庭活动中，让孩子对美的感受性、细腻性得到提高。

罗丹说过："美到处都有。对于我们的眼睛，不是缺少美，而是缺少发现。"审美能力是从发展感觉和知觉能力开始的。一开始，家长要引导孩子在看似平常的生活环境中发现美。一颗樱桃，一盏茶杯，一个微笑，甚至孩子亲手画的"全家福"，家长都要鼓励引导孩子自己去发现美。

儿童阶段对美的感受性、敏感性十分强，家长不要错过这个宝贵的培养时机。

审美的感受能力，还需要通过长期审美经验的积累。"操千曲而后晓声，观千剑而后识器"，说的就是这个道理。

（2）培养欣赏美的意识和能力

培养孩子欣赏美的能力，首先需要引导孩子鉴别美丑。在当下文化多元的环境下，泥沙俱下，鱼龙混杂。不能认为流行的就一定是美的，更不能将西方的，就一概视为美的。在吃饭、看电视的同时，全家开展即时评价，就是一个很好的培养鉴别能力的契机。当然，关键是家长自身要树立正确的审美观和不断提高审美的水平。

孩子欣赏美的能力，往往是从简单、表面的审美对象开始，在家长的引导下，逐步增加深度、广度。全家去旅游、逛庙会、赶集、观看文艺演出，到博物馆参观，都是培养欣赏美的意识和能力的好机会。

经验说明，要想使孩子们远离"冷漠、迟钝"，欣赏美就是一个重要的突破口。欣赏美——这只是审美情感的最初萌芽，还必须发展它，使它进一步变为要求自己去行动的积极愿望。

一个人在青少年时期就能对周围世界的各种现象做出个人的审美评价，是极其重要的。如果一个人的思想和情绪只是随波逐流，跟着别人转，那么这种教育可说是不成功的。在家庭中培养孩子们的审美评价能力，实际是与人的全面发展紧密相关，因为真善美是统一体，审美评价与自我评价也是一致的。

（3）培养表达美的意识和能力

一是在生活情境中培养表达美的能力。孩子通过劳动，把自己打扮得干干净净，把自己生活环境布置得整整齐齐；在亲人和邻居的交往中，表现得亲切热情，文明礼貌，这是在家庭中需要形成的最基本的表达能力。

二是在艺术活动中培养表达美的能力。在家庭中，家长要激发孩子通过文学、音乐、美术等活动，锻炼自己的表达能力。在这个过程中，家长最需要注意的是：不要用成人的眼光来要求孩子，更不要拔苗助长。列宁夫人克鲁普斯卡娅强调，在进行美育时，不要阻碍孩子："通过歌曲、节奏、音乐、舞蹈来表达自己思想的自然成长，不要把成人表达时所采用的复杂而又发展了的形式强加给儿童。①"

家长还要善于为全家每个成员的表达美提供条件，例如举办家庭文艺晚会、家庭画展、家庭手抄报等。

（4）培养创造美的意识和能力

美育的根本目的是引导孩子去创造一个美好的世界，创造一个美好的人生。创造性是人类的本质，创造性往往会成为孩子发展的重要动力。

在家庭中，首先要培养孩子从小树立审美理想，也就是从小要有创造美好世界和美好人生的梦想。正像乔布斯的名言所说："人活着，就是为了改变世界。"人类应该是一代要比一代强，用美的尺度建造世界和人生，这种审美理想是创造美的能力的基础。

其次，要培养孩子从小逐步具有创造美的心理素养。审美过程涉及的主要心理因素有：感知、想象、情感、理解和自悟，这些在家庭中都处于启蒙阶段，应该着力打好这些基础。

再次，要经常锻炼驾驭表现美、创造美的技能技巧。一个孩子仅仅有美好的梦想和优良的心理素养是不够的，还应该在此基础上刻苦锻炼，逐步掌握相应的技能技巧。

最后，要充分重视孩子的个性特点。美的创造性都具有鲜明的个性特点，家长要善于发现每个孩子的个性特点，并保护和发展它，这是家庭的重要责任。

---

① 唐彦生，隋玉梁．家教大典［M］．北京：蓝天出版社，1991：428.

2. 家庭美育的内容

（1）行为习惯美

在家庭美育中，之所以把行为习惯美放在前面，是因为年幼儿童精神世界的成长必须在行动中实现。对儿童来说，任何教育如果不能融入行动，往往等于零。讲一百遍洗碗的重要性，不如让他们在洗碗过程中得到成就感、美感。

在家庭中所有成员都应该养成自己几项文明行为：一是礼貌用语，二是待人接物的文明举止，三是遵守社会公德。

仅仅行为美还不够，还需要养成好的习惯。英国有个谚语："行动养成习惯，习惯形成性格，性格决定命运。"例如，在家庭环境中，培养孩子从小养成读书的习惯，就是很美的习惯。因为书籍是人类文化的结晶，通过它们，可以跳出个人和家庭的狭窄天地，更快更好地掌握人类的优秀文化，跟上人类发展的步伐。

（2）语言智慧美

语言是美育的手段，认识语言的美，是走向美的世界的第一步。理解语言的情感色彩，这不仅是艺术的入门，还是孩子丰富的、真正的智力生活的开始。当孩子发现了语言的美，就会产生极大的学习积极性，有些孩子还会热情地收集词语，优美的句子，背诵经典的诗词。

要培养孩子用语言表达美的能力。语言的贫乏，常常使一些孩子用不恰当的语言与别人交流。如有的孩子，不管是高兴不高兴，都是用粗话表示。其实，他们也并不完全是有意为之，语言贫乏也是一个原因。

要引导孩子通过创造来学习语言。作文、编小故事，是孩子进行创造的最初的领域，在进行这样的创造时，孩子肯定了自己的能力，认识了自己，体验到了由于自己的创造而带来的自豪感。家长、教师的每一句话，应成为一种情感——审美的刺激因素，激发出孩子们富有诗意的思维。只有有了富有诗意的思维，人才能对美产生深刻的审美感受。①

（3）思想情操美

美育，决不能肤浅地理解为唱歌、画画，美育的最终目的是提高人生的精神境界，也就是人格美。"由于美是使人成为主体，彻底摆脱动物界的最后环节，是人的主体性得到全面实现的标志，因此，美是人生价值的最高追求或最高境界。"②

人，永远不会满足现有的生活，总要创造更新的生活。而人自由自觉的活动是按照美的规律来进行的，人在变革世界的同时，也在变革自己。每一个人不但按照美的规律塑造物体，同时按照美的规律塑造自己的人生。

人生之美的核心是思想上选择和贯彻正确的价值观、人生观，实现人生的价值。家

---

① 苏霍姆林斯．[M]育人三部曲．北京．人民教育出版社 1998 年出版：629.

② 索雪瑞．[J]．美：人生价值的最高形态．理论与现代化.2004（02）.

庭就是要引导家庭每个成员实现人生价值。

所谓美，就是在实践创造的基础上，体现人的本质力量并且有积极意义的生活形象。建筑工人欣赏自己建造的高楼大厦，农民欣赏自己辛勤培育的庄稼，艺术家欣赏自己呕心沥血创作的作品，教师欣赏自己循循善诱而主动发展的学生，家长则更是欣赏自己千辛万苦拉扯大的孩子。因为，在这些“生活形象”中，反映出来的是工人、农民、艺术家、教师和家长实践的本质力量——这就是美。

当审美感情和思想信念结合起来并且付诸行动，所形成的比较稳定的精神状态，就是情操。情操是一种高级情感，更是家庭美育要培养的重要内容。

家庭中的思想和情感往往高度融合。台湾诗人余光中曾经幽默地说：“在家庭中只讲情，不讲理。”如果价值取向一致，家庭中就没有原则问题，生活琐事就可以靠情感化解。家庭是相同价值目标追求下情感结合的共同体，往往是“通情达理”，或者经过交流而走向“情通理顺”。

（4）身体健康美

身体的形象美是由人的容貌、形体、气质、风度等组成的整体身体美。① 哲学所追求的“美的生活”无疑是需要由身体去体验和实现。

身体的形象美，首先表现在健康。身体是生命的基础，身体是生命的载体，健康的身体标志着旺盛的生命力，它是身体美的基础。诗人马雅可夫斯基曾经写道：“世界上没有比结实的肌肉和光滑的皮肤更加美丽的衣裳。”

活动的身体美，就是身体的仪态美，它把培育得体、优雅的言谈举止、坐立行走、待人接物乃至进食姿态等等作为美育目标。

人类是身心结合的。和其他动物不一样，人类有思维，有自我意识，有情感。人类的身体美与自身的思想感情密切相关。仪态包括面部表情、站立姿态、行走姿态、手势等。达·芬奇曾说：“从仪态来了解人的内心世界，把握人的本来面目，往往有相当的准确性与可靠性。”要达到仪态美，除了心态要健康之外，还需要掌握一定的礼仪知识和进行必要的训练。

有关身体感觉的美育就是身体的体验美。它把培育和改良人的身体感觉、体验作为美育目标。②

为什么能够把对身体的感觉、体验，作为美育目标？因为在体育活动中蕴含着丰富的美育因素。如形体美、力量美、动作美、风格美等。在训练过程中，孩子对身体的体验和欣赏十分重要。在运动中，身体内的感觉是一种重要的体验。比如练瑜伽、太极拳、坐禅，自己进行控制、调整，就会感受到一种美感；再比如，长跑训练中孩子如果主动学习，掌握了科学呼吸的方法，能够度过疲劳的极限点，都是美的体验。

---

①② 参见方英敏［J］. 身体美育与审美教育 . 贵州大学学报 .2015（04）.

（五）家庭劳动教育

家庭劳动教育隶属劳动教育范畴。家庭劳动教育是指父母或其他年长者在家庭内自觉地、有意识地对子女进行的劳动教育。家长通过引导孩子做力所能及的家务劳动，帮助孩子树立积极正确的劳动观念和劳动意识，形成劳动习惯，使孩子成为具有独立生存能力和责任感的社会人。

1. 劳动教育的意义和作用

苏联教育家马卡连柯认为，家庭劳动教育是实现素质教育的重要途径，是全面发展教育得以实现的重要载体。① 对社会而言，劳动是社会进步和发展的决定性因素，做好劳动教育是永恒不变的主题。家庭是个人良好生活习惯形成的基地，做好家庭劳动教育，有助于提高整个社会劳动水平。

（1）劳动教育有助于提高孩子的劳动能力

首先，在家庭里得到劳动教育的孩子，在今后的生活中能够顺利地完成自己的职业教育；其次，借助劳动教育，孩子利用自己的双手创造出了干净整洁的学习生活环境。孩子通过身体力行逐渐明白劳动是创造美好生活的源泉，养成热爱劳动的品质。

（2）劳动教育能够提升德育和美育的教育成果

实践证明，人类的很多优秀道德品质和行为习惯都是通过长期劳动实践形成的。只有通过劳动教育，才能让孩子养成艰苦朴素、勤俭节约的好习惯。同时，在劳动中还能够培养孩子吃苦耐劳、不怕困难的意志品质。劳动教育还能促进身心健康，培养孩子“劳动最光荣”“以热爱劳动为美”的审美思维。

（3）劳动教育有助于促进孩子智力发展

许多家长忽视劳动教育，主要是怕耽误孩子的学习，希望孩子将更多的时间放在学习上面。其实，科学研究表明，劳动是促进孩子大脑发育的。在进行家庭劳动的过程中，孩子通过双手活动促进左右脑发育，还促进形象思维和逻辑思维的发展，提高孩子学习能力。

2. 劳动教育的内容

因为不同年龄段的孩子身心发展特点和需求不同，因此各个阶段的孩子所需的教育内容也有所差异。家长应当根据孩子的年龄及身心发展特点，本着安全性、渐进性和坚持性的原则，根据孩子的体力和掌握的技能情况，实施合适的劳动教育。

（1）幼儿劳动教育。针对幼儿的劳动教育应当以培养幼儿的自我服务劳动意识为先，然后再培养其家庭公共劳动意识。如 2 ～ 3 岁的孩子，培养他们自己用勺吃饭，初步学会穿脱衣服、开合拉链、自己拿放玩具等；3 ～ 4 岁的孩子，可以让他们自己穿脱衣服、

① 马卡连柯全集［Z］. 北京：人民教育出版社，1958（8）：875—889.

系鞋带、洗手、叠被褥、洗手绢、自己整理图书玩具等；5～6岁的孩子，除了自理劳动外，还可让他们干一些力所能及的家务活。

通过劳动教育，努力创造条件让孩子树立“我能自己做”的信心，作为家长要转变观念，放手让孩子去尝试、去体验，在生活中有计划地安排孩子参加力所能及的自我服务活动和劳动，如拖地、擦桌子、洗碗筷等；对孩子的家庭劳动应当抱有宽容之心，因为孩子的认知能力、体力和技巧都有限，在家庭劳动过程中难免会出错。面对错误家长一定要宽容对待，正面引导，以免打击孩子尝试独立劳动的积极性。

（2）学前劳动教育。这一阶段劳动教育的主要目的应当是使孩子由机械模仿家长的某种劳动行为发展为有意识、主动地进行自我服务和公共的劳动；劳动过程附带游戏性且只重过程而不在乎结果，让孩子明白劳动的社会意义，掌握简单的劳动技能和技巧。家长应在日常生活中有计划地安排孩子参加力所能及的活动和劳动，让家庭劳动更多地体现游戏性和乐趣性。游戏是孩子持续从事劳动的刺激，同时也是孩子从家庭劳动中获得满足的基本因素。家长需要正确把握孩子的游戏心理，因势利导，让孩子在生动有趣的玩乐活动中提高劳动能力和培养主动劳动的意识。

（3）小学生劳动教育。这一阶段的孩子应当能够在力所能及的范围内帮助父母做家务，同时主动管理自己的生活，保持生活环境的整洁。例如，低年级的孩子能够打扫自己的房间，叠好自己的被子和衣服，吃饭能够帮助父母摆放碗筷、收拾碗筷；高年级的孩子能够清洗自己的衣袜，能够淘米煮饭。

（4）中学生劳动教育。中学生应当具备独立生活的能力，学习做饭，帮助父母做大部分的家务活。生活在农村的孩子应该懂得如何干农活，生活在城市的孩子可以做好饭菜等父母下班等。随着孩子年龄的增长，在这些劳动的基础上学会帮助家长管理好整个家庭，掌握好劳动知识与技能，体会劳动的意义。

三、家庭教育的方法

家庭教育的方法，是家长在对子女实施教育时所选择和运用的具体措施和手段[①]。家庭教育方法是人们在家庭教育实践中总结和概括出来的。家庭教育在方法的选择和运用上，要充分体现出科学性、教育性。要采用各种手段和措施，调动孩子自我教育的积极性、主动性和自觉性。

---

① 赵忠心．家庭教育学——教育子女的艺术［M］．北京：人民教育出版社，2001：236.

（一）环境陶冶法

环境陶冶法，是家长运用环境的积极因素，以境陶情，对孩子进行潜移默化的熏陶和感染，使其在耳濡目染中心灵得到净化，进而促进其身心健康发展的方法。陶冶是人在环境、氛围、事件当中受到的无意识的正向感染、教育和启示，是外在条件无意中施加给人的影响，是能在潜移默化中给人以巨大影响的力量，也是人类一种无意识的自觉、自悟、自醒、自进。

1. 创造良好家风

家风是家庭成员文化修养、行为准则、人格品位、人际关系等方面的具体体现。中华传统文化受儒家文化的熏陶，强调修身、齐家、治国、平天下。家风是一种潜在的力量，可以弘扬悠久的民族文化。勤劳守信、俭朴持家、睦邻友善……这些优秀的品质，一直都是家风传承的核心。颜之推强调："是以与善人居，如入芝兰之室，久而自芳也；与恶人居，如入鲍鱼之肆，久而自臭也。"

家风是无形的，常常渗透于日常生活的点滴之中。父母对子女的教诲，家风对子女的影响，虽不显山露水，却又深入骨髓、根植于心。它既是一种耳濡目染、潜移默化的教育力量，又是孩子行为规范的自动调节器，更是孩子陶冶道德情操的天然熔炉。家风端正的家庭，其子女成才比高，犯罪率低。此外，家风还具有继承性和延续性。凡是在家风良好的家庭中成长起来的孩子，将来又会成为合格家长，将良好家风传承下去。创造良好家风，应做到下面两点：

一是家长要营造和睦的家庭氛围，为孩子创造一个良好的家庭教育环境。家庭成员之间相互尊重、相互理解是教育孩子的先决条件。在家庭生活中，父母的亲密关系、父母对孩子的关怀、温馨的家庭氛围、民主平等的家庭关系、有敬有让的礼仪之风、乐观积极的精神力量等，都是促进孩子成长的动力因素。

二是学习我国有关家风建设的典籍中有借鉴价值的内容。如北齐颜之推的《颜氏家训》、北宋司马光的《温公家范》、明朝吴麟征的《家诫要言》、清朝朱柏庐的《治家格言》、清代曾国藩的《曾国藩家书》、近代傅雷的《傅雷家书》等。在民间百姓中，那些文字上或口头上的《诫子书》《训子令》《谕子规》《教子经》《示儿帖》等家风家规更是数不胜数，以公开或秘密的方式在各个家庭、家族、宗族中世代流传，都体现了各自家庭良好的家风，具有较强的借鉴价值。

2. 营造美的家庭环境

家长要创造整洁、充满美感的家庭环境，达到陶冶性情、培养品德、净化灵魂的目的。家庭环境的营造并非指生活用品的高档和时髦，而是指家庭布局合理整洁，装修充满美感。孩子置身其间，可得到赏心悦目的精神享受，受到高尚情趣的熏陶，从而产生向上的精神力量。一是屋内的每个物品和摆设都应该具有美感，让孩子沉浸在美的海洋中；二是家庭环境有序。有序的环境是孩子身心发展的内在需要；有序的环境能减少孩子的焦虑感，让心灵安静和谐。

家长也可以让孩子自己动手创造一个整洁、优美、充满生机的属于自己的小天地，也可在家里培育绿色植物，激发孩子对自然的兴趣和探索热情。

3. 让孩子感受艺术之美

教育家蔡元培先生在为1930年商务印书馆出版的《教育大辞书》所撰写的《美育》条目中曾给美育下了一个定义："美育者，应用美学之理论于教育，以培养感情为目的者也。"

感受美、表现美和创造美是人类艺术的重要形式，也是表达自己对周围世界的认识和情绪态度的独特方式。家长要充分创造条件和机会，让孩子感受和发现美，表现和创造美。

家长可以借助音乐、美术、文学、戏剧、电影、电视等艺术手段进行陶冶；为孩子提供各种机会接触自然、艺术和音乐；给孩子提供享受艺术的机会。可能孩子的艺术天赋各有差别，但是每个人都会有对美的追求和感悟，敞开各种通道，让孩子有丰富的体验机会。

4. 家长要追求高雅的生活情趣

高雅的生活情趣是健康、科学、文明、向上的情趣，它符合现代科学和文明的要求，也符合社会道德和法律的要求，体现了一个人对美好生活的追求、乐观的生活态度和健康的心理。

高雅的生活情趣有益人的身心健康，符合科学精神和科学生活的要求。它对个人发展有促进作用，能够使人形成乐观自信、活泼开朗的健康心理，从而更加热爱生活。追求高雅的生活情趣有这样几点要做到：

一是家长应追求读书之乐、审美之乐、创造之乐，创造书香家庭的文化氛围，以文化的滋养来浸润和提升自我精神品质；二是追求诗意栖居的文化生活；三是提升自我人格修养，实现心有所依的心灵生活。

5. 发挥自然环境和社会环境的积极影响

家庭是社会的基本单元，家庭中的个体又是社会中的独立个体，每个人都必然会受到自然环境和社会环境的影响。家长可以带孩子游览名山大川，高山的壮美、大河的广阔、草原的辽远，都是一种积极的暗示，让人心胸开阔。

家长也可以经常带领孩子外出接触社会。如带领孩子到商店、工厂、农村去，或者去访问同学、亲友，进行社会交往，使之开阔眼界，接触社会，认识社会，培养爱人之心和社会责任感。

（二）榜样示范法

榜样是以别人的好思想好行为来影响和教育子女的重要方式。如同学、邻居、教师、英雄模范人物、革命领袖、文艺作品中的正面人物，都是子女学习、模仿的对象。从家庭来说，身教胜于言教。不管家长言行正确与否，都会对子女产生十分深刻的影响。所以父母应严于律己，以身作则。

1. 父母当以身垂范做榜样

著名教育家颜之推认为："夫同言而信，信其所亲，同命而行，行其所服。"意思是说，同样的一句话，人们总是相信最亲近的人所说的；同样一个命令，人们总是愿意听敬佩的人发出的。宋代司马光说："慈而不训，失尊之义，训而不慈，害亲之理，慈训俱全，尊亲斯备。"司马光在《家范》中提出："夫习与正人居之，不能毋正，犹生长于齐不能不齐言也。"这些都表明父母的言行对孩子有着潜移默化的影响。我国古代的家训、家书中，都普遍地以自己的亲身经历和亲身感受来教育子女，无形中对后世子孙起到一种榜样的示范作用。

父母要以身作则，言行一致。父母要求孩子做的，自己应该首先做到。若父母待人接物讲究文明礼貌，为他人着想，维护公众利益，孩子就自然会对父母产生敬意，并以父母为榜样模仿效法。

相关链接

做父母的要以身作则

原则一：做父母的待子女要公平。

原则二：对于教育小孩子，做父母的应当在小孩子面前取同一态度。

原则三：做父母的对待子女应当有相当的礼貌。

原则四：要打破一个坏习惯的时候，留心不要养成一个新的坏习惯。

原则五：做父母的不可以叫小孩子打骂他的父亲以取乐，做父亲的也不可那样。

原则六：切不可欺骗小孩子。

原则七：做母亲的不应当背着丈夫去宠爱她的小孩子。

原则八：小孩子作伪是由父母养成的。

（资料来源：陈鹤琴．家庭教育［M］．上海：华东师范大学出版社，2006.）

2. 引导孩子学习其他榜样

历史伟人、民族英雄、革命导师、著名的科学家等杰出人物是民族的代表、人类的精英。他们传奇的一生、炉火纯青的思想、伟大的业绩、崇高的品德和光辉的形象对孩子有极大的吸引力，容易激起孩子的敬仰之情。家长可引导孩子以他们为榜样，激励自己努力上进。

（三）认知领悟法

认知领悟法就是摆事实，讲道理，晓之以理，动之以情，让孩子从认知上领悟，从而健康成长的一种方法。这是家长运用得较多的一种方法，运用起来比较灵活，一般不受时间、地点、场合的限制，随时随地可以进行。

家长要在尊重孩子的前提下，以平等的态度、沟通的方式与孩子对话，达到对话中领悟道理的目的。

谈话法。谈话法是家长就某一问题和孩子交换意见，使孩子明白某一道理、解决某一问题的方式。它的优点是不只家长讲，还要和孩子交流。谈话要有针对性、灵活性，态度要和气。多用商量的口吻，少用生硬的语气，心平气和地沟通，引导孩子明辨是非、知理践行。谈话中孩子也可以问问题，可以有效地发挥孩子的主体性，激发孩子思考、评价、解决问题的积极性和主动性。谈话切忌简单粗暴。主题要鲜明，内容要具体，难易要适度。

讨论法。讨论法是家长与孩子共同探讨一个问题，经过讨论甚至辩论，得出正确结论，是使孩子明辨是非，提高认识的一种方法。这种方法充分体现了家长对子女的信任、尊重。讨论法的优点是可以充分发挥孩子的主体作用，通过互相的探讨、研究和争论，使孩子明辨是非，加深理解，提高认识，并留下深刻印象。讨论时要尊重孩子，耐心倾听其意见，孩子有不正确的观点，也要耐心细致地讲道理。家长观点不正确要勇于承认。讨论法是一种民主的方法，经常运用它可以培养孩子的民主精神，加深子女与家长的亲密关系。

（四）奖惩并用法

奖励和惩罚是一对对立、互补、统一的辩证统一关系。在教育孩子时，既要对孩子好的行为进行奖励，也要对不当行为进行惩罚。只有奖励的教育和只有惩罚的教育都是“瘸腿”的教育。

多激励，慎惩戒。对孩子符合社会规范和行为准则的表现，应及时表扬鼓励，甚至当着众多亲人的面给予表扬，或给予适当的奖励。对于孩子有违文明准则的言行或明显具有违法违纪倾向的行为，比如打架斗殴、小偷小摸等，要及时制止，根据造成危害情节的轻重和发展趋势等因素，给予适当的惩戒。必要时，可与孩子所在学校配合采取措施，防患于未然。

奖励要实事求是，要及时，要说明原因，并且应以精神奖赏为主，物质奖赏为辅。

批评要与表扬相结合。批评时，要弄清原委，不能主观臆断而感情用事；应就事论事，不能算旧账。不管何种方式，批评都应该与表扬相结合，可以表扬孩子错误中、错误前后的闪光点，也可以表扬孩子其他方面的优点。孩子听到表扬，对批评也容易接受。表扬与批评的基本规律：其一，表扬要多，批评要少。批评太多，会打击孩子的自信心，而且孩子也有可能变得麻木。其二，表扬可模糊，批评则要明明白白。批评时，孩子天性就会反抗，只有具体明白，才能让孩子口服心服。其三，当众表扬，私下批评。当众批评会伤害孩子的自尊心。

奖惩时要考虑孩子的情绪体验。如果没有丰富的内心体验，奖惩的作用就会大打折扣。每个孩子的兴奋阈不同，对奖惩的反应也会不同。兴奋阈取决于奖惩的程度，也取决于奖惩的次数。奖励要激发孩子的自豪感，使孩子对自己的行为有内在的肯定感，知道什么是对的、是有价值的，触发孩子做出相似良好行为的内在动力。惩罚要让孩子内心产生内疚感。对孩子的奖惩不能过重，也不能过多。孩子有了良好行为，可以给予物质奖励，但精神奖励更胜一筹。物质奖励过重，会让孩子产生虚荣心，从而产生不知足感。

（五）实践锻炼法

实践锻炼法是让孩子在生活中身体力行，通过行动体验，得到锻炼和成长的教育方法。孩子实践锻炼的内容有很多，如适应周围环境、锻炼身体、生活自理、家务劳动、独立作业、文明礼貌、社会交际等。进行实践锻炼，首先要孩子明确锻炼的目的、意义（为什么），提出具体要求（怎样做），鼓励他们克服困难，坚持到底。锻炼内容要适合孩子的年龄和个性特征，从他们的实际能力出发，交给的任务和提出的要求必须适当。要允许孩子在实践中有失误，不可过分苛求。家长不能因怕孩子吃苦而中途停止锻炼。

（六）言行暗示法

日常生活中，暗示是最常见的特殊的心理现象。它是人或环境以非常自然的方式向个体发出信息，个体无意中接受了这种信息，从而做出相应的反应的一种心理现象。巴甫洛夫认为：暗示是人类最简化、最典型的条件反射。我们在生活中无时不在接收着外界的暗示。人就是在暗示中生活，每个人都会被别人暗示，每个人也都会暗示别人。如，广告就是通过暗示作用引导消费者消费。我们见到大海，感觉心胸开阔；见到高山，感觉大气磅礴。大海和高山不过存在而已，但人们却主动接受暗示。

所以，家长要善用暗示，充分发挥暗示的积极作用，对孩子施加影响。如，家长不要当着孩子的面向别人诉说孩子的种种“劣迹”。比如很多妈妈常常在客人面前说：“他就是这样胆小！”“他就是不爱吃饭！” 这就是在暗示孩子：你期望他成为这样的人。他容易朝着你期望的方向达成结果：他会越来越胆小，越来越不爱吃饭。语言的暗示力量是巨大的。如果装作偷偷说给别人听，但又让孩子听到：“你知道吗，我的孩子今天玩秋千时表现特别勇敢！”“你知道吗，我的孩子今天自己做家务活儿了。” 这样会在孩子心里传递一个信息：“妈妈说我勇敢。我明天还会更勇敢的！”“我做家务多光荣，我明天可以做得更好。” 这就是积极的暗示，能直达孩子的潜意识，影响巨大。

思考题

1. 当前家庭建设和教育存在哪些问题？
2. 谈谈如何根据具体情况来运用家庭教育方法。
3. 开展家庭德育的要点是什么？
4. 如何开展家庭劳动教育？

第五章 家长的自我教育

“教育者先受教育。”家庭教育不仅是引导孩子健康成长，同时也是家庭教育主导力量——家长的自我教育过程。只有家长自身素质和教育能力提升了，才能更好地引导孩子全面健康成长。

一、家长自我教育的意义

教育始于家庭，家长是孩子的第一任教师，也是孩子的终生教师。所以，家庭教育不仅是引导孩子健康成长，同时也是家庭教育主导力量——家长的自我教育过程。苏联著名教育家克鲁普斯卡娅说过：“家庭教育对父母来说，首先是自我教育”。苏霍姆林斯基也指出，“不首先教育自己的父母，就谈不上对孩子的正确教育。”只有家长进行自我教育，家长自身素质和教育能力提升了，才能更好地引导孩子健康成长。越来越多的事实证明了：只要认识到这一点并付诸实施，家庭教育的效果就能够明显提高，忽视了这一点则事倍功半。因此，不断追求自身成长，不断进行自我完善，实现身心健康成长，是家长有效影响并引导孩子人格成长的前提条件。

教育专家冉乃彦先生曾经讲过这样一个事例：

有个孩子，不论是学习还是品德，各个方面都表现得不好，但是拥有一条让人羡慕的名牌皮带。有一次，我和他的家长推心置腹地交谈时，问道：“你的家庭状况并不好，为什么给孩子买这么贵重的皮带呢?”孩子的父亲回答：“我不能让我的孩子比别人差。别人有的，我的孩子也得有!”我又进一步问他：“那别的孩子学习、品德都好，你在这方面为什么不让你的孩子也有啊?”没想到，他的回答是："给孩子一个好皮带，只要有钱，就能做到。可是让孩子学习、品德也好，我就不知道该怎么办……"

我听到他的回答，沉默良久。是啊！买一条名牌皮带的愿望容易实现，而教育好孩子，仅仅有愿望就不够了，因为家庭教育是一门复杂的学问。①

家庭是孩子的第一所学校，也是最重要的学校。孩子能否健康成长与家庭教育和家庭环境紧密相关；父母是孩子的第一任老师，也是终身的老师，家长的一举一动都会影响孩子的成长。孩子共同的特点是模仿，只要是大人能干的事情，不管好坏，他们都希望去做。因此，做好父母不容易，仅靠单纯的说教很难达到教育的目的，只有言传和身教同时进行，才能收到实效。要做到这一点，父母必须不断完善自我，在孩子面前树立良好的个人形象。因此，我们在逐渐意识到家庭教育的重要性的同时，也应该更多地关注家长自身的健康教育对于孩子成长和发展的影响。

家长的素养成为家庭教育成功的关键，这是由家庭教育的本质特点决定的。一是家庭教育具有终身性，父母对子女的影响一直持续到老；二是家庭教育具有亲情性，骨肉亲情，心地相通，具有强烈的感染力，父母对子女的影响作用十分深刻；三是家庭教育具有全面性，德智体美劳，事无巨细，父母对子女的影响作用，表现得特别细致；四是家庭教育具有实践性，耳听教导，眼观行动，父母在子女心目中具有无可替代的权威性，父母对子女的影响作用特别地真实。由于家庭教育具有这些特点，家长自身素质的高低，就在相当程度上成为家庭教育成败的关键因素。

提高家长自身素质最有效的方法是开展家长的自我教育，原因有三：一是通过自我教育过程的亲身实践，家长能够体会、发现家庭教育的规律；二是通过自我教育的亲身体验，家长能够发现教育内容和方法是否有效；三是通过自我教育的亲身经历家长能够体会教育过程的科学性和艺术性。

但是，没有哪个人生来就会当家长，能"不学而会"引导孩子健康成长。成为合格家长是需要学习的，现实中却很少有家长经过专业培训后再上岗。未经培训的教师教学可能会误人子弟，未经培训就上岗的家长岂不可能会误自家后代？毕竟仅靠爱来教育孩子是远远不够的。但目前，我国的家长教育尚处于起步阶段，大多数家长处在无意识的自发教育状态，并未认识到自觉进行教育的重要性，缺乏主动进行自我教育的意识。当前开展的家庭教育指导活动，大多指导家长如何教育孩子，但对家长本身——这个首先必须自我教育与成长的群体却关注较少。

因此，对家长进行教育，引导家长学会自我教育，使其不断自我完善，追求自身成长，是家长做到有效引导孩子健康成长的重要前提。

① 冉乃彦.家庭教育成败的关键是家长的自我教育［J］.高端访谈，2016，1（2）：6—7.

二、家长自我教育的内涵

家长自我教育，是指家长为了提高自身处理家庭关系、婚姻关系的能力，以及教育子女的能力而通过各种方式进行自我学习，不断自我成长的活动。家长是成人，家长教育最终必须通过自我教育完成。

家长自我教育要把握好以下几点：

1. 家长自我教育的起点是解决家庭教育中出现的问题

家长主动学习的愿望主要发生在家庭教育出现问题的时候。当孩子处于学前期时，家长很少发现家庭教育和自我成长中的问题。因此，通过观察、测试和案例分析等方式激发家长在家庭教育过程中发现家庭教育问题的意识显得尤为重要。这里所说的问题意识是引导父母在日常生活和亲子活动中保持教育的敏感性，把可能阻碍儿童健康成长的家庭教育方式止于萌芽状态。

2. 家长自我教育是建设和谐家庭、教育健康子女的基础

作为家长，在家庭中要做好夫妻角色、父母角色、媳婿角色，在外要做好自己的职业角色，这些都要求家长进行自我教育、自我成长。家长首先要处理好夫妻关系、婆媳关系等，建设一个和美和谐的家庭；其次才能谈到教育子女。一个矛盾重重、氛围压抑的家庭，是教育不出健康发展、乐观向上的孩子的。同时，家长的素质本身就是一种非常重要的教育力量，这种教育是潜移默化的，对子女的影响是最为深远的。一个合格的家长，知识涵养丰富，待人接物落落大方，有良好生活习惯，工作积极有进取心，勇于承担责任，掌握正确的家庭教育方法，这些都是靠主动学习、自我教育来完成的。

3. 家长的自我学习是长期、系统的学习

家长的学习，应该包括家庭建设、教育子女、自我成长等几个方面内容。如处理夫妻关系、亲子关系，学习家教知识与方法等。比如，家长要明了夫妻关系是家庭中的首要关系，也是核心关系，处理好夫妻关系是建设和谐家庭的基础。因此，家长的自我教育、自我成长是个长期、系统的工程，要做学习型家长，时时学习，处处学习，不断成长。

4. 家长的自我教育需要指导、帮助与反馈

家庭教育最终是要落实到提升教育孩子的能力这个关键点上。家长的自我教育不是为了将来做准备，而是需要在当下就能发挥作用，在当下就能解决自身成长和教育子女中遇到的问题和困惑。很多家长能说会道，但是一旦落实到家庭教育实践中就容易出现知识和能力的脱节问题。家长通过自我学习所掌握的知识和观念如何才能转化为自我成长和教育子女的能力呢？家长的学习需要获得及时指导、有效帮助和积极的反馈，这对

提高自我学习、自我成长的能力非常重要。从成人学习的角度来看，聚焦问题、案例分析和提供解决方案是提高家庭学习能力的重要途径，这能够给家长提供及时反馈和帮助，在讨论、提问、答疑的过程中提高家长自我成长的能力和教育子女的能力。

三、家长应具备的基本素质

家长的综合素养关系到家庭教育的成败。互联网时代是终身学习的时代，每个人一生都在学习。尤其是进行自我教育，不但要学习科学文化知识，而且要提升思想道德修养，培养审美意识和能力。教育学者朱永新在其《新教育之梦》一书中，这样描述理想父母的形象："理想的父母，应该是把孩子的人格健全、道德完善放在首位，努力培养孩子追求卓越、独立自主、持之以恒、勤俭节约等个性品质和良好习惯的父母；理想的父母，应该是永远保持年轻心境，懂得把童年、童心还给孩子，让孩子轻松、自由、愉快成长的父母；理想的父母，应该是善于发现孩子的天赋，善于挖掘孩子的潜能，善于培养孩子的特长的父母；理想的父母，应该是以大朋友的平等身份来对待孩子，而不是以家长的身份来压制孩子和以棍棒的方式教训孩子的父母；理想的父母，应该是有着和睦家庭关系，能以身作则、一诺千金的父母；理想的父母，应该是永不对孩子失望，绝不吝啬自己的表扬和鼓励，绝不使用侮辱性批评的父母；理想的父母，应该是善于学习，具有教育理性和自觉，能够善于利用各种教育情境，富有教育机智的父母；理想的父母，应该是努力配合学校、社区对孩子进行全方位、多层次的教育，从而促使孩子健康、快乐成长的父母。"①

家长教养孩子，实为一项伟大的事业。养蜂的人，首先要懂得养蜂的方法，才能够把蜂养好；种花的人，先要懂得花的生长习性和养花的方法，花才能够养得好；养育孩子更是如此，从孩子呱呱坠地，到长大成人，完成这样一份伟大的培养重任，要求家长不仅要学习科学文化知识，而且要提升思想道德修养，培养审美意识和能力，不断进行自我教育，学会和孩子一起成长。

（一）高尚的道德修养

家长的人生观、价值观和世界观对孩子有深远影响。家长的观念会影响家庭教育目标的确立、教育内容和教育方法的选择。有的家长教育孩子努力学习，是为了做一个对

① 朱永新．新教育之梦［M］．北京：人民教育出版社，2003：278.

社会有用的人。而有的家长教育孩子努力学习，是为了孩子将来能出人头地、腰缠万贯，这是由家长自身的观念和修养所决定的。

周总理 12 岁时，就有了“为中华之崛起而读书”的雄伟抱负；从小树立远大的理想，才有了后来被全世界人民所敬仰的高尚人格。家长对孩子的影响是潜移默化的。古人云：“其身正，不令则行；其身不正，虽令不从。”在孩子成年之前，他们的人格正在形成中，可塑性很强。他们对家长有着天生的依赖和模仿心理，因此，家长应当努力提升个人道德修养，以身垂范。

（二）较高的人文素养

人文素养是指人文知识、能力、观念、情感、意志等各种因素综合而内化为一个人的品质，通过一个人的气质、修养、行为和人格表现出来。人文素养是一个人的基本素质养成。家长自身人文素养对于家庭教育的实施至关重要。人文素养较高的家长，会更加重视子女的家庭教育。在家庭教育的方式方法选择上，他们也更开放，更愿意接受科学的理念和方法，对孩子的影响也更积极。

因此，家长要不断进行自我教育，努力学习，提升自身的人文素养。要活到老、学到老。一方面家长要博览群书，尤其要加强经典的阅读。英国思想家培根说：“历史使人聪明，诗歌使人富于想象，数学使人精确，自然哲学使人深刻，伦理学使人庄重，逻辑学和修辞学使人善辩。”另一方面，家长应多学习教育学和心理学知识，掌握不同年龄阶段孩子身心发展特点，运用科学的教育方法培养身心健康发展的孩子。此外，家长还应当多学习艺术方面的知识，学会感受美、鉴赏美、创造美，然后对孩子进行审美教育，培养可以创造美丽人生的未来公民。

（三）现代教育理念

在全球化时代，社会开放程度不断增大，社会变革日新月异，面对不确定性成为人生常态。拥有先进、科学的教育观念成为家长的必然选择。首先，家长要及时更新自己的教育理念，学习科学的家庭教育理念。为了让孩子能更好地适应社会发展需要，家长应当树立教子先做人的教育观念，教育方式不是说教和过度保护，而是尊重孩子前提下的正向引导。其次，家庭文化不是专制独裁而是平等民主。真正的家庭教育是在家长与孩子人格平等、相互尊重的前提下进行的。最后，家长要树立培养全面健康成长孩子的家庭教育目标，树立先进的教育理念，掌握教育规律，学习教育方法与技能，科学引导孩子成长。同时，家长和孩子也在学习中共同成长。

（四）健康的心理素质

当今社会发展迅速，竞争压力与日俱增，家长不可避免地会承受来自生活和工作上的各种压力。拥有健康的心理素质，是个体积极适应社会的重要前提。家长具有健康心理素质，即使遇到重大的“生活事件”，也可迅速应对、调整，达到新的自我平衡状态。同时，这种良好的社会适应能力，不仅可以潜移默化地影响孩子，还可以通过指导，使孩子积极应对各种负性生活事件，顺利完成个体社会化。但是，目前家长的心理状况并不容乐观。随着生活节奏的加快，很多家长普遍存在焦虑、迷茫等情绪，这些负面情绪的积累会影响家庭环境。更为关键的是，家长的心理健康和其子女心理健康的关联度很高。上海市家庭教育研究会曾对 1 326 名小学生家长及其子女心理健康状况进行了测试，发现家长的心理健康与子女的心理健康之间具有很高的相关（子女与母亲之间的相关系数为 0.553 6，与父亲之间的相关系数为 0.443 3）。家长自身有心理问题的，其子女有心理和行为问题的高达 60%。[①] 因此，家长的健康心理素质对孩子的成长非常重要。

家长要具备健康的心理素质，主要表现为：

（1）处事通达，社会适应良好。

（2）悦纳自我，对自己充满信心。

（3）理解与包容，能与他人保持和谐的关系。

（4）情感比较丰富，能与他人建立适度亲密的关系。

（5）自控力强，情绪相对稳定。

（6）抗挫折能力强，遇到重大事件能很快恢复常态。

（7）人格独立，能够享受独处。

因此，家长不断学习，努力提高自己的心理素质，才能培养出心理健康、人格健全的孩子。

（五）教育子女的能力

马克思曾说，家长这个职业的职业目标就是教育子女。家长还应具备家庭教育所特有的素质——教育子女的能力。

家长教育子女的能力，主要包括以下几个方面；

（1）处事通达，为人通透。这是指家长教育孩子前要具备一定哲学素养，具体表现在家长思想有高度，视野宽阔。这样的家长处事通达，为人通透，这非哲学熏陶而不能。

---

① 郭喜青 . 中小学心理健康教育实现“四化”的思考［J］. 现代教育科学普教研究，2006（2）.

（2）敏锐的洞察力。家长要具备比较敏锐的观察力，及时从孩子的言谈举止中发现孩子成长中的问题，随时进行引导。

（3）良好的沟通能力。教育孩子，最主要的手段是沟通。家长要具备良好的沟通能力，以平等、尊重的心态与孩子交流。这样就能很好地处理亲子关系问题、孩子成长问题。

（4）灵活的问题解决能力。不同性格的孩子、孩子成长的不同阶段、事件发生的不确定性等，都要求家长能够因时、因地、因人灵活处理。

相关链接

非暴力沟通的模式及运用

非暴力沟通有四个要素：观察、感受、需要、请求。

1. 观察

我所观察（看、听、回忆、想）到的有助于（或无助于）我的福祉的具体行为：

“当我（看、听、想到我看到的 / 听到的）……”

2. 感受

对于这些行为，我有什么样的感受（情感而非思想）：

“我感到……”

3. 需要

什么样的需要或价值（而非偏好或某种具体的行为）导致我那样的感受：

“因为我需要 / 看重……”

4. 请求

清楚地请求（而非命令）那些能丰富我生命的具体行为：

“你是否愿意……”

举例来说，一位母亲可能对她处于青春期的儿子说：“费利克斯，看到咖啡桌下的两只脏袜子和电视机旁的三只，我不太高兴，因为我看重整洁。”她说出了非暴力沟通的前三个要素。接着，她立即提出非暴力沟通的第四个要素——具体的请求：“你是否愿意将袜子拿到房间或放进洗衣机?”这一要素明确告知他人，我们期待他采取何种行动，来满足我们。

（资料来源：［美］马歇尔·卢森堡. 阮胤华译. 非暴力沟通［M］. 北京：华夏出版社，2015.）

（六）自我完善的能力

《三字经》里言“养不教，父之过”。父母是孩子的第一任老师，父母对孩子的教育非常重要。父母自身的学习态度，家庭营造的学习氛围，很大程度上直接影响到子女的学习态度、学习习惯。凡事家长都要以身作则，率先垂范。

首先，家长要学会自我反省。孔子说：“吾日三省吾身。”孟子说：“爱人不亲，反其仁；治人不治，反其智；礼人不答，反其敬。行有不得者，皆反求诸己；其身正，而天下归之。”一个善于自我反省的人，往往能够发现自己的优点和缺点，并能扬长避短，发挥自己的潜能；一个不善于自我反省的人，会不断犯同样的错误，自我教育和教育孩子能力得不到提升。家长要经常问自己：我的家庭关系好不好？我的夫妻相处方式好不好？我的工作和生活平衡好了吗？我教育孩子的方式对不对？孩子出问题，到底是我哪里引导得不好？……经常自省，自己就会不断进步。

其次，家长要自我接纳，要学会接纳自己的全部——所有优点和缺点。接纳自己，是无条件接纳孩子的前提。

再次，家长要自我完善。家长要保持开放的心态和终身学习的热情，不断学习，不断进步。家长一定要有自己的生活和爱好，不必为孩子成长而牺牲自己。自省、学习、践行，都是为了负起我们自己对生命的责任，让家长先做一个更好的自己。这样才能更好地影响别人。

最后，家长自我成长应与改善婚姻、家庭关系相结合。改善自己的婚姻关系，实现婚姻中夫妻和睦，家庭内外人际和谐。

四、不同时代家长的自我教育

（一）自我教育的过程

根据教育专家针对家长进行的研究，家长的成长主要经历四个阶段：第一阶段，发现自己仅仅有教育子女的愿望还不够，必须付诸行动；第二阶段，仅仅做到我“在教育”还不够，还应当采用正确的教育方法；第三阶段，逐步理解“身教重于言传”，关键在于家长自身；第四阶段，最终领悟到成功的身教来源于家长的自我教育。

为了引导孩子进行自我教育，家长首先要学会自我教育。自我教育包括自我认识、自我要求、自我实践和自我评价这四个环节。自我认识包含三个层次，首先要客观看自己，其次要全面看自己，最后还要发展看自己。自我要求上最重要的是激发动机。当前家庭教育里有种错误的动机——“好面子”，为了虚荣心去教育孩子。自我实践是要自我强制、监督、调整。自我评价指的是选择正确的评价标准来进行评价。没有自我教育的教育不是真正的教育，教育目的必须通过受教育者的内化才能真正实现。而所谓“内化”，实际就是自我教育的过程。一个个体只有把别人提出的要求变成自我要求，并把它付诸实现时，成长才能真正实现。

目前家长们在家庭教育和自我教育方面存在的一些问题：

一是只想改变孩子，不想改变自己。身心健康的孩子背后必有爱学乐学的家长。孩子是家长的影子，家长是孩子的镜子。只有家长自我成长，才能通过言行影响孩子。家长对于孩子学习，如上名校、请名师，报补习班、夏令营，出国旅行等，往往舍得出钱，每年投入数万元也不吝惜，但对做好自身的学习投资，却大多意愿不强。

二是急功近利，希望学习立竿见影。许多家长希望学习家庭教育就像阅读电视说明书一样，只要学会按哪一个按钮就行了。不少的家长为孩子成长中出现问题而苦恼，遇到专家就请教，有时病急乱投医，当时解决了问题，但是学习的内容不系统、不全面，头痛医头，脚痛医脚。有时看了篇文章或听了次讲座，回家试了试，一两天没有看到想要的结果，就说“没用”。

三是学而不用。家长自我学习有几种途径：看家庭教育方面的书籍，聆听专家报告，系统进行家庭教育知识学习。一般情况下，由于家长学习缺乏指导和跟进，很多家长看过或听过以后就束之高阁，没有或不会将相应理念和方法付诸家庭教育或自我成长实践。

因此，做好家庭教育，家长一定要认真学习，自我成长。不同年龄阶段的家长在家庭教育中所面临的问题和自我教育需求是不同的。针对不同年龄阶段家长的身心发展特点和不同的自我教育需求，60 后、70 后、80 后、90 后家长有不同的自我教育与自我成长路径。

（二）60 后家长——通过自我教育缩小与子女代沟

60 后指的是 1960 年至 1969 年之间出生的，求学于七八十年代，八九十年代面临着就业、婚姻及生育子女的一代人。60 后是优越却不安逸的“现实一代”。60 后生活的时代，最核心的需求是生存和尊重的需求。在那个物质资料极其匮乏的年代中成长起来的 60 后家长，他们更倾向于遵照婚姻与家庭的规范在限定的范围内行事，更重视安定平稳的生活，不喜欢标新立异。

60 后心智成熟，生活稳定。群体价值取向更集中，思想观念相对比较保守，心态不太开放。在家庭教育方面，他们较多坚持传统。因此，他们容易和子女形成代沟。何为代沟？代沟的产生和存在是社会加速发展和变迁在代际关系上的必然结果，也是传统社会与现代化社会在社会化结构、内容和方式上的差异。年轻人具有极强的接受力和对一切新生事物的敏感性，加之如今新型媒体的发达，孩子从各种途径获取的知识远远超出了家长。这使得家长常常在观念上滞后于孩子。60 后家长的孩子多生于 90 年代，接受知识速度非常快。如果家长不能及时地自我学习、自我成长，在知识和观念上的落后就难避免。家长无法理解孩子的成长变化，亲子沟通就会困难重重。

60 后家长在自我教育时首先应注重人文素养提升，就是人的精神追求。人文素养是终身教育、终身学习的基本要求，是每一个人生存和发展的必要手段，也是提高家庭成人学习能力的必然要求。成人人文素养包括人文知识（如语言能力、数学能力、家庭健康知识等）、人文思想、人文精神等。通过提升人文素养来提高家庭中成人读书看报的能力、口头和书面表达的能力、与家庭成员沟通分享的能力、网络沟通的能力以及自我情绪调节的能力等。

据一项调查显示：40 岁以上的父母在选择自我导向性的学习材料时更加倾向于选择传统的、直观的学习材料，排名第一的是报纸图片，其次是图书，新型的网络资料只排在第三位，而 20 ～ 30 岁的父母群体中，网络毫无疑问是他们的首选。而在学习方式的选择上，40 岁以上的父母更注重理性的分析和系统知识的掌握，因此选择自己阅读的比较多。年轻的父母认为座谈交流的方式可能更加有效，这与他们社交机会多相关[①]。

（三）70 后家长——通过自我教育提升心理健康水平

20 世纪 70 年代，在中国的发展史上具有特别重要的意义。生于这个时代的 70 后们，在革新与吐旧间成长，时代的特征注定这一代人是承上启下的一代人，是最富有理想主义，也是更有务实精神和社会责任心的一代。他们是伴随着改革开放和中国社会体制转型而成长起来的一代人。受传统文化和革命传统教育的影响，大部分 70 后心怀理想，但思想比较保守。部分人经历过贫穷时期，所以比较勤奋，崇尚努力奋斗。70 后是中国最纠结的一代人，浪漫主义的诗人情怀与下海经商的时代潮流相撞，铸成了独特的 70 后特质。所以，70 后属于务实、进取，稳中求变、理性踏实的一代人。

70 后大多是社会的中坚力量。他们工作繁忙，在家庭教育方面的学习很难像在校学生那样有时间、有规律，只能利用工作之余的时间。为了满足现代家庭教育对家长成长的需求，很多家长都有继续且不断学习的要求和愿望，希望及时了解、掌握和家庭教育相关知识，提高家庭教育能力，能用合适的方式来引导和教育孩子。比起 60 后家长，70 后家长知识更渊博，对新生事物也易于接受和认同。受多元价值观和文化氛围影响，70 后家长大多比较关注孩子全面成长，希望在孩子的成绩和兴趣之间能找到一个平衡点。但是，70 后家长的教育理念与行为却在理想与现实间撕扯——一方面想让孩子拥有轻松

① 金晔 . 城市父母家庭教育知识自我导向性学习现状研究［D］. 南京师范大学硕士学位论文，2013.

快乐的学习时光，一方面又经常纠结于到底给孩子报不报补习班；自己是在“不打不成器”的教育方式下长大的，而现在打骂孩子却被认为“不人道”；年少时自己因贫穷而奋发图强，如今回顾当年的“奋斗史”却难以激起孩子学习的热情……

70 后家长的子女大多处于大学、中学阶段。这个阶段也是孩子课业负担最重、压力最大的阶段。很多孩子因为课业负担重，再加之青春期情绪波动，容易产生心理问题。作为家长，这个阶段应重点培养孩子掌握好情绪情感，正确处理好孩子的学习成绩和心理健康之间的关系，保证孩子全面健康发展。70 后家长既要努力发展自我，做一个身心健康、和谐发展的人；又要引导和影响孩子，使他们能够很好地适应社会。只有家长心理健康，才能给孩子以积极、正面的影响，保障孩子身心的健康成长。

70 后家长自我教育的内容主要包括家庭心理健康教育和人文素养教育，通过自我学习培养自己高尚的人文与道德修养，从而影响孩子。家长的自我教育应当先从提高自身的心理健康素养做起，努力成为身心健康、热爱学习的好家长。通过家长自身发展，引导孩子塑造健康的心理素质。

家长自我教育的目标是要做一个身心平衡的人，包括以下几点：

一是处事通达，社会适应良好。

二是心理健康，悦纳自我。

三是理解与包容，能与他人保持和谐的关系。

四是情感相对丰富、情绪相对稳定。

五是热爱自然与所有生命，对生命心存敬畏。

六是有精神生活。

七是人格独立，能够享受独处。

70 后家长通过自我教育，完成自我健康人格的修炼，就可以更好地引导子女健康成长。主要从以下几个方面入手：

一是树立正确的世界观、价值观、人生观，热爱生活，心胸开阔。

二是提高挫折应对能力。

三是充分认识自己，正确评价自己，悦纳自己，既不自负也不自卑。

四是积极交友，宽以待人。

五是积极培养兴趣爱好，参加有益身心的文娱、体育活动。

六是博览群书，陶冶情操。

（四）80 后家长——构建学习型家庭，促进自我成长

“80 后”是指于 1980 年至 1989 年之间出生，求学于 20 世纪 90 年代及 2000 年，2000 年之后面临着就业、婚姻及生育，现今的中青年一代。如今，80 后已登上了社会的

舞台，在各个领域扮演着越来越重要的角色。80后家长也是独生子女一代，身上带着特有的时代烙印和鲜明的性格特征。他们看起来都很年轻，更像是孩子的大姐姐大哥哥，容易和孩子沟通。但他们很多是在父母的保护中长大的，自己都还没有完全成熟就做了父母，心里难免迷茫、焦虑和慌乱。

80后家长的子女多处于中小学时期，正是个体良好习惯培养和综合素质养成的重要奠基期。因此，80后家长不仅要自己迅速成熟起来，还要学习做好家庭中的各种角色，学会抚养、教育好孩子。因此，建立学习型家庭，让自己和孩子一起成长，是80后家长的理性选择。

1. 构建学习型家庭模式

现代教育提倡家长与孩子共同学习，共同创建学习型家庭，在家庭生活中落实教育内容，这样良好的家庭氛围对于家庭成员的共同成长是非常有利的。在现代社会，学习型家庭是比较理想的家庭教育模式，对于建立民主平等的亲子观、提高家长的教育素养有重要的作用。学习型家庭是以终身学习、终身教育思想为指导，以和谐的家庭人际关系为基础，以提高家庭的社会适应能力与生活质量为目的，需要家庭成员共同学习、相互学习、不断完善、共同成长。

学习型家庭包含学习的家庭和家庭的学习两个层次。学习的家庭指的是有助于学习的家庭环境，家庭的学习指的是家庭成员共同的学习活动。学习的家庭与家庭的学习都是创建学习型家庭必不可少的资源，家庭教育资源的充分开发是学习型家庭形成的物质保证。学习型家庭的创建是一项系统工程，需要家庭每一位成员的积极配合和大力支持。在学习型家庭中，学习成为家庭生活的有机组成部分，即学习生活化、生活学习化。学习的内容包罗万象、无所不有，学习资源取之不尽。在学习型家庭中，家长会把孩子当作一个有独立人格的个体来尊重，采取诱导启发式的教育方式，不溺爱、不打骂，保持、发展孩子的天性，与孩子平等交流，互相学习。家长可以学到丰富的家庭教育经验，提高自己接受新事物的能力。通过和孩子一起学习，家长更容易发现自己的不足，孩子更能在其成长过程中受到启迪和教育。

2. 营造家庭成员相互学习的环境和氛围

事实上，家长比儿童更需要教育，“教育者先受教育”，如此才能形成优质家庭教育的良性循环。另外，家庭生活是成人生活的一个重要方面，构建家庭成人教育也是“回归丰富的成人生活世界”理念指导下的具体行动①。

学习型家庭中的所有家庭成员都是学习的主体。一方面为了充实自身精神世界、完善自我，家长必须不断地学习；另一方面，为了更好地教育孩子，家长也必须不断学习。家长是孩子一生的老师，“身教重于言教”。家长树立的良好的学习榜样会是孩子成长的

① 夏燕．学习型家庭背景下家庭成人教育问题初探［J］．教育学术月刊，2010，10：91—92.

最好指引。家长只有和孩子共同学习，才能够与孩子产生共鸣，缩小“代沟”，在此基础上家庭成员之间才能互相影响、共同进步。

（五）“90后”——提升修养，学做父母

90后一代与80后相同的是他们都出生在中国改革开放之后，但90后的生活环境与条件对比80后这代人要优越得多，物质相对富足，社会环境也更为安定。同时，90后生活在互联网和信息时代，接触新媒介和新鲜事物的能力更强。90后是轻松、乐观的“社交一代”，他们叛逆、独立、自由、前卫、个性，有着自己的群体特征。与互联网共同成长起来的90后大学生的自我意识开始觉醒，由此带来的一个直接效应就是人的思想不再拘泥于传统的责任意识和国家前途，而是更多地从自我出发，以个人价值权衡。同时，90后是富有创新精神的一批人，他们对新鲜事物充满好奇心，也有能力去创新。

拒绝标签化是90后最大的共性。他们拒绝被代表，他们每个人鲜活的个性都是无法复制的。与其他几代人相比，90后的个性是突出的、鲜活的；而从每个个体去看，90后的个性是多元的、差异化的。因此，找一个具有普世价值的标签来概括这个群体的难度系数极高。

我们发现，90后群体在自我教育方面也存在着一些问题，主要包括：自我修养观念淡薄、自我调控意识和能力较低、自我实践能力较差。作为自我教育的重要组成部分，自我修养对于90后群体来说非常重要。因此，应当加强自我修养知识的学习和普及，树立明确的自我教育目标，增强自我教育的能力；90后家长还正处于从学生时代向社会环境过渡的适应期，从相对简单的学校环境进入竞争激烈的社会，客观上对这些年轻人的自我调控意识和能力提出了更高的要求。此外，有些90后的家长坚持性很差，遇到阻碍很容易放弃；遇到困难和问题，容易发脾气。这些问题都会影响家庭教育中的自我教育。现阶段，90后的家长所面临的家庭教育的核心问题主要还是婴幼儿（0～3岁）的教养问题。很少有机构有专门指导家长的课程，对家长的指导和心理教育，仍然是以亲子活动为主要载体的。90后家长自我教育的主要内容是优化自我教育的家庭内部环境，主要包括提高自身作为家长的素养和学会建立和睦的家庭。年轻的家长应当以身作则，创建和睦和谐、积极进取、健康向上的家庭环境，这样才能有利于孩子建立安全感和自信心。因此，要从以下几个方面提高90后家长的自我教育能力。

1. 提高综合素养

90后家长社会经验不丰富，因此有很多社会知识需要学习；他们刚刚组建家庭，孩子尚小，处理家庭生活的方法欠缺。90后年轻人，容易接受新事物，学习能力强。对于90后的家长来说，最重要的自我教育就是在实践中不断提高综合素养。

有些年轻的家长常常困惑：不明白为什么自己很努力地为孩子付出，仍然没有在孩

子心中建立起威信。这与家长缺乏系统的家庭教育知识有关。要教育好孩子，家长要先接受教育。对于90后的家长而言，网络、书籍、培训班等方式都能被很好地利用，学习新知识，建立自己的家庭教育知识体系。家长自我教育是个持续学习的过程。伴随着孩子成长，家庭教育的重点内容也在不断调整变化，家长要不断自我教育、自我成长，掌握教育不断长大的孩子的有效方法。除了要学习家庭教育的知识外，家长还应注重通过自我成长提升自身的教育能力。家长的教育能力包括了解孩子的能力、保护孩子的能力、协调亲子关系的能力、自我控制能力等。家长的这些教育能力是需要通过实践逐渐培养起来的，即通过学习、体会、实践和反思才能内化为个人素质能力。

2. 学会做父母

要引导年轻家长做合格的“专业”父母。中国还没有把家庭教育看作一个严肃的、科学的、需要系统学习才能胜任的“专业”。“父母好好学习，孩子天天向上。”提高父母素养，孩子才能健康成长。每个问题孩子都是家长不良教育方式的结果。因此，年轻父母应该始终是学习者，在实践中摸索家庭教育智慧，不断自我成长。创造宽松的家庭教育文化氛围，成为孩子伙伴，陪伴孩子，引导孩子自然、自主、自由成长。

3. 重视母亲的作用

母亲要做好孩子的第一任教师。母亲对一个人的影响非常大。在中国现代，有许多文化名人的成长都得力于母教。鲁迅的许多生活情趣都是在他母亲濡染熏陶下培养而成。18岁那年，鲁迅在母亲的理解和支持下放弃传统的仕途而选择了进洋学堂学洋务。茅盾母亲好学敏思、心胸开阔的特点在茅盾身上几乎完全体现出来。郭沫若也说：“在一生之中，特别是在幼年时代，影响我最深的，当然要算是我母亲。”巴金对母亲的怀念是：“她教我爱一切的人”，“使我认识‘爱’字的是她。在我幼小的时候她是我的世界的核心”。所以他说：“我的第一个先生就是母亲。”

母爱是母亲的天性，但后天的修养更会使母爱达于至善至美。年轻母亲要加强学习，努力提高文化素质，不断陶冶道德情操。一个具有良好文化素质和道德情操的母亲，才会真正理解母爱的真谛，才会赋予母爱更完美的内容和表现方式。比如，好的母亲在孩子面前会尽量克制自己的不良情绪，以愉快的妈妈形象示于孩子。必要时，会让孩子知道妈妈也会心情不好，不是超人。同时，妻子要将丈夫培养成为学会陪伴孩子、勇于承担家庭责任的爸爸。

五、家长自我教育的社会支持

家长的自我教育与成长不仅是一个家庭的事情，也是社会的责任。学校与社会要承担起引导家长自我教育、自我成长的责任。

（一）构建家庭教育指导网络

构建家庭教育指导网络的主要目的是要开发家长自身的教育潜能，引领家长分析思考家庭教育问题，启发和帮助家长提高教育能力。

家长教育指导作为一种成人教育，启发家长自我教育才是成功的教育。所以对学校和社会而言，要为家长搭建平台，建好指导网络。比如搭建信息平台，拓展指导渠道；搭建活动平台，动员家长参与；搭建互助平台，支持和鼓励发展家长组织等，以多种载体，在兼顾有趣、有用、有理的不同层面，激发家长自身的教育潜能，促进家长教育素质的提升。

山东省德州市近几年致力于加快家庭教育事业的法制化、专业化、网络化、社会化建设，目的是构建一个系统完善的党政主导、部门协作、家长参与、学校组织、社会支持的家庭教育工作体系。通过上下联动，内外配合，各负其责，各尽所能，形成学校、家庭、社会“三位一体”的教育格局，达成 1+1+1 ＞ 3 的教育效果。由党委领导，政府负责，妇联、教育部门共同牵头，建立健全家庭教育工作机制。一是健全组织领导机制。德州市教体局成立了市家庭教育工作委员会和家庭教育专家指导委员会，组建了市家庭教育评估专家库，指导全市家长委员会建设、家长学校建设，推进全市家庭教育实验区建设等工作。二是文明办、民政局、卫计委、文广新局、科协、关工委办公室等部门共同参与，建立家庭教育工作协调推进机制。市县教育部门相应成立家庭教育工作领导协调机构，设立市、县、校三级家庭教育协调员工作体系，县（市、区）学校（幼儿园）家庭教育协调员设立覆盖率达 100%。各级家庭教育领导协调机构每年定期召开联席会议，研究工作，部署任务，做到家庭教育指导工作“年初有计划，年终有总结”。三是分层分级普遍建立家庭教育指导中心、家教咨询站、家长委员会、家长学校，为家庭教育提供工作支持体系。四是建立第三方评估等监测评估机制，对规划实施情况进行有效监测评估。德州市教体局汇聚教育系统和社会各界热心家庭教育工作的教育、心理、儿童保健专家，组建起 151 人的家庭教育专家、讲师团、志愿者工作队伍，同时也邀请知名专家参与，多次面向学校、社区和家庭举办家庭教育骨干培训班。

同时，通过信息化平台，让家长吸收借鉴先进科学的家庭教育经验和方法，通过不断的自我体会，结合自身家庭的实际，举一反三，最终实现家长自我成长。

（二）政府、社区、学校形成合力，共同推动

推动家长自我教育，必须形成政府主导、部门协作、家长参与、学校组织、社会支

持的家庭教育工作格局。

1. 政府推动。在推进家庭成人教育方面，政府应当充当决策者、协调者、监督者、服务者的角色。政府通过制定政策，积极引导和支持学习型家庭的创建，是对成人积极参与家庭教育与学习、实现自我成长的极大鼓舞。

2. 学校组织。中小学校一方面在学生中普及终身教育、终身学习的理念，让学生影响并促使家长改变观念；一方面直接引导家长树立新理念，积极投入到学习型家庭的创建中。还可以通过家校合作，共享学校的空间、图书馆、网络、师资等资源，为家长教育的顺利推进打开方便之门。学校还可以定期组织家庭教育知识竞赛、优秀父母和儿童评选、家庭夏令营、家庭教育小品比赛等贴近生活、寓教于乐的活动，向家长介绍青少年身心发展的规律与特点、科学的教育方法，帮助家长树立与主流文化相适应的教育观。

3. 社区联动。个人、家庭与社区的关系日益密切，社区在推进家庭成人教育方面有其独特的效应。社区的组织、互动功能有利于家庭之间交流学习经验，有利于进一步推动家庭成人教育与学习。在社区推选典型示范学习型家庭、学习型个人，有利于带动、激发更多的家庭、个人参与到自我教育与学习中来。社区还可以组织专家亲临社区指导学习型家庭的创建，这有利于家庭成人教育走上专业化、正规化的道路。

思考题

1. 为什么家长必须进行自我教育？
2. 不同时代家长自我教育的重点有什么不同？
3. 家庭自我教育的终极目标是什么？
4. 学校、社会如何支持和指导家长开展自我教育？

第六章 不同发展阶段个体的家庭教育

人的生命历程可分为以下几个阶段：产前期（从受孕～分娩）、婴幼儿期（出生～3岁）、学前期（3～6岁）、儿童中期（6～12岁）、青春期（12～18岁）、成年早期（18～40岁）、成年中期（40～65岁）、成年晚期（65岁以后）、临终期。汪卫东教授的系统发展理论认为，个体发展的核心是人格发展。在个体发展不同阶段，其人格发展要素，如胆量（或胆气）、自我（或自知）、人际关系（或人伦）、思维方式（或思虑）、意志力（或意志）、性发展、世界观（或三观）等都具有不同的发展特点。当个体未成熟时，个体人格发展主要依靠家长的引导和教育。当个体达至成熟，个体人格发展即指个体的自我教育、自我成长。

一、产前期的家庭保健

每个生命都起源于精子与卵子的结合，自此，新的人生拉开了序幕。人们生理的发展可以追溯到妊娠时期，而在此时，心理和行为也随着生理的发育而发展。可以说，胎儿在子宫内的发育是其整个生理—心理发育过程的最早阶段和奠基阶段。遗传、环境、母体三方面因素都会影响胎儿的生理—心理发展。妊娠期的卫生包括心理卫生和身体卫生。因此，注意婚前体检、产前检查和孕期保健是保证胎儿身心健康的重要策略。

（一）注意营养保健

妊娠期要有合理平衡的饮食。一般来说，孕妇每天应比平时增加300卡路里的热量，以满足小生命发育的需求。

（二）避免各种伤害胎儿的行为

妊娠期的许多行为都有可能对胎儿造成伤害。应注意这几点：一是预防疾病，在怀孕前要注射各种预防针，防止各种传染性疾病（如德国麻疹）对胚胎和胎儿的侵害，须知许多预防针在孕期才注射是不安全的；二是不乱服药，妊娠期服药一定要咨询医生；三是不要吸烟，并尽量避免被动吸烟；四是不要喝酒；五是不要在有环境污染的地方工作或活动。

（三）保证足够的活动量

每天要坚持做一些强度不大的适合于孕妇的运动，如散步等，但过去有流产史或有其他健康问题的妇女，要请教医生是否能参加或能参加什么适合自己的运动。

（四）多听音乐并保持良好情绪

音乐能使孕妇产生恬静的美感和愉悦的情绪，产生良好心境，并将这种信息传递给胎儿，改善胎儿大脑功能水平。胎儿特别喜欢听大提琴的演奏，因为大提琴音域宽广，容易与胎儿形成和谐的共鸣。柔美的小夜曲、摇篮曲、圆舞曲和中外古典乐曲，都会使胎儿心境平和，精神愉快。母亲也可以给胎儿唱歌或哼唱乐曲。

母亲在怀孕期间宜保持良好情绪，心境平和，心态愉悦。

二、婴幼儿期儿童的家庭教育

婴幼儿期是指个体出生至3岁。这个时期儿童生理和心理发展都非常迅速，是人生发展的第一个非常重要的时期。教育家蒙台梭利曾说过："人生的头三年胜过以后发展的各个阶段，胜过3岁直到死亡的总和。"从性格看，孩子成年后的性格基本上在3岁之前就已经定型，3岁之后变化不大；从学习看，3岁之前是儿童的感觉、记忆和思维的形成过程中最为敏感的时期，3岁之前的学习活动将事半功倍；从身高看，3岁之前是孩子身高发展最为关键的阶段，3岁之前对身高造成的损害将永远无法弥补。

所以，婴幼儿时期的教育应坚持自然、自主、自由的原则，按照婴幼儿身心发展规律，通过示范与引导，让孩子开始神奇的生命成长之旅。在具体的教育活动中，一是要体现中华文化的特点，在教育孩子时注重整体教育、辩证教育、平衡教育、折中教育等，如将表扬与批评结合起来教育孩子，经常的表扬与奖励对孩子未必好，长期表扬会给孩子带来一种优越感，从而不太能够接受批评，要批评表扬平衡，才能培养出心理素质健康的孩子。二是抓住婴幼儿成长的特点，在婴幼儿期教育中进行适应性感知觉训练，建立安全感。敏感期尤其是第一反抗期顺利抓住这些关键点，在身心快速发展的时期初步建立起孩子自主发展、良好适应自然与社会的重要基石。

（一）进行适应性心理训练

目前的早期教育关注的多是进行视力集中或移动的视觉训练，进行听觉集中、声音辨别和声音记忆及事物重整的听觉训练，感觉器官互相配合，共同感知外界的信息的协调能力训练、动作训练、语言训练、空间关系训练等，缺乏更重要的与适应自然、适应社会相关的训练。因此，要对孩子进行以下训练：

一是自然环境适应感知觉训练。孩子在成长的过程中，必须学会适应各种各样的环境，而且孩子适应环境的能力是在个人成长与环境交互作用的过程中形成的。所以，当个人内环境和外界环境变化时，也要学会适应。如，孩子的尿布不要随时更换，让孩子体验一下潮湿的感觉。感冒了不马上加衣服，孩子睡着了也可以冻一冻，让孩子的感知觉适应变化的内外环境，提高环境适应力。古人说："欲得小儿安，常需三分饥和寒。"说的就是这个道理。

二是延迟满足训练。孩子饿了一定要马上给吃的吗？渴了就要马上喂水吗？不能让孩子哭吗？对这三个问题的回答是"不"。因为，意志力培养中非常重要的"延迟满足"训练从刚出生就开始了。即便对于吃、喝、哭这样简单的事情，都可以让孩子适当等一等。马上就得到满足的孩子，做事坚持性差，没有等待的耐心。

三是心理适应力训练。孩子身上的衣服一定要整洁而不是皱着吗？孩子想要一样东西时马上就给他买吗？回答依然是"不"，衣服脏了不要马上把它弄干净，是提高心理适应力，孩子以后面对脏乱的东西和环境都能适应。而且，感知觉适应力的提高能让孩子长大后适应自然环境、社会环境以及人际关系中不舒服的东西。

（二）建立安全感

安全感是一种从恐惧、焦虑中脱离出来的自信、安全和自由的感觉，尤其是满足一个人现在和未来多种需要的感觉①，主要表现为确定感与控制感，与胆量或胆气关系密切。从中医心理学来看，胆气从外部进行评价时是勇怯，从自身的感受出发就是安全感。

① 斯洛．许金生，刘封译．自我实现的人［J］．三联书店出版社，1987：152—159.

胆量好、胆气勇壮的人，其安全感较好；反之，胆气怯弱的人，安全感较差。安全感与个体人格的发展有密切的关系，又受自然环境与人际关系的影响。3 岁时，儿童胆量基本形成，即有了较好的安全感。

个体安全感的建立与人际关系联系密切，最初最重要的人际关系就是亲子关系。所以，建立安全感要从以下几方面入手：

一是营造温暖、轻松的家庭环境。家庭关系中应该让夫妻关系列于首位，让孩子感知到父母之间的关爱、尊重与整个家庭和谐的氛围，这是孩子建立安全感的基础。

二是通过母亲的作用，让孩子形成安全型依恋。孩子婴幼儿时期母亲所起的作用是非常大的，几乎无可替代。首先，母亲不能长久离开孩子。母爱的缺失会使孩子不自信，缺乏安全感。其次，母亲积极有效地回应孩子，使孩子形成安全依恋型。再次，不要用语言威胁孩子。不要威胁孩子“再吵闹，妈妈不要你了”。这是最大的威胁，最深的恐惧，因为幼小的孩子离开家庭，是无法生存的。母亲对孩子的语言暴力是造成孩子不良性格的开始。

三是父母教育方式要一致。家长教育孩子有矛盾是正常的。家长交流沟通时，要避开孩子，一定不能当着孩子的面争吵。家长矛盾型（前后不一致、父母不一致等）教养方式，会让孩子缺乏安全感，从而形成焦虑与强迫型人格。

四是处理好孩子的分离焦虑。如果想让孩子的分离焦虑期尽量缩短，在七八个月起就应该进行客体永久性的练习。母亲不断地离开—出现—再离开—再出现。通过经验的反复累积，帮助孩子认识到分离是暂时的，母亲一定会回来陪孩子，孩子就会安心。

（三）培养自主性

3 ～ 6 岁，是个体成长的第一反抗期。在这个年龄阶段，孩子开始逐步形成自我，努力想脱离父母，做自己的主人。这是一生中培养独立意识的关键时期。“独立”是孩子成长的主要目的，孩子渴望摆脱大人的摆布和干涉，试着成为自己。

因此，孩子自己能做的事情，一定要让他自己去做；孩子能够做主的事情，一定要让他自己做主；孩子现在还不能做或不能做主的事情，家长要用启发、帮助的方式使他自己想办法去做。具体做法如下：

让孩子形成安全型依恋。如果一个孩子既不过分粘着父母，也能够表现出对父母一定的依恋，这种依恋就是安全型依恋。形成安全型依恋的孩子，才能逐渐发展出正常的情感表达方式及自主行为。

鼓励自主行为。孩子要自己做什么，家长坚决支持并提供必要的帮助。如走路自己走，跌倒自己爬起来，自己穿衣、吃饭；如孩子滑滑梯时不自上而下而是反其道而行之，应该让孩子按自己的想法去做；在孩子与同伴打架时，不能一味偏袒自己的孩子，也不能一味批评自己的孩子，尽量保持中立，鼓励孩子自己去解决。

不培养“听话”的孩子。不要一味让孩子“听话”，而是让孩子自主探索，愉快地遵守规则，将规则内化到心中，成为他一生遵守的信念。家长应当充分地尊重孩子自发的探索行为。当孩子自发的探索行为得到家长的尊重时，他就会开始遵守家长设定的规矩，也就是说他将学会有智慧地顺从他人，这时候纪律的曙光就出现了，规则就内化了。内化的规则将伴随孩子终生，而且孩子会非常愉快非常容易地遵守这个内化的规则。

保护逆反孩子的自主需求。在独立的过程中，孩子会拒绝家长的要求，和家长对着干，不愿意和家长亲热，发脾气，这些都是正常的现象。3 岁的孩子，最常说、说得最流利的词语，大概就是“不”。他发现自己可以自由行走了，可以用说话表达自己的想法了。能力的增长，让孩子急于向别人表现：“我能行，我自己可以。”于是他会非常喜欢对爸妈说“不”，然后按自己的意愿行动。孩子的反抗并不是反叛，这只是他表现自我的方式之一。家长要同时满足孩子独立的需要和爱的保护。家长要给孩子冒险的机会，让他独立地去做一些事情。一旦孩子的安全受到威胁，则要果断地制止，不论孩子反抗多强烈。当然，在为孩子说“不”高兴的时候，要区分清楚，哪些是建立在自发性基础上的自我主张，哪些是出自任性的欲望。

（四）顺利度过口腔敏感期

孩子最初是用口来感知世界的。孩子在学会用手探索这个世界之前，口腔会在一定时期内起到一个探索工具的作用。这个时期，就是口腔敏感期。口腔敏感期在 0 ～ 1 岁出现，孩子尝试着用口（也包括牙齿）来认识外在的世界，以此感觉物体的味道、质地、性状等，以此建构起对这个世界的认识，并获得心理满足。这种状态，可能持续好几个月。如果被强行终止，则可能出现口腔敏感期滞后的情况。一般孩子的口腔探索在 1 岁之前就完成了，而敏感期口腔没有得到充分满足的孩子，则可能会在 1 岁之后出现补偿性的反应，如喜欢动辄把东西放在嘴巴里品尝，甚至出现喜欢咬人的情况。通过口来认识世界，这种探索方式大体能持续到 6 ～ 12 岁。不过婴幼儿只把注意力放在口上，稍大些孩子会把一部分注意力转移到其他地方。

同时，孩子咬人的敏感期在 2 岁半到 3 岁出现，此时孩子咬人并无恶意，只是认识世界的一种方式。为了给这个时期的孩子提供充分的探索机会，家长可以提供不同质地、性状、味道的东西供儿童啃咬，帮助孩子丰富探索对象。

儿童顺利度过口腔敏感期，可以提高其专注力。如对于吃来说，每个孩子一生下来就认真吃奶。每当孩子饿了的时候就使劲吸乳汁，常常吃得满头大汗，因为乳汁是孩子需要的。到了给孩子喂辅食、主食时，如果家长没有顾及孩子特殊的口味需求，没有做到给孩子吃他想吃的东西，孩子抗拒却不会喊叫。如果家长多次不顾孩子的反抗强迫喂食的话，会破坏孩子对食物的专注力，使孩子形成不良的饮食习惯。反之，家长给孩子提供其爱吃的食物，孩子的口欲得到了满足，吃得专注，以后做其他事情也一样专注。

（五）人际交往能力培养

人际交往能力是儿童社会性发展的重要方面，与一个人成功与否具有极其重要的关系。从小培养孩子的人际交往能力，是值得家长重视的一个问题。一个活泼开朗、乐于与人交往的孩子容易受到同伴的欢迎和成人的喜爱，而且容易适应新环境。怎样让孩子学会与人相处，与人交往，培养孩子的生存能力呢?

（1）家长要主动亲近和关心孩子，经常和孩子一起做游戏或一起活动，让他们感受到与长辈交往的快乐，建立亲密的亲子关系。

（2）创造交往的机会，让他们体会交往的乐趣，鼓励孩子与他人接触、交谈。首先，鼓励支持参加其他小朋友的游戏，欢迎带同伴到家里玩，感受与朋友一起玩的快乐；其次，家长应多为孩子提供自由交往和游戏的机会，鼓励他们自主选择、自由结伴，开展活动。平时不妨多给孩子一些自由，听一听孩子的意见，多带孩子到人多的场合或陌生的场合，鼓励他们主动接触一些人，鼓励孩子自己去解决一些他们能解决的事情，培养孩子的胆量和与人交往的能力。

（3）结合具体情境，指导孩子学习交往的基本规则和技能。首先，鼓励孩子与别人分享玩具、图书，并提醒孩子注意礼貌。在实际生活中，最受欢迎的孩子往往不是最漂亮的，也不是最能说会讲的，而是有好东西能够想到朋友，和朋友分享的孩子，也就是表现比较“大方”的孩子。其次，当学龄前儿童与同伴发生矛盾或冲突时，指导他们尝试用协商、交换、轮流玩、合作等方式解决冲突。再次，利用相关的图书、故事，引导他们懂得什么样的行为受大家欢迎，想要得到别人的接纳应该怎样做。最后，幼儿园应多为孩子提供需要大家齐心协力才能完成的活动，让孩子在具体活动中体会合作的重要性，学习分工合作。

（4）结合具体情境，引导孩子进行换位思考，学习理解别人。如，引导孩子想想“假如你是那个小朋友，你怎么想?”让孩子学习理解别人的想法和感受；另外，与孩子进行“角色扮演”活动，让他们通过角色扮演体验他人的心情，学习理解别人。

（5）引导孩子多发现别人的长处。可以和孩子一起谈谈他的好朋友或刚刚认识的小朋友，说说喜欢这个小朋友的原因，引导他们多发现同伴的优点、长处。

相反，如果孩子被别人误会或遭歧视，会使他们不愿自我表达，导致人际交往出现问题，被歧视还可导致孩子的自卑心理。孩子被别人欺负或同伴关系不协调，也是孩子变得胆小、孤僻，以及人际关系出现障碍的原因。孩子进入新环境时易胆小、孤僻、不合群。换幼儿园或环境改变过于频繁更会使孩子产生不安全感，造成适应不良。

相关链接

小孩子的游戏与玩物

原则一：小孩子需要有适宜的伴侣。

原则二：小孩子应有与动物玩耍的机会。

原则三：小孩子平时宜穿运动套衣。

原则四：小孩子玩好东西以后，应当立刻整理好放在原处。

原则五：小孩子最好有玩水的机会。

原则六：小孩子玩的玩物是要“活”的，不要“死”的。

原则七：玩物的作用，不仅仅是博小孩子之欢心，也要使他因此得着自动的机会。

原则八：凡凶恶丑陋、不合卫生而有危险的玩物，一概不要给小孩子玩。

原则九：小孩子应当有适当的地方以储藏他的所有物。

原则十：小孩子的玩物应当合乎几种标准（好的玩物标准：洗濯而颜色不变，形状不丑陋，足以抒发美感的；有变化而活动的，小孩子玩了不容易生厌；可以引起兴致的；刺激想象力和发展创造力的；质料优美、构造坚固不易损坏的）。

（资料来源：陈鹤琴．家庭教育［M］．上海：华东师范大学出版社，2006.）

（六）保护好奇心

好奇心是人类的天性。对于孩子来说，一旦面临新奇的、神秘的事物，他们就会产生探究的欲望。正是通过各种探究行为，孩子才了解周围事物，获得各种知识，积累生活经验。著名教育家陈鹤琴曾说过：“好奇是小孩子获得知识一个最紧要的门径。”苏联教育家苏霍姆林斯基曾说：“在儿童的心灵深处，都有一种根深蒂固的需要，就是希望自己是一个发现者、探究者和成功者。”要保护孩子的好奇心，因为有了好奇心，孩子才会在探索的欲望下学会创造；有了创造性的体验，孩子的好奇心会得到进一步的满足。孩子的好奇心越来越强，创造性也会越来越强。

让儿童经常接触大自然，激发其好奇心与探究欲望。大自然是一个丰富多彩的物质世界，它千姿百态的变化，吸引着正在探索世界的孩子。当万物复苏的春天来临时，家长可以带孩子走出家门，去户外感受生机勃勃的景色。家长可以利用机会问问孩子：“现在和冬天有什么不同？找找春天在哪里？”孩子的目光便会自然地落在柔嫩的柳枝和浅绿的小草上，那充满喜悦的探索也就开始了。

支持和鼓励幼儿的探索行为。首先，家长要理解孩子好问的心理，尊重孩子的好奇，允许孩子提问。其次，当孩子有问题时，随时随地解答疑问，态度一定要积极诚恳。当家长无法回答问题时，应该积极查阅相关资料，或者和孩子积极讨论，一起研究问题。

一旦好奇心得到家长的支持和鼓励，孩子就会更大胆地去探索新事物并提出问题。对孩子来说，家长是否给孩子正确答案并不重要，只要认可他好奇心的态度，就会激发其求知欲。再次，要鼓励孩子大胆思考、积极想象。一般来说，孩子最初开始思考问题时是大胆的、自由的、无拘无束的。因此，孩子经常说出荒诞不经的话。应鼓励孩子大胆思考、积极想象。如果是新奇的想法，即使孩子说错了，家长也要肯定孩子爱思考的行为，培养孩子思考意识和思考精神非常重要。最后，允许孩子探索、拆东西。家中如果有贵重的东西，尽量放在孩子看不到的地方。对于其他的东西，如果孩子拆开了，不要责备，而是问孩子为什么要拆开，帮助孩子探索未知。

三、学前期儿童的家庭教育

学前期是指儿童从 3 岁到 6 岁这一时期，是儿童正式进入学校之前的时期。儿童出生三年后，已从一个什么都不会的个体发展到能够直立行走，广泛操纵物体，进行初步的言语交际，并且能从事一些最初步的游戏活动。

学前期儿童教育的重点是训练胆量，建立性别认同，培养自主性、意志力（尤其是延迟满足）和耐挫折能力。这些都是构成个体全面健康发展最重要的基础。

（一）自主性培养

埃里克森认为 3 ～ 6 岁的主要任务是发展主动性。这时儿童的好奇心更强，如果成人对儿童主动探索行为和创造性想象及时给予肯定和鼓励，儿童就会形成主动性，这为其将来成为有责任感、有创造力的人奠定了基础。

基于东方文化传统，中国人自主性培养的关键：一是个体成为能够自主选择、自主行动的个体，同时适度依恋他人，即有正常的情感能力，是自主性与依恋性的辩证统一。二是做人做事皆有度，既不过分自大，也不过于懦弱。三是既能主动应对，也能被动应对。主动应对是能积极主动处理个人遇到的事情，被动应对是指对于被动发生在自己身上的事情，也能自如应对。0 ～ 3 岁儿童自主性培养重点在于建立安全感基础上的正常依恋，以及对“第一反抗期”自主行为的保护与支持。3 岁以后儿童则根据不同年龄阶段的身心发展特点与社会适应的要求，全方位培养个人自主性。

学前期儿童自主性培养主要包括以下几个方面：

1. 培养自信心

儿童自信心的发展是自我意识不断成熟和发展的标志。自信，作为人成长中不可缺少的品质之一，无法通过他人告诫、简单训练便能短期养成。自信养成于无形之中。一件小事的成功，一句简单的认可与称赞，一次探求的大胆尝试都在创建自我的信心，这一切都是人健康成长的必备因素。培养儿童自信心，主要有以下几点：

（1）给予孩子无条件的爱和有条件的限制。给予孩子无条件的爱不仅意味着接受、体贴和肯定孩子，不将孩子的行为与别人比较，还意味着将人和事分开对待。批评孩子时对事不对人，鼓励孩子时重在鼓励具体行为。如果走向极端，对孩子过于溺爱，孩子什么都不能尝试，其自信心会不足，变得畏首畏尾。正确的做法是在给予孩子无条件的爱的基础上，让其成为敢于正视自己的生活和勇于承担责任的人，这样才有可能在以后勇敢地面对充满不确定性的人生，接受生活的种种考验和挑战。

（2）培养孩子的成就感。成就感是孩子自信心发展的动力。成就感的获得是个体心理发展的需要。它能够增强孩子的自信心，驱使其主动行动，克服困难并坚持不懈。幼儿自我知觉意识增强，理解他人的能力增强，对道德和规则的敏感性增强，开始出现一些自我评价性的情绪（如自豪、内疚和羞耻）。因此，在教育活动中培养孩子的成就感，可以促使孩子获得积极愉快的、良好的自我情感体验，发展积极的自我评价性情绪，从而形成肯定的自我评价，增强其自我效能感，促进孩子自信心的形成和发展。孩子自信心与成就感相互促进、共同提高，会形成良性循环。

（3）培养孩子的自我意识。每个人都有优点也有缺点，不存在完美无缺的人。特别是对于某些方面确实不如别人的孩子，培养自我意识尤其重要。其一，对于生理方面明显有缺点的孩子，如认为自己丑、身体有缺陷、身体有残疾的孩子，要引导其正视自己不如别人的地方，并且敢于面对。其二，对于那些不自信的孩子，如认为自己不被别人爱，不讨人喜欢，要创造帮助孩子找到自己的优点，并且帮助其在某一事情上获得成功来提高其自信心。其三，对于心理自我不自信的孩子，如认为自己特别笨，就要从鼓励、正向看待自我、创造成功事件、积极暗示等方面提高其自信心。

同时，我们应注意把握培养孩子自信心的“度”，防止不适当的教育方式把孩子从一个极端推到另一个极端。如果培养出来的孩子由于过度自信而变得自负、自傲，也一样背离了育人的宗旨。

2. 培养独立性

孩子 3 ～ 6 岁是自我形成的重要阶段，是一生中培养独立意识的关键时期。孩子努力想要脱离父母，自己做主。即使孩子的想法、做法很幼稚，也应该鼓励支持。在临床实践中，经常发现一些精神与心理疾病患者，从小就为了吸引家长注意、获得关注而不断努力奋斗。这样的人没有真正的自我，长大成人以后社会化程度低。这是罹患心理疾病的原因之一。所以，我们要培养有自我、人格独立的人。要做到以下几点：

（1）减少孩子的依恋心理与行为。孩子在成长中有一个培养孩子独立意识的重要事件——分床。孩子与父母分床、分房睡的年龄与孩子独立性关系密切。建议 3 岁之后与孩子分房睡，这样可以减少孩子依恋的心理，培养孩子独立的性格，促进孩子的人际关系向外发展。

（2）鼓励、支持孩子独立自主地做事。首先，当孩子想做事时，要尽力提供力所能及的支持，不要压制孩子自己想要做事的意愿。美国著名神经科学家约翰·梅迪纳在说到母亲尊重他的好奇心并给他提供支持时说："我记得我3岁的时候，突然对恐龙产生了兴趣。每天我的房间都会换个风格，侏罗纪、三叠纪、白垩纪这些风格都尝试过。墙上都是恐龙的图片、贴纸和海报，地板和沙发上到处都是关于恐龙的书籍。妈妈还为我贴心准备'恐龙食品'，并用恐龙的声音跟我对话，彼此都觉得好笑。突然有一天，我的兴趣又变了。受朋友们的影响，我爱上了空间站、火箭和星系。很快，我的房间就换了风格，从大恐龙变成了大爆炸。爬行动物的海报被撤掉，取而代之的是，几乎占领了我家所有墙面的星球们。我甚至在浴室里也能发现一张卫星的小照片。我妈买土豆片帮我收集一种叫作'空间硬币'的小赠品，为此她还准备了一个收藏册来收集它们。"其次是不培养听话、依赖的孩子。一个听话的孩子是没有真正的自我的，他非常在意别人的想法，在意别人怎么看自己。比如，做事是为了让别人表扬和肯定的孩子。

人格独立的人，是能够拥有各种情感又不为情感所累的人，是离开任何人、处在任何环境、面临任何条件、经历人生的任何阶段，都能够快乐生活、幸福生活而不觉孤独的人。

相关链接

鼓励孩子自立

家长培养孩子的一个重要目标，就是帮助他们成为一个独立的个体。

让孩子自己做自己的事情，亲身经历各种问题带来的挣扎，在自己的错误中得到成长。

让孩子依赖感降到最小，让孩子成为有责任感的人。

鼓励孩子自立的六个技巧：

1. 让孩子自己做选择。
2. 尊重孩子的努力。
3. 不要问太多问题。
4. 别急着告诉答案。
5. 鼓励孩子善用外部资源。
6. 不要毁掉孩子的希望。

（资料来源：[美]阿黛尔·法伯，[美]伊莱恩·玛兹丽施著，[美]肯伯利·安·蔻绘，安燕玲译.如何说孩子才会听，怎么听孩子才肯说[M].北京：中央编译出版社，2013.）

3. 培养胆量

胆量是个人自主性的重要组成部分。胆量，也称胆气，《后汉书·光武帝纪上》曰："诸将既经累捷，胆气益壮，无不一当百。"汪卫东教授认为，胆量是个体对外界事物进行判断、做出反应等方面能力的总称，是指个体建立在遗传基础之上、在应对自然与社会刺激过程中逐步形成的相应能力，表现为适应力、决断力和行动力。

中国有句古训："才、学、胆、识，胆为先。"可见胆量大小与一个人的成就关系非常密切。据美国企业家协会调查统计，真正做大事的人，不一定都是精明人，但一定都是有胆量的人。做一个有胆量的人，比做一个有能力的精明人更难。所谓的胆量，说的是失与舍，以及对未知事物的甘心承受。这种胆量，往往是特指承受失败的胆量和勇气。胆量是可以后天培养和锻炼的。所以"胆量教育"要从小抓起。

（1）让孩子与自然和社会接触。要创造孩子与自然（各种动物、植物、自然现象）和社会接触的机会。首先，让孩子接触各种动物、植物，充分了解各种自然现象。一家人出游时，家长要有意识地让孩子当"先锋官"。遇到危险地段，家长可以让孩子自己判断危险程度，然后让他们想出化险为夷的办法。这对于培养孩子的涉险、冒险精神不无益处。其次，要鼓励孩子与人交往。让孩子从小就与人打交道，让孩子跟各种各样的小朋友玩，使孩子在与陌生伙伴的玩耍中锻炼胆量。让孩子多接触社会，可以有意识地带领孩子接触各种人，面相和善或不和善的、长得好看的或不好看的人都要接触，这样孩子长大后才有信心与各种人打交道。最后，分房睡也是培养胆量的一个重要契机。孩子3岁后，可以考虑分房睡。分房睡的话，孩子最初是害怕的。家长可以在房间放一种很小很暗的灯，彻夜亮着，以驱散孩子对黑夜的恐惧。在晚上睡觉前，家长可以给孩子讲个故事，或亲亲孩子，然后回自己卧室；也可让孩子抱个布娃娃之类的玩具睡觉。

（2）教孩子劳动技能和使用工具。"艺高人胆大。"孩子从小就学会生存技能，长大了就不会怕这怕那。家长从小就要教孩子学习各种生活技能，认识和使用各种工具及电器。家长可以告诉孩子："你学会用这些工具，有什么东西坏了，你就可以自己动手去修理。"工具包括锯、刨子、锉刀、螺丝刀、钳子等。家长教给孩子这些工具的用途、性能，让孩子掌握操作要领，并鼓励孩子在日常生活中使用它们。

（3）自我保护训练。要注意对孩子进行自我保护训练。家长平时带孩子上街时，可随时随地教给孩子交通规则并嘱咐相关注意事项，说明怎样走危险，怎样走安全。家长还要让孩子记住必需的电话号码，如家长的电话、报警电话、消防电话、医院电话等。

练胆并不是让孩子从小就胆大妄为，无法无天，而是让孩子从小就远离懦弱，遇事敢闯敢为。所以，必要的法制教育和自我保护教育也应同步进行。

总之，我们要培养有胆量的孩子，培养迅速决断、果断行动、做事不畏缩、勇于承担责任的人，而不是培养鲁莽冒失、不计后果的冲动行事者。所以，锻炼孩子的胆量更是要让孩子学会掌握做事的分寸，既不能凡事退缩，也不能胆大妄为，做人做事都要把握好"度"。

4. 进行自主性训练

培养学前儿童的自主性，实践是第一位的。家长可以有意识地进行自主性训练，培养孩子主动应对与被动应对能力。主动应对是指导孩子积极主动地处理个人遇到的事情，这对于东方文化背景下的中国孩子尤其重要。因为中国孩子总是被强调要听大人的话。可实际上，每个人在成长过程中，都要面对很多需要主动应对的问题。如，孩子发现父母的教育方式不对，就应该发挥自主性，积极主动影响父母，改变父母的教育方式。还有，有的孩子父母闹离婚，并没达到非离不可的程度，孩子就可以做父母沟通的纽带和桥梁，缓解父母之间的矛盾。被动应对是指对于被动发生在自己身上的事情，也能自如应对。如，被老师冤枉时，应明白每个人都可能有被别人冤枉的经历，没什么大不了，同时积极寻找对策应对。具体可从以下几个方面着手：

（1）人际关系的应对训练。要有意识地训练孩子如何面对各种人际和社会情境，特别是比较复杂的人际关系情境。如，当父母吵架时，孩子如何有效应对？首先，告诉孩子父母吵架也是正常的，是他们解决问题的一种方式，也是他们生活的一部分，并不可怕。其次，引导孩子主动在父母中间做解决问题的和平使者，通过向父母传达一些他们不好直接说的话，促进父母尽快和解。

（2）不良自然环境和生活情境应对训练。要有意识地训练孩子正确面对恶劣的自然环境和非优越的社会情境。如孩子生长在环境恶劣的地方，或成长在贫穷的家庭中时，要培养孩子坦然面对的心态，并将此作为磨炼意志和增长阅历的资源。这种教育思路可以延续到 18 岁乃至成年。

（3）提高被动应对能力。要有意识地培养孩子被动应对的能力。如孩子与小朋友玩被欺负时，要告诉孩子一生有各种各样的经历，被欺负也是这些经历中的一种，每个人都会遇到。知道自己被欺负的感受，了解难过和委屈也是个人成长的必由之路，这样会丰富孩子的各种感受，以后就不愿欺负别人。同时，积极想办法应对此事。

总之，在学前期，如果成人对孩子主动探索的行为给予肯定和鼓励，并引导孩子发挥积极性和自主性，解决遇到的各种问题，孩子就会发展其主动性，将来可能成为一个敢担责任、积极应对、富于创造的人。

（二）性教育

3 岁的幼儿已有性别意识，开始对自己和别人的身体感兴趣了。儿童性教育的关键时期是 3 ～ 5 岁，这一时期内接受性教育，对受教育者一生的“性特征”具有决定性作用和深刻影响。

早期性教育关系到儿童身心健康成长，也关系到家庭和社会的安定。提倡“性教育”，目的在于使每个人悦纳自己的性别角色，了解自己和异性的身心发展，学习两性交往，最后能建构美满幸福的家庭。临床资料表明，青少年期由于性发育问题而引起的心理障碍，成人期由于性知识缺乏而导致的性生活不和谐以及与性问题有关的各种心理和躯体疾患，大多起源于幼儿期。

1. 正确理解孩子与性相关的意识和行为

如何理解孩子与性相关的意识与行为呢？首先，要认识到性需求是人类本能的需求，这种需求自小就有了。其次，正确看待孩子与性有关的行为。现代医学认为，学前儿童也会有某种性冲动，如男孩玩弄生殖器、女孩抚摸外生殖器、儿童性游戏、模仿式性行为、偷窥父母亲的性生活等，都是正常行为。想偷听父母或大人在性方面的交流，对父母或大人、养护人的涉及性的语言特别关注等，这些都是正常的。最后，正确对待孩子的一些想法或做法，如一些关于性的问题，生殖器是做什么的，人是怎么出生的，我是怎么来的，孩子是怎么出生的。

孩子在教育环境影响下，性观念、性态度和性道德标准开始逐渐形成。国内外性教育教学实验研究都显示，当孩子的性知识愈多时，愈能拥有开朗的性态度。

2. 学前儿童性教育的内容

学前儿童性教育的内容主要是性的生理现象和发育、性别角色认同、性的人际交往与关系、性对人们生活的其他方面的作用与意义等，最重要的是性别角色认同教育。

3. 学前儿童性教育的方法

（1）家长要引导孩子形成正确的性别认同。性别身份的认同过程发生在大约 2 ～ 3 岁的关键年龄段。孩子长到 5 岁，就开始懂得了自己应采取哪种行为方式才能与社会认可的男性和女性形象相符。家长要特别注意，不要把儿子当女儿对待，或者把女儿当儿子养，这样对孩子性别化过程中的误导，会有意无意强化孩子的变态心理，必将对孩子成长产生不良影响。

（2）巧妙回答孩子提出的相关问题。呵护对生命思考的萌芽，对孩子提出的问题做出正确的回答，应动脑筋想点巧妙的办法或者直截了当一句话告诉孩子怎么回事。比如“你是从妈妈肚子里钻出来的”，如果孩子还不满意，就告诉他：“爸爸给妈妈种了一颗种子，然后发芽了，开花了，结果了，就变成了你，你还要长大，所以就从肚子里跑出来了！”这样基于一定的科学事实又富有童话意味的答案会被孩子接受。有的家长开玩笑告诉孩子说他是从垃圾堆里捡回来的，当孩子遇到挫折或者情绪低落时，这种玩笑会强化孩子的感受，不利于孩子培养健康的自我意识。

另外，性本身是非常美丽而圣洁的，否则就不能解释为什么爱情是亘古不变的话题。对孩子的性启蒙也应该是一个美丽的过程，不应该是刻板的照本宣科或缺乏感情色彩的说教，而应该自然些、美丽些、柔性些，多些真情，多些熏陶。

（3）帮助孩子在游戏中体验生活。学前期性教育可以采用简单的小游戏，通过画图、照片解说、角色扮演、洗澡、穿衣服的过程，让孩子在玩乐中很容易就学习到有关的性知识。

（三）进行挫折教育

对儿童进行适当的抗挫折教育，使他们懂得如何正确对待挫折、失败和困难，培养较强的心理承受能力，这对他们将来的成长，具有非同寻常的意义。“挫折”是指个体动机、愿望、需要和行为受到内外因素阻碍的情境和相应的情感状态。它有三方面含义：其一，指让个体需要不能满足的内外障碍或干扰的情境，称为挫折情境；其二，个体对情境的知觉、认识和评价，称为挫折认知；其三，个体的需要得不到满足的情绪和行为反应，称为挫折反应。其中，挫折认知是最重要的，决定了有无挫折或挫折的大小。因此挫折教育的重点在认知。同时，我们也要处理好挫折教育与激励教育这一对对立、互补、统一的关系。挫折教育与激励教育贯穿个体一生发展，不同发展阶段各有侧重点。

1. 引导学前儿童在日常生活中正确地认识和对待挫折

适度的挫折能为儿童创设自我调节心态，正确选择外部行为，克服困难，追求下一个心理目标的情境。家长要让儿童认识到，挫折是人人都会碰到的事情，任何人都必须学会在挫折中生活或过一种有挫折的生活。要有意识地让孩子经常运用自己的力量克服遇到的挫折。同时，在儿童遇到失败时，给予正确的引导，与他们共同分析原因，找到解决办法，增强儿童耐挫折能力。

2. 增强儿童对自然及社会环境变化的应对能力

唯物辩证法认为，变是绝对的，不变是相对的。所以，个人处于困境与挫折时的恢复能力是非常重要的。

儿童的心理耐受能力也是在和环境的相互作用中提高的。儿童从 3 岁开始，机体已经具备一定程度的适应环境变化的能力，这种能力在适度变化的逆境中变得强大，而在不变的平衡顺境中则会丧失。如，大雨天可以让孩子们撑伞、穿套鞋到雨中走路，以锻炼在雨天的活动能力。儿童从小少穿衣可以锻炼身体，增强体质；让孩子跌倒后学会自己爬起来，自己应对轻度受伤等。

一定要让孩子体验、面对各种经历，在乐观中不断成长。如果一个人经历过艰难困苦，能够把那些负面记忆、痛苦过程，化作自己的精神财富而不是负担，那么就没有什么挫折能打倒他，反而可能成就他。

3. 现实困境教育

当今世界，生态危机严重、恐怖主义横行，这些是儿童成长进入社会必须面对的社会问题。所以，成人有必要对儿童进行现实困境教育，即将社会现实困境以比较单纯的胚芽形式反映于孩子的生活中，帮助其认识和克服，使其受到考验和锻炼，从小培养儿童的危机意识、适应能力、勇敢品质和乐观精神。进行现实困境教育，一是提高儿童对现实生活中的危险和困难的认识（如迷路、落水、拐骗、打架），使他们从小具备危机意识；二是有意识地把现实生活中可能遇到的危险与困境渗透进家庭和幼儿园的游戏活动中，使儿童在这种模拟游戏中逐渐提高自己的应变能力。

4. 处理好挫折教育与激励教育的关系

挫折教育与激励教育是对立、互补、统一的关系。两者如太极的半边，你中有我，我中有你，此强彼弱，此消彼长。挫折教育中有激励，激励教育中要让孩子体验挫折感。挫折教育为主时，激励教育为辅。激励教育为主时，挫折教育为辅。没有激励教育的挫折教育是不成功的，没有挫折教育的激励教育也不能真正达到激励的目的。

（四）培养意志

意志是有意识地确立目的，调节和支配行为，并通过克服困难和挫折，实现预定目标的心理过程。良好的意志品质是人格培养的核心和支柱。对于儿童来说，如果意志品质出现问题，预定目标往往会无法顺利实现，从而影响其人生成功。意志培养，主要从以下四个方面进行：

1. 培养意志的自觉性

培养意志的自觉性，一是训练自己制定目标，并做计划。进行意志的自觉性训练，可以让孩子提醒自己做应当做的事情，但又不能时刻提醒。凡事过则必反，这样避免形成强迫型人格，也可以让孩子在做事时自己做计划，家长负责提示与辅助。如果凡事都是家长来做，对孩子来说是他控，孩子没有自我选择权、个体内在活力受到压制，容易形成儿童多动症。

2. 培养意志的果断性

培养意志的果断性，有几点非常重要：

一是给孩子鼓励，提高自信心。无论孩子做事结果如何，至少要对孩子愿意自己做事的行为予以肯定与鼓励。二是让孩子参与，在参与中走向独立。培养意志的果断性，最直接的行为就是孩子直接参与事情，做出决定。所以家长要给出足够的空间让孩子决定自己的事情。如去哪里玩、玩什么，自己决定今天穿什么衣服，自己决定走路还是坐车去附近的公园玩等。只有自己做出的决定，才能知道负责。责任感的培养是从自主决定一件事情开始的。三是鼓励孩子做了决定不后悔。不管所做决定对与错，按照决定做下去。错了不后悔，对了继续做。四是允许孩子犯错误。人在做决定时难免不犯错，人就是在不断的错误中积累经验成长的，没有错误就没有成功，所以允许孩子犯错误，在错误中总结经验，找到走向成功的钥匙。那些为了避免孩子犯错而直接替孩子做决定的家长，事实上剥夺了孩子成长的权利。

3. 培养意志的坚持性

诸葛亮在《诫子书》中说："非学无以广才，非志无以成学。"学习要立志，但学习的过程中，决心和毅力非常重要。培养意志的坚持性，可以从以下几个方面入手：

一是树立成长不是享受的思想，少让孩子享受，成长过程不是享受过程。二是开展丰富多样、适合儿童年龄特点的各种身体活动，如走、跑、跳、攀、爬等，鼓励儿童坚持下来，不怕累。三是在日常生活中鼓励儿童锻炼意志，家长应尽可能让儿童独立活动，如让孩子多走路、少坐车，自己上下楼梯、背包、穿衣、收拾玩具、完成作业等，孩子在完成这些活动时，要克服外部困难和内部障碍。正是在这个过程中，孩子的意志得到了锻炼。倘若孩子不能马上完成这些活动，也不必急着去帮助，而应先等一会儿，让孩子自己克服困难和障碍。在家里孩子也要参加体力活动，干家务，这样就能改变孩子意志脆弱、生活能力差、贪图享受等不良个性。四是激发儿童参加体育活动的兴趣，养成锻炼与坚持的习惯。可以让孩子参加各种体育运动，如球类、田径类等体育运动。这些活动可以锻炼坚持性、忍耐力。

4. 培养意志的自制性

有研究表明，幼儿期是自我控制能力发展的关键期。3～6岁幼儿抑制性控制能力有显著的年龄效应，其发展呈现出随年龄增长而增强的趋势。即时满足、超前满足、超量满足容易养成孩子我行我素、任性、情绪不稳定、安全感差、抗挫折能力差、缺乏感恩的个性。能够延迟满足的孩子，自我控制能力更强。他们能够在没有外界监督的情况下适当地控制、调节自己的行为，抑制冲动，抵制诱惑，坚持不懈地保证目标实现。因此，延迟满足是一个人走向成功的重要心理素质之一。同时，社会需求上的延迟满足对孩子成长来说更为重要。比如，孩子在荣誉上的延迟满足。告诉孩子如果想得到优秀学生的荣誉，那么专心享受在努力过程中的快乐，而不是一直盯着目标是否实现。这样，结果变得不是最重要的，反而更容易达到目标。

一是尽量满足孩子的情感需求，让孩子与父母建立亲密的关系。与父母关系亲密的孩子容易延迟满足。二是父母必须言而有信。一般来说，"延迟满足"都得有一个理由、一个承诺，比如"等妈妈拿走杯子后……""等爸爸回来再……""等老师帮助别的小朋友做完再……"这就要求大人们言而有信，承诺了必须做到。三是掌握延迟满足的训练方法，因孩子的年龄、需要不同，父母给予其延迟满足的时间和方式也应有所不同。比如刚出生的宝宝主要是生理需要，当他们饿了或渴了，就会嗷嗷大哭。父母可以稍微晚几秒给孩子喂奶、喂水，让他们从小就学会等待。随着孩子年龄增大至三四岁，孩子的需要逐渐多起来，父母要学会分析孩子的合理需要，给予不同的延迟满足方式：可以推迟满足时间，让孩子学会等待，也可以让孩子付出劳动或努力。四是教会孩子应对他人承诺不兑现的情况。孩子成长过程中，也要教孩子学会应对父母因故而不能实现承诺或者承诺后不兑现的情况。因为现实生活中，人们要面对守信，也要面对主动失信和被动失信。有人承诺后因为客观原因不能兑现，有人做出承诺却不去兑现，这就是生活。孩子必须坦然面对别人失信，也要学会应对。

（五）建立规则

教育孩子时，制订规则及其执行非常必要。对孩子来说，规则就是界限，就是规定了什么事情不可以做。同时，把握好规范性和灵活性的辩证统一。

1. 让孩子明确界限

要守住自己的界限，尊重别人的界限。遵守规则的生活会保证孩子在秩序中成长，让孩子能自己判断是非善恶，自发地建立良好的秩序与和谐的氛围，即“规则内化”。规则会节约孩子的成长成本，通过适度限制，保护孩子成长的自由，让孩子自由地发展潜力，自由地解决问题，自由地承担责任，自由地得到他想得到的答案……最终成长为一个在心理、精神甚至体态上有尊严的成人。

2. 建立规则

家长要先想清哪些界限对你的家庭和孩子特别重要。列举出清楚明确、易理解的家庭规矩，但不宜过多。规矩一旦确立，所有家庭成员都要遵守。

孙瑞雪教育机构总结出以下六条需要为孩子设立的规则：粗野、粗俗的行为不能有；别人的东西不可以拿，自己的东西由自己支配；从哪里拿的东西放回哪里；玩具和所有公共用品，谁先拿到谁先使用，后来者必须等待；不可以打扰别人；做错事要道歉，并且有权利要求他人道歉。简单的六条规则，其实建立了最基本的社会化秩序。

3. 把握好规范性和灵活性的辩证统一

建立规则，让孩子知道做事需有“度”。孩子在了解规则、按规则行事的过程中建立起安全感。同时，让孩子学会变通，即在做事过程中根据情况灵活掌握规则，不能把规则变成一成不变的死规定。但这是在建立规则前提下的变通，不是投机取巧。比如，规定孩子看电视不超过半小时，但是如果到了半小时一集电视没播完，就可以延长几分钟。如果凡事必须严格规定到分钟，孩子会逐渐发展成强迫型人格。

4. 成人做好遵守规则的榜样

规则不是仅仅设立给孩子的，而是针对所有人的，建立的规则成人也要遵守，家长应该与孩子共同遵守规则。仅仅让孩子按要求去做是“权威”。而规则是通过界限感，让孩子通过自己的眼睛、心灵、身体去体会。

5. 制订规则时要兼顾个体差异

每个孩子都有长处和极限，不是每个孩子都能毫不费力地学好规矩，有些孩子要花较多时间才能做到。订立规则时，要考虑孩子的个体差异，因势利导。

相关链接

应当如何责罚小孩子

原则一：诱导比恐吓、哄骗、打骂来得好。

原则二：做父母的应当探索小孩子作恶的原因。

原则三：做父母的责罚小孩子以前，应当平心静气考察他究竟有无过失。

原则四：不应在别人面前责罚小孩子。

原则五：早上和晚间都不宜打骂小孩子。

原则六：做父母的不应当迁怒于子女。

原则七：小孩子弄坏东西，做父母的去责罚他，并不是因为可惜东西，是因为要改正他的行为。

原则八：当小孩子做错了事的时候，做父母的应当重责其事，轻责其人。

原则九：倘若父母打骂小孩子的时候，旁人不宜来帮着说“可怜！可怜！苦啊！”这许多话。

原则十：不宜痛打小孩子以致打后懊悔不及。

原则十一：当小孩子做错事的时候，做父母的不应当因为要博小孩子的欢心，就去责备别人。

原则十二：做父母的不要常去骂他们的小孩子。

原则十三：做父母的不应当以一己之喜怒来支配小孩子的动作。

（资料来源：陈鹤琴．家庭教育［M］．上海：华东师范大学出版社，2006.）

（六）情感能力培养

心理学家认为，情感能力培养包括以下几个方面内容：一是认识自身情绪，只有认识自己，才能成为自己生活的主宰；二是妥善管理自己的情绪，即能调控自己；三是自我激励，它能够使人走出生命中的低潮，重新出发；四是认知他人情绪，这是与他人正常交往，实现顺利沟通的基础；五是人际关系管理，即领导和管理能力。诸葛亮在《诫子书》中说：“夫君子之行，静以修身，俭以养德；非淡泊无以明志，非宁静无以致远。……淫慢则不能励精，险躁则不能治性。”其中关于以静修身、不冒险急躁等内容就关乎情商。同一现象，心境不同，感受也不同。从悲观的角度出发，什么都是悲观的；从积极的角度出发，什么都是幸福快乐的。

父母对孩子的情绪教育有五个步骤：

1. 察觉孩子的情绪

孩子如同成人一样，他们的情绪背后有其原因，不管他们是否清楚原因何在。当父母发现孩子有不明来由的生气或沮丧时，不妨停下脚步来了解他们生活中发生了什么事情，并且运用一些方法来引导孩子安全地表达各种情绪。

2. 体察情绪

这是与孩子亲近和引导孩子的机会。一些父母试图忽视孩子的负面情绪，希望他们的情绪过去，但常发现效果不好。事实上，情绪的疏解需靠父母协助孩子澄清情绪、了解情绪，才不致使情绪扩大或恶化。

3. 同理倾听和确认孩子的情绪

孩子的情绪需要父母注意他们的身体语言，如脸部表情和姿势。别忘了，孩子也会观察父母的身体语言。因此，父母可以一种轻松但专注的态度和语气，不带质问的反应，如："你今天看起来有点累?"然后，等待孩子的反应。

4. 帮助孩子以言语表明情绪

当父母看到孩子流泪，可用同理心来反应："你觉得很伤心，是不是?"这不仅让孩子了解，而且学到描述情绪的字眼。研究显示，一个人如能以适当的言语形容情绪，可以帮助自己在神经系统上得到宽心或镇静的效果。当然，不是父母告诉孩子该如何表达情绪，父母只是单纯地协助孩子发展表达情绪的语汇。孩子也如同成人一样，他们同时亦会有两种以上的混合情绪，因此父母可以让孩子了解这是正常的，如说："我知道你对参加少年棒球队选拔有点兴奋，也有点害怕。"

5. 与孩子商讨解决之道

让孩子了解自己的情绪不是问题，学会化解非常重要，这是帮助孩子成长和进步的关键。父母与孩子一起讨论问题的解决方法。举例而言，父母可以这样说："你很生气小杰拿了你的东西，如果是我，我也会生气，但你打他是不对的。让我们想想有没有其他解决的方法。"

（七）生命教育

职业培训课程《生命教育导师》中指出：生命教育，即是直面生命和人的生死问题的教育，其目标在于使人们学会尊重生命、理解生命的意义以及生命与天、人、物、我之间的关系，学会积极的生存、健康的生活与独立的发展，并通过彼此间对生命的呵护、记录、感恩和分享，由此获得身心的和谐、事业成功、生活幸福，从而实现自我生命的最大价值。生命教育在于协助儿童成为一个有"知性"与"人性"的人，"知性"是指有知识，"人性"是指珍视自我、体恤他人、关心社会。核心就是要帮助儿童珍惜、欣赏自己与他人的生命并活出生命的光辉与价值。死亡教育，则是通过直面死亡问题来寻求生命的意义和价值，进而让儿童尊重和爱护生命。

从心理学角度讲，恐惧是有机体企图摆脱、逃避某种情境而又无能为力的情绪体验。

恐惧有一个前提，就是逃避和摆脱的欲望。一个人处于完全无知的状态下是不会有恐惧的。小孩子第一次见到蛇并不恐惧，因为他并不知道蛇会带来什么。不会恐惧的第二个极端是完全的有知。因为每一个人都必须面对生命与死亡，所以只有正视死亡，尊重死亡，才能更好地理解生命，尊重生命。

1. 通过多种形式进行生命教育

《英国儿童十大宣言》中的“平安成长比成功更重要”“生命第一，财产第二”“不喝陌生人的饮料，不吃陌生人的糖果”“遇到危险可以打破玻璃，破坏家具”“遇到危险可以自己先跑”等内容都涉及生命教育。生活中，当家长遇到危险时，如不小心被刀划伤了手，家长可以把这些危险的结果展示给孩子看；当看到溺水报道时，家长可以与孩子分析溺水的痛苦和危险性，让孩子今后有意识地去注意；家长还可以与孩子共读一些关于生命起源和生命陨落的书籍。如《爷爷没有穿西装》可以让孩子理解死亡是一件不可避免的事情；《一粒种子的旅行》和《一片叶子落下来》展现一粒种子和一片叶子从出生到凋零的全过程。家里有亲人死亡时，一定要让孩子参加告别仪式或追悼会。让孩子通过参加仪式明白死亡是人生一件重大事情，并让他通过这种仪式知道人的生命从此结束。如果碰到电影或电视作品中提到死亡，这时最好与孩子就死亡进行讨论，比如：你怎么看待死亡？生命是否可以重来？告诉孩子生命是有限的，是不可逆的。

2. 进行死亡教育

研究表明，儿童 5 ～ 9 岁已了解死亡是生命的终结，如果不及时进行死亡教育，就有可能造成儿童对死亡产生神秘感和惧怕的心理。因此，死亡教育应从童年开始。“死亡教育”有两个重要方面，首先是克服对未知事物的恐惧，当孩子明白死亡并不可怕后，其勇敢、坚韧、好奇心将得到极大发展。其次是“爱”的教育，“死亡教育”最好延伸为对生命的珍视。任何有生命的东西都有其生命周期，让孩子知道生老病死是很自然，甚至是很应该的事情。家长不仅要告诉孩子，死是一切生物不可避免的自然结局，更应该告诉孩子生命的意义，这样才能不让孩子对死亡产生恐惧和心理阴影。具体做法包括：

一是让孩子自幼就接受“死亡教育”，先要尽可能消除其对未知事物的恐惧，同时开始“爱”的教育。让孩子明白生命从何处来，去往何处。这个世界是美好的，有许多东西值得留恋。

二是要让孩子明白每个人的生命都不仅仅属于自己。每个人都有亲人、好友，我们的生命对于爱我们的人来说，是多么美好和宝贵。孩子也是家庭中的一员。这样，孩子从小就感觉到家的温暖，有困难时会第一时间向家人寻求帮助。

三是让孩子接触各种“死亡”。要让孩子明白死亡是自然的，也不可怕，这样他们会以平常心面对自己生活中出现的非人类“死亡”。家长应尽量避免使用恐怖的语句和神情，要用温和的语调、简单的词语潜移默化地引导孩子形成一种对“死亡”理智且平和的态度。因为孩子并不是被“死亡”吓着了，而是被成人对“死亡”的反应吓着了。成人要妥善处理自己的情绪，要表现得比较平静、自然，切不可在孩子面前悲痛欲绝，甚至歇斯底里，以免使孩子觉得死是可怕的。特别是，成人谈论重点应放在生命美好的一面，而非充满着死亡和疾病。这样，孩子会慢慢了解死亡的意义，并能够减少恐惧心理的产生。

四、儿童中期的家庭教育

儿童中期从 6 岁开始，一直持续到 12 岁左右，处于小学阶段。这是儿童心理发展的一个重要转折期。对于大多数儿童来说，它标志着正式教育的开始。在教育的影响下，这一阶段儿童的认知能力、个性特点以及自我认识与自我调节都在不断地发展变化，其发展过程明显具有协调性和过渡性的特点。

（一）文化敏感期及其培养

从人生发展历程来看，小学阶段是非常重要的时期。在这个阶段，儿童将发生三个具有人生启蒙意义的转化：一是由随意游戏活动向有目的、有计划的学习活动转化；二是由个体和松散的群体活动向有组织、有规律的集体活动转化；三是由口头语言向书面语言转化。这些转化可以使儿童突破时间和空间的限制，拓宽认识范围，从而对于促进全面发展产生重大影响。

小学时期的儿童好奇心强，记忆力强，模仿力强，求知欲旺盛，思维敏捷，对感兴趣的事物乐于探索。在儿童时代养成的好习惯，可以牢固地保持一辈子；相反，小学阶段养成的不良习惯，到中学和大学时纠正起来就很困难。因此，在小学阶段，不仅要让孩子学到知识，发展智力，还要在学习上对他进行严格的训练，养成良好的学习习惯。小学阶段打下的基础好坏与否，会影响到孩子以后的学习和成长，甚至会影响到他的一生。小学阶段成长的实质可以用两个字来概括，那就是“奠基”，也就是习惯、兴趣、爱好的养成教育。关于小学教育，叶圣陶先生说过一句很经典的话：“小学教育与其知识之传授，莫若习惯之养成。”

1. 提高孩子学习兴趣

孩子天生有强烈的好奇心和求知欲，兴趣往往是从好奇心而来，成人要好好保护孩子的好奇心，鼓励孩子的探索行为，鼓励孩子的大胆思考，鼓励孩子的新异想法。如何运用合适的方法引导孩子的学习兴趣，引导其主动学习，教育家们有很多办法。苏霍姆林斯基常常用阅读来引发学生的学习兴趣。有一个孩子不爱学习，他就陪他读书，读到有兴趣的地方，就说我有事儿，你自己读吧。孩子自己读下去，慢慢地就对学习有了兴趣。

2. 提高学习自主性

自主学习是学生学习的根本。苏霍姆林斯基说："只有能够激发学生去进行自我教育的教育，才是真正的教育。"鲁洁认为，教育就是个体自我教育的实践活动。如果一个人的发展没有成为他自己的需要，就不能积极主动地发挥自己的自主性、创造性，积极主动地进行自我教育，那么教育很难说是成功的。这也符合"外因是变化的条件，内因是变化的依据"的哲学原理，他人的影响只有内化为个人强大的自我发展动力，才能真正起作用。所以，家长要通过各种形式的引导，把外在教育转化成孩子的自我要求，积极主动地自主学习、自主发展。

首先，要树立孩子自主发展的观念。一是把孩子看作正在成长着的、独立自主的个体；二是要明了个人成长最终要靠个人自己完成，无人可以替代；三是要明确教师和家长在孩子成长过程中的重要作用，教师和家长既可以成为孩子成长的推动器，也能成为孩子成长的绊脚石，甚至可以扼杀孩子成长的动力。

其次，要引导孩子在实践活动中进行自主学习。发挥个人自主性，积极主动进行自主学习，最重要的是实践。没有实践，一切都无从谈起。实践有三个层次，第一个层次是，孩子走，教师和家长扶，比如写作业应该自己完成，但是开始有的孩子可能不习惯，家长可以指导孩子如何安排作业时间，看着孩子写几次，慢慢地让孩子独立完成，而且在孩子独立完成后要及时给予表扬。第二个层次是让孩子自己实践。第三个层次是，把实践活动的选择权都交给孩子，让孩子成为活动的主人。有关孩子的重大决策要尊重孩子的意见。家庭重大事情孩子参与意见，班级交给学生自己来管理，班级规则学生自己商量着制订，课堂纪律学生自己维持。如此下来，通过充分调动孩子的自主性，让孩子在学习、生活中都成为自己管理自己、自己教育自己的人，成为教育的主人。

3. 处理好学与玩的关系

玩是孩子的天性，是孩子健康成长的需要。当孩子的需要得不到满足时，孩子是不可能专心学习的。

（1）学习和玩要互相补充，相互促进

学习与玩耍是孩子两种互补性活动，相辅相成。人不是机器，大脑有一定的弹性限度。玩可以放松身心，使脑子得到积极的休息，有利于下一步的学习。而且，长时间伏案学习，呼吸浅，供氧不足；进行身体活动，特别是户外活动，使人得到充分的氧气，脑子就更具活力，学习效率会更高。

（2）玩也是学习的一种方式

对于孩子来说，玩也是学习。跟同伴一起玩耍，可以互相学习对方的优点，学习怎样与人相处，提高交往能力。许多玩的活动能够引起孩子的兴趣，激发好奇心和探索欲。

有学者说，爱玩的孩子一定是聪明的孩子。引导孩子在玩中学，在学中玩非常重要。首创“进化论”的著名科学家达尔文，他的科学创造精神就是从小时候喜欢玩昆虫、观察动植物变化开始的。

（3）让孩子学玩统一

家长要指导孩子统一好学与玩的关系。学时认真学，玩时尽情玩。第一，给孩子定规则与界限。家长告诉孩子该玩就玩，该学就学，自己订个玩与学的计划。如果因为玩而影响了学习，孩子应该自己对自己有惩罚的措施，家长积极配合，不能含糊。年龄小的孩子不会订计划，家长要指导修订，不要定过于详细的计划，时间也不要卡得太细。第二，家长要认真安排孩子出去玩的活动。比如每周一次或隔周一次，让孩子痛痛快快地玩一场。教师在学校要给孩子玩的时间和空间，让孩子在玩中获得学习之益。第三，指导孩子玩出智慧。比如，指导或支持孩子玩电脑，从中搞创新；指导或支持孩子搞科学小发明、小制作；还可以指导孩子搞调查、养殖等。这样，把玩与学在更高的层次上结合起来，非常有利于孩子的健康发展。第四，在玩中注意观察孩子，发现孩子的爱好特长，给予支持和鼓励，说不定这是孩子走向成功的第一步。

（二）抗挫折能力培养

抗挫折能力，它是指人们面对逆境时的反应方式，即面对挫折、摆脱困境和超越困难的能力。保罗·史托兹教授将抗挫折能力划分为四个部分，即：控制感、起因和责任归属、影响范围、持续时间。控制感是指人们对周围环境的信念控制能力。面对逆境或挫折时，控制感弱的人只会逆来顺受，信天由命；而控制感强的人则会凭借一己之力能动地改变所处环境，相信人定胜天。对于起因和责任归属，抗挫折能力高者，往往能够清楚地认识到使自己陷入逆境的起因，并甘愿承担一切责任，能够及时地采取有效行动，痛定思痛，在跌倒处再次爬起。从影响范围来说，抗挫折能力高者往往能够将在某一范围内陷入逆境所带来的负面影响仅限于这一范围，并能够将其负面影响程度降至最小。从持续时间来说，一个人认为逆境将持续多久，逆境就将持续多久。汪卫东认为，让孩子有身体上、心理上、情感上各个方面的负面体验甚至持久的不良体验，也是避免孩子将来罹患各种精神与心理疾病甚至身体疾病的重要前提。

1. 要认识人生经常有挫折和逆境

司马迁说过：“文王拘而演周易，仲尼厄而作春秋；屈原放逐，乃赋离骚；左丘失明，厥有国语；孙子膑脚，兵法修列……”人生经常遇到挫折和困境，但是这些人却走出人生低谷，创造了辉煌的事业。纵观古今中外，事业成功、名垂史册的政治家、科学家、艺术家、军事家、实业家，都是历尽坎坷，备尝艰辛，一次次被击倒，又一次次站起来，顽强不屈，坚韧不拔。人生不可能一帆风顺，总会有挫折和逆境，成功者与失败者的最大差别就是如何对待逆境。成功者善于把逆境当成磨炼自己的燧石，每走出一段逆境，就会提升自己一次，使自己意志更加坚强。美国的《成功》杂志每年都会报道当年最伟大的东山再起者和创业者，他们的传奇经历中有一个相同的部分，那就是他们在遇到巨大的困难和逆境时始终保持乐观的态度，从不轻言放弃。所以儿童要意识到，被老师批评、被同学嘲笑、考试失败、被欺负、被欺骗、承受委屈、生病、发生事故、遇到悲伤事情等都是人生中正常的事情。

家长和教师要学会处理好挫折教育和激励教育之间的关系，二者不可偏颇，都要适度，没有不行，多了不行，这是“中庸”或“平衡”的观点。不要总想着让孩子时时顺利，要让孩子承受一定的曲折、坎坷、委屈，承受一定的痛苦比给予其不断的快乐对其未来更重要。

2. 真正接纳自己

自我接纳指个体对自我的特征和感受、生活经历等与自我相关的一切内容采取一种积极的态度，以促进自我的整合与成长。这个定义的核心是“以促进自我的整合与成长”。自我接纳的最终目的是让个体正视并拥抱真实的自己，然后在现有基础上整装出发，去进一步完善自己。

接纳自己不需要任何条件。无论你是怎样的，拥有什么样的外貌特征、声音体味，无论你来自什么样的文化和家庭背景，作为这个世界的一分子，你都是独一无二的，你的使命是来让这个世界因你的存在而更多元，更丰富，所以你天然地就应该被接纳被珍爱，尤其是被你自己所接纳和珍爱。每个人要坦然正视真实、客观的自我，包括身体特征、家庭背景、成长经历、个性特点等一切与自我相关的内容，此时仅仅是正视，不做任何好或者坏的评价。澳大利亚人尼克·胡哲天生没有四肢，可是却成为“走”遍世界的励志演讲大师。这位被称为“海豹人”的小伙子，凭借自己的努力获得会计和财务规划双学位，并创办两家非营利机构和一个基金会，以帮助更多有需要的人。这是因为，尼克·胡哲对自己有足够的接纳，他接纳自己的所有，尤其是接纳自己的身体，接纳身体带给自己的种种不便以及接纳因此与他人完全不同的特别的生活方式。正是这种对自己的无条件接纳，尼克·胡哲迸发出令人吃惊的人格魅力，激励了全球无数在痛苦和黑暗中迷茫的生命。对于孩子来说，他可能天生矮小、学习数学比较吃力、动手能力差……这些都要无条件地接受，这就是自己，不完美但是可爱的自己。人无完人嘛。

3. 在生活与学习中进行锻炼

无论在家庭中，还是学校里，孩子在日常经历中，都要有意识或无意识地进行抗挫折能力训练。如被批评的训练，被欺负时的应对训练，被欺骗时的应对训练，遇到特殊事件要针对具体情况进行训练。训练的核心内容：一是用平常心对待；二是把这些经历作为一笔成长的资源和财富；三是遇到事情要去积极面对，解决问题。

为提高孩子的抗挫折能力，美国石油大王、汽车大王特意让孩子去擦皮鞋、打工挣钱；日本许多学校对中小学生进行“荒岛”生存实验，培养其吃苦精神，磨炼其意志品质；印度则设立“饥饿日”，让孩子增强忍耐饥寒的能力。

在中国，整个社会高度关注高考生。高考期间，基建停工、道路封行，这样未必适合。一个怕响声、怕干扰、怕营养不足、怕考不上的高考生能适应社会吗？会不会造就自私的孩子？这些孩子长大后会不会念及国家、社会和人民为此所做出的牺牲？

（三）塑造健全人格

人格完善，意味着个体悦纳自我，有较好的人际交往能力，心理健康，能主动应对变化，很好地适应社会。在这里，主要提及对人格成长非常重要且问题比较突出的方面。

1. 提高人际交往能力

国外许多研究表明，人际关系的质量对儿童、青少年的社会技能、自我意识、学业成就和心理健康有重要的影响。① 良好的人际关系能够促进儿童、青少年社会技能的提高、自我意识的发展及学业成绩的提高②，而不良的人际关系则会导致儿童、青少年学业成绩的下降，反社会行为的增多③。

处理人际关系要把握好几点：一是正确认识自我与他人；二是不要以自我为中心；三是不要过分计较得失；四是只要对方非十足恶人，与人为善永远都不过时。

2. 提高主动应对能力

要引导孩子学会主动处理、应对各种问题。比如，当成人对一件事情的处理不合理时，孩子要发挥主动性，主动指出成人的错误并提出正确的解决方法。当家长和教师在学习上提出特别的要求时，孩子要能够根据要求主动调整学习方式，及时做出改变。当自己不喜欢某一位教师时，要理性对待此教师所教课程，不能因不喜欢教师而不喜欢一门课程。当个人兴趣与学习可能有冲突时，要及时调整，保证既不影响学习，也能让自己喜欢的兴趣不被搁置。

3. 注重孩子的心理健康

一是家长和教师要注意与孩子的情感交流，关心孩子的心理需要。要把快乐教育作

---

① Rubin KW，Parker JG. Peer Interactions，Relationships and Groups. In Damon W & Eisenberg N（Eds.）. *Handbook of Child Psychology*：*Vol.3. Social*，*Emotional and Personality Development.* New York：Wiley.1998. 619–700；Collins WA. Parent-child Relationship in Transition to Adolescence：Continuity and Change in Interaction，Affect and Cognition. In Montemayor R，Adams GR，Gullotta TP（Eds.）. *Advances in Adolescent Development*：*From Child to Adolescence*：*A Transitional Period.* Newbury Park，CA：Sage. 1990.85–106.

② Wentzel KR. Social Relationships and Motivation in Middle School：The Role of Parents，Teachers and Peers. *Journal of Educational Psychology*，1998：90（2），202–209；Field T，Diego M，Sanders C. Adolescents' Parent and Peer Relationships. *Adolescence*，2002，37（145）：121–130.

③ Fergusson MD，Woodward JL，Horwood LJ. Childhoodpeer Relationship Problems and Young People's Involvement with Deviant Peers in Adolescence. *Journal of Abnormal Child Psychology*，1999，27（5）：357–370.

为一项重要的教育内容来实施。应经常和孩子一起讨论问题，这样孩子遇到不顺心的事也愿意跟家长或教师商量。

二是不要教孩子过于争强好胜。中国很多患者的精神与心理疾病源自于幼年和童年、少年时期争强好胜的性格。很多孩子就是被这种“要做第一名”“要做就做最好”的培养人才方式造就的。这种培养方式制造了无数追求完美的强迫型人格。在求学过程中，适度要求孩子争一争可以理解，但是到工作时期可能会因这种凡事都争最好的人格特质导致心理疾病。

三是父母之间互相尊重。父母之间互相尊重，对孩子心理健康影响很大。很多父母在婚姻中都会有或大或小的争吵，这是正常婚姻生活的调味品。争吵、对抗或离异的父母应该有一种意识，千万不要为了争夺孩子的情感，在孩子面前指责、怪罪、侮辱对方，以此在孩子面前显示或抬高自己，让孩子靠近自己，甚至也让孩子跟着自己去指责、怪罪、侮辱离开的爸爸或妈妈，并且形成对身边一方强烈的依恋，从而导致人格异常。无论夫妻双方之间出现多么大的隔阂、矛盾、冲突、对抗，都要尊重对方，特别在孩子面前更要做到尊重对方，才能使孩子也尊重自己父母的任何一方；要让孩子理解父母之间的差异，从而尊重父母，保证孩子心理与人格的健全。同时，也要让孩子理解，如果父母离婚不要责怪他们。

4. 培养良好性格

性格无好坏之分，重要的是引导其向哪个方向走，即使是一般人不喜欢的所谓“偏执型人格”。一方面他们常常让人际关系异常紧张而自己并不知晓；另一方面，事业的成功，重大的发明，正义的伸张，社会的发展，常常需要这样一些偏执人群与强迫型人格人群的执着与努力。

一是如果孩子是做事非常执着的人，要引导其偏执得当，将偏执用在有益之处。汪卫东认为，在心理学上，没有比偏执更可怕的了。因为偏执可以毁掉自己的躯体，给自己增加许多痛苦，毁掉自己的精神，毁掉别人的精神，毁掉自己的朋友，毁掉自己的相识，毁掉各种关系而自己却浑然不知，知道也改不过来。偏执的外在表现千奇百怪，各种各样。当然，我们还得承认，偏执如果得当，也可以是社会的精英，社会的财富。当偏执表现在事业上，表现在研究上，而不在人际关系上，不在交流上，是有益于个人与社会的。一些成功者，几乎都有偏执的倾向。从某种程度上看，没有偏执，也可能就没有成功，偏执的褒义词就是执着。

二是引导孩子不要“以自我为中心”。以自我为中心的人，只关注自己，不关注别人，所以快乐越来越少，烦恼越来越多，最后或多或少都会出现心理问题，严重的会出现心理疾病。汪卫东发现，“以自我为中心”的抑郁症病人，其人格当中有着严重的期待关注、期待关爱的心理倾向，表现为向医生倾诉，通过长时间向医生倾诉暂时化解痛苦。但这种倾诉只能暂时减轻症状，却不可能治愈。北京曾经发生过大学生被困一事，6名大学生冒险进入延庆县张山营镇西大庄科村大海坨山被困。松山消防中队队员经过 11 小时救援，安全将 6 人带出山。但被困的大学生们不但没有表示感谢，甚至隐瞒学校及姓名，担心影响到保研前途。这种情况心理学上叫作“以自我为中心”，实际上就是自私，是人格不完善的一种表现，也是社会化程度不高的表现，这些学生即使保研将来也未必有前途，有“前途”也未必快乐。

（四）培养男子汉

有媒体报道，2013 年北京市某小学为了培养有阳刚之气的“爷们”，特别为男生增设了足球、篮球、攀岩、电脑、机器人等七门“男子汉”课程①。因为在 2013 年新学年开学时，陈校长在一年级教室发现，不少男生不敢大声回答问题，受点小伤便大惊小怪，课间甚至会哭着告状称被女生欺负了。面对男生不像男子汉的现状，如何培养男子汉呢?

1. 增强父亲的影响力

“性度”最初总是在自觉不自觉地模仿和参与父母主导的各种活动中形成的。在孩子成长中，父母对于孩子的教育有所不同。母亲偏重于生活和情感，父亲偏重于精神和心理；母亲强调稳定，父亲强调创新发展；父亲传递给儿子的是坚强、勇敢、承受力强等阳刚之气，母亲传递着细腻、呵护、富有同情心等阴柔的一面。两者相辅相成、共同作用，才造就了孩子健全的心理素质。相反，如果过分地强化或弱化某一方面，都将影响孩子的心理成熟和性格完善。对男孩来说，妈妈过多的保护和担心，会削减男孩的男子汉气概；而父亲更显严格的规则、更显宽松的约束，则会赋予男孩无与伦比的坚强与勇气，进而促使男孩更快地成长为一名优秀的男子汉。

2. 别让男孩太“富有”

这里所说的“富有”包含两个概念，一个是父母太多的溺爱和包办，一个是钱财的充裕。父母不能宠爱男孩，一切事情都依着男孩；男孩的大小事情不能包办，要让他自己选择自己处理；父母即使很有钱，也不能给男孩很多零用钱。父母过度宠爱让他们变得自私而没有责任感；太多的金钱让他们只懂得“奢侈消费”；父母事事包办则让他们丧失了劳动的能力、应对困难的能力、抵抗挫折的能力……所以，明智的父母从不会让自己的男孩太“富有”，会寻找和创造机会让男孩去体验责任、体验贫穷、体验困难，从而锻炼其男人气质。

男孩跌倒了，让他自己爬起来；男孩胆怯了，鼓励他：“你可以做得更好。”男孩犯错误了，告诉他：“好汉做事好汉当。”

---

① 杜丁 . 小学开“男子汉课”培养“纯爷们”[N] . 新京报，2013-12-5（A09）.

3. 培养男孩的责任感

男孩，意味着要负责任。比尔·盖茨说："你可以不伟大，但不可以没有责任心。"著名作家余秋雨认为："男性的第一魅力是责任感。"责任心是从小培养起来的。培养男孩的责任心，应该从三个方面着手，这就是对自己负责、对家庭负责、对社会负责①。

一是对自己负责。责任心的培养有一个起点，那就是先要为自己的行为承担责任。修身、齐家、治国、平天下，修身是一切成功的基础，连自己都管理不好的人，无法承担更大的责任。要想成为一个负责任的男子汉，就要让男孩学会承担责任，首先对自己的行为负责。

二是对家庭负责。每一个男孩身上都寄托着家庭对他的无限期望，要成长为一个真正的男子汉，男孩要学会对家庭负责、对生养他的父母负责。爱心应该是双向的，父母应该让男孩知道他对家庭、对父母负有责任。对家庭负责的意愿和能力，是从小培养起来的。放手让男孩承担一定的家庭责任，这极有可能为男孩将来的发展打下一生的基础。父母过于强大，男孩就可能会愈加软弱。父母包办代替，其实是剥夺了男孩为家庭承担责任的机会，不利于男子汉气概的获得。为了让男孩坚强起来，父母有时要心"狠"一点，让男孩在承担责任中磨炼自己。

三是对社会负责。每一个男孩除了肩负家庭的期望之外，更属于社会。一个真正想有作为的人，必须具有强烈的社会责任感。北京市教委《关于本市中考中招与初中教学改进工作的通知》[京教计（2015）35号]中规定，自2018年起北京市初中学生综合社会实践活动学分纳入中考考核中。初中每位学生每年应完成不少于10次的综合社会实践活动。这种做法的背后是这样一种认识，一个孩子是否关心他人的命运，是否关注社会的需要，是这个孩子今后能有多大造诣的前提条件。责任使人成长，责任使人超越。责任就像钙，没有社会责任的男孩永远难以担当大任。

（五）进行劳动教育

劳动能力是其全面发展的重要能力之一，也是其生活自理和将来从事某一职业自食其力的重要基础。美国哈佛大学的一些社会学家、行为学家和儿童教育学家，对波士顿地区456名少年儿童所做的长达20年的跟踪调查发现，爱干家务活的孩子与不爱干家务活的孩子相比，长大后的失业率为1:15，犯罪率是1:10，爱干家务活的孩子平均收入要高20%。此外，离婚率、心理疾病患病率也较低。但目前，我国儿童青少年劳动机会总体上缺乏，手工劳动机会严重缺乏。这与中国传统文化中读书做官的观念有关。当今家长希望孩子考上好大学，认为其他都不重要，使得孩子的劳动教育处于边缘化的状态。

---

① 孙云晓，李文道. 培养负责任的男子汉［N］. 人民政协报，2012-8-22（C02）.

1. 家长应培养孩子做家务的兴趣，鼓励孩子承担适当的劳动

孩子做家务的兴趣未必从小就有，关键靠培养。很多孩子第一次帮忙摘菜时可能觉得挺好玩，但时间长了，不一定能坚持做完，做完了也可能不是心甘情愿的。现在的孩子越来越远离农村，对日常生活的许多事情都缺乏了解，借做家务的机会传授给孩子知识，孩子做家务的兴趣也就会越来越浓。

给孩子提供适当参与劳动的机会，不仅使孩子获得劳动的教益，养成爱劳动的习惯，提高孩子的动手实践能力，而且会使他们体验到责任感。让孩子承担适当的家务劳动，家长应注意以下四点：一是要对孩子进行耐心、具体的指导，从小事做起；二是要利用孩子的好奇心积极引导；三是对孩子劳动提出的要求要具体，且加强督促；四是多鼓励，少批评。

2. 训练孩子的自我服务能力

自我服务，这是最简单的一种日常劳动。通过自我服务劳动的锻炼可以培养人的独立性和自力更生的品质。苏霍姆林斯基说："孩子的智慧出在他的手指上。"因此，家长让孩子从幼小时期开始，学会自我服务，比如自己吃饭，自己穿衣，自己去上学等，这样，孩子就会形成劳动的习惯，学会依靠自己的劳动生存，为正确的劳动观念的形成打下基础。当然，孩子小的时候，家长对这样的自我服务要加以引导，到孩子能自理时，再放心地让孩子去做。孩子在学会自我服务劳动的过程中还会逐渐认识到，人不光是享受劳动成果而已，还必须从事劳动，为自己也为他人服务。

五、青春期少年的家庭教育

12 ～ 18 岁是青春期，相当于一个人的中学阶段。青春期是人的一生中最宝贵而又最具特色的时期，在这个时期，孩子们的身心都在迅速成长，他们不再被视为儿童，但也还不是成年人。作为向成年人发展的过渡期，这一时期心理发展动荡不定，可塑性大。这一时期的教育对其终身发展具有关键性意义。

（一）进行青春期性教育

对于青春期的孩子来说，这一时期最重要的心理特征是自我意识的觉醒和性意识的觉醒，这一时期也是人的一生中最需要进行性教育的时期。青春期性教育不仅是知识教育，而且是人格教育。性教育的最终目的，并不是要传授给孩子大量的性知识，而是要孩子具有正确的性态度和性行为。

1. 进行性知识教育

12 ～ 15 岁，是犯性错误的高峰期。在女孩的初潮和男孩的遗精出现后，大大加深了他们对性的好奇。此时如受到外界不良因素的刺激，会引起较强的性冲动，以致酿成不可挽回的严重后果。家长可以大方地向孩子进行性教育。如果从家长处得不到正确答案，孩子就会从小说里、影视里、伙伴处寻找答案，而这样得来的往往是一些不完全的或者错误的知识，危害极大。

在孩子即将迈入青春期时，就应该由父亲向男孩、母亲向女孩进行青春期性教育。家长可以当面口述，也可介绍一些有关青春期科学知识的书籍让孩子自己看。应对女孩进行避孕知识的教育，同时对男孩进行保护女孩方面的知识教育。在国外，对女孩进行避孕的教育，并不是新鲜事。因为，面对性教育阻力重重、性教育的效果不大的现实，作为一种保护性措施，不失为一种办法。如果不对女孩进行避孕教育，可能有很多女孩不断地人工流产。

特别需要说明的是，要让孩子明白自慰（或“手淫”）是完全正常的一种性行为。自慰在心理上，能缓解性冲动的压力；在生理上能减少生殖器官性冲动引起的长时间充血；在社会学上能减少性犯罪。我国医学专家张明园认为：什么年龄开始有自慰，可以看作性心理发育的一项指标。如果一个青少年在进入性发育期后，强烈地压制自己的性冲动，或从不自慰，那么在成年期所产生的性问题或性心理障碍的比例反而比较高。现在孩子的问题并非自慰本身，而在于传统观念在孩子意识中产生的罪恶感、羞涩感。作为家长要改变这种观念，不要再给孩子施加不良影响，要顺其自然，适当引导。

2. 进行性心理教育

性心理教育是让青少年在青春期正确了解性与爱情、婚姻之间的关系，形成正确的性态度和性行为，为成人期恋爱结婚打下坚实的心理基础。

（1）让孩子了解青春期喜欢或爱慕异性是正常的

人的性心理的成熟有赖于性生理的成熟，但性生理的成熟并不意味着性心理的成熟。性心理成熟的标志在于，性行为的发生是以性爱作为基础，是灵魂与肉体、性与爱的结合。因此，性心理的成熟与社会心理的成熟有着密切的关系。在文明社会，人的性行为不仅具有自然性，而且具有社会性和精神性。让孩子明白，爱情是世间最美的一种情感，喜欢异性是正常的，但是因为个人还没有独立、未来还没有确定，所以在青春期要有所克制。通过性心理教育，培养一个人的社会责任感和良好的人格特征。

在家庭方面，为避免性别模糊，父母要根据性别进行有区别的教育，不能因为家长喜欢男孩，生了女孩之后就把她当男孩教养。还有，做父母的要对孩子在异性交往中宽容一点，不能过于压制。否则只会增加孩子对异性的恐惧，长此以往，会导致孩子不敢跟异性交往，将对异性的正常情感释放转向同性，最后发展成为同性恋。学校需要多开展性教育，正确引导青少年建立健康的两性观念，还要多开展异性交往的活动，引导青少年学会与异性正确、正常交往。

（2）教孩子学会转移与升华

对于青少年喜欢异性，如果不采用禁止的方法，而能够把青少年早恋的动力化作学习、友谊、奋斗的动力，是家长和教师的真正成功。对青少年的异性交往应正确引导，宜疏不宜堵。只要是孩子之间的正常交往，好好讲道理，确定孩子不影响学习，就可以让孩子交往。有位网友谈及早恋时这样说："我当年初二的时候就恋爱，我父母对我的态度就是，你可以谈恋爱，但是你得保证你每次考试还是第一名，那么爸妈绝不拦你。于是，我答应了。后来，因为发现恋爱真的影响了我的学习，而我不能给父母满意的答案，所以我果断地从早恋里退出来。我觉得，父母在早恋上的态度，直接影响孩子在早恋及学业上的选择。"①

3. 进行性伦理教育

性伦理是性道德的升华，它涉及性关系的方式与范围。我们倡导的性伦理观是把美好的爱情作为性结合的基础，排除经济等派生因素对性关系的干扰。性伦理是社会感、责任感、尊重感、道义感与幸福感的综合体，把情感、理智与性爱结合起来，通过其提高并丰富人们的精神生活，使异性在相互的交往中获得充分的享受与爱。这样的性伦理观使人变得崇高、积极、振奋，而不是卑微、自私、猥琐。

4. 学生性教育时间表

青春期是开展性教育的重要时期，但性教育并不是从青春期才开始。实际上，性教育从学前期就应该有所涉及。为了体现性教育的系统性，以下列出从小学到初中，循序渐进地开展性教育的时间表。

（1）小学一、二年级

内容：认识人体主要部位及名称，生物（植物、动物）繁衍后代的方式。

孩子自我保护：了解并知道要保护的身体隐私部位，知道如何与人交往，正确把握交往尺度。

（2）小学三、四年级

内容：生命诞生的基本过程，友谊友爱的意义，交朋友的方法，性别角色的社会规范。

孩子自我保护：与善意帮助自己的陌生人相处的方法和尺度；单独与陌生人交往的方法与自我保护。

（3）小学五、六年级

内容：两性生殖器官的功能；女孩月经及经期卫生保健常识，男孩遗精生理现象；男孩女孩两性的心理差异，男孩女孩之间的理解、沟通、合作与互助；男孩女孩形体美与适合自己年龄特征、性别特征的服饰美；与异性交往的方法与礼仪；初步了解青春期知识。

孩子自我保护：防范性骚扰；性侵犯中的求助与救助的途径和方法；识别漫画、书

---

① http://blog.sina.com.cn/s/blog_617d589601017tco.html.

刊、网络等媒体的不良信息，避免受黄色信息影响；艾滋病基本知识，艾滋病的传播途径和预防方法。

（4）初中一年级

内容：了解青春期的概念；了解第一性征、第二性征器官功能发育及保健知识；了解女生与月经初潮，男生与遗精；正确面对自慰、性幻想、个人隐私；学会与异性交往；知晓性伤害和性保护；了解爱情与恋爱。

（5）初中二年级

内容：知晓单相思；少年性冲动与性冲动的排解；个人被异性吸引与吸引异性的心理与生理因素；对熟人、亲人的性伤害、性骚扰的拒绝方法；正确看待性与爱情。

（6）初中三年级

内容：了解性、爱情、婚姻与家庭及四者之间关系；青少年怀孕、堕胎问题，了解婚前性行为的责任与后果；避孕和性病防治；与异性交往成功的经历及体验。

（二）引导孩子形成独立人格

从发展心理学的角度来看，第二反抗期是每个人从少年步入青年、走向独立的必然阶段，是人格形成的重要时期。但在中国，由于各种原因，孩子第一反抗期缺失，第二反抗期的被压抑或被推迟出现，构成了狂躁或双相形成的病理人格基础。因此，从教育的角度来看，如何让青少年在适度的反抗中走向人格独立，才是教育的真正目的。

“第二反抗期”人格形成的重要标志之一就是“自我同一性”的形成。在中国，形成独立自主的“我”是一个比较漫长的过程。

因此，家庭和学校对处于“第二反抗期”的青少年，在教育上要采取有效的引导方式，帮助孩子安全走过反抗期，获得人格独立。

在这一时期，家长和教师要用平等、尊重的态度与孩子交流。家长要努力营造一个宽松的环境，允许家庭中的每个人都有充分发表自己意见的权利。在任何时候，说的权利比说什么内容更为重要。我们要给孩子表达自己意见的机会，包括有反驳父母意见的权利。家长也应该对他们正在形成的相对独立的思维和情感予以极大的重视与接纳，不轻易用成人的价值判断标准去评定他们的成熟和幼稚。同时，尊重他们的选择，尊重他们的判断，尊重他们的决定。让孩子可以自由表达，对形成独立人格非常重要。在学校，教师同样要给孩子尊重、自主、宽松的文化环境，让他们可以自主选择、自主表达、自主决定，这样孩子才能学会独立，学会对自己负责，最终对社会负责。

对于家长和教师来说，当孩子出现逆反行为时，原则上，顺着、不顺着、协调这三种方法都要用。当孩子逆反严重时，可不理他，等他情绪平静下来时再讲道理，并解释当时不理会他的原因：不是放纵，而是当时不适合交谈。

（三）引导青少年初步规划人生

古语云："凡事预则立，不预则废。"青春期是个体价值观、人生观形成与塑造的关键时期，青少年能否积极地探索和科学地规划人生，将影响他们一生的发展。人生规划教育有三大主题：生命、生活和生涯，这些贯穿人的一生。对青少年进行人生规划教育，要从以下几个方面入手：

1. 引导青少年思考自己的发展方向

家长其实应该从孩子小时候起，就问孩子喜欢什么样的职业，确立自己的职业理想。职业理想可以不断变化，但是一定有要理想，有比较明确的奋斗方向。这个方向就是孩子的学习目标。孩子在不断的探索中，会不断地明确和修改自己的职业方向，最终确立自己的职业目标。家长要坦然面对孩子对职业理想的不断变化和修改。家长要引导并一直支持孩子直到他们找到理想的发展方向。

家长也可以和孩子分享自己的职业经历。告诉孩子什么是简历、介绍信、申请与面试以及薪资和升职等职场概念。让孩子从小就了解社会，了解各种职业，既可以培养孩子对职业的敏感度，也可以早早做好进入社会的思想准备。

2. 父母给孩子做奋斗榜样

在孩子的人生规划上，父母与其给孩子做人生规划，不如花时间给自己做人生规划，做好孩子的榜样。为了实现职业理想或养家，父母努力工作。父母自己的财富和地位都是自己奋斗的结果，不是坐享其成。当父母努力时，孩子会看在眼里记在心里。父母给自己树立人生目标，并为实现它而努力奋斗。孩子也会明白每个人都要为自己的人生负责，而不是依靠父母、依靠他人。

父母也要让孩子进行自我学习和积累经验，即使多忙也要抽出时间给孩子支持和指引，这都对孩子探索和确定人生发展方向有很大帮助。

3. 进行职业实践体验

进行职业实践体验，可以让青少年在中学时代就体验到创业的艰辛与乐趣，学会团结合作，学会良性竞争，并逐渐明晰自己的人生志向。家长可带领孩子体验自己喜欢的职业，做义工，组织职业类暑期体验活动。通过职业实践体验培养孩子的财商，也锻炼其他多方面的能力，为孩子今后走向社会奠定坚实的基础。

六、成年早期个体的自我教育

成年期的跨度较大，包括成年早期、成年中期和成年晚期。成年期的个体面临多种发展任务，最典型的特点是个体自我意识充分发展，自我同一性确立，人生观和价值观趋于稳定，人际交往趋向成熟。同时，恋爱、婚姻和养育子女成为成年人的重要任务。

成年早期，一般指 18 ～ 40 岁这一段时期。成年早期是个体一生中非常关键的时期，是走上职场、进入婚姻、培育孩子、做出成就的阶段。人生中很多重要的事情都在这个阶段完成。同时，这个阶段面对的挑战和挫折也非常多，每个人都要成为一个学会生活、适应工作、应对变化的人。

（一）建立身心平衡的自我

个体一生发展的目标，就是成为与自我和谐、与自然和谐、与社会和谐、与终极价值和谐的人。和谐体现了一种“中庸”思想，体现出作为一个完整的人的身心平衡理念。具体表现为：一是处事通达，社会适应良好；二是心理健康，悦纳自我；三是理解与包容，能与他人保持和谐的关系；四是情感相对丰富、情绪相对稳定；五是热爱自然与所有生命，对生命心存敬畏；六是有精神生活；七是人格独立，能够享受独处。

1. 学会恋爱

恋爱，首先是由两个人性格喜好等因素的相互吸引；然后开始相互了解，主要包括彼此的生活方式、优缺点等；再进一步相互适应；最后是两人价值观的相互渗透。当恋爱时间两年以上时，就进入稳定期，相当于两人扮演类似婚姻中的角色了。从开始的两人相互吸引，到感情稳定，每一对恋人的恋爱时间可能都不同。这取决于两个人的性格、磨合速度、价值观等诸多因素。

在恋爱中，很多人都不自觉模仿自己在原生家庭中亲子关系或父母之间关系的模式。要注意一些问题：

一是如果父母婚姻幸福，自己要思考父母幸福的关键是什么。学会父母处理婚姻关系的方法，创造性地运用于自己的恋爱中。

二是如果父母之间的感情不好，自己生活在不幸福的家庭中，要学会不去复制父母的不幸情感处理模式。理解父母之间的感情是他们的事情，每个人的感情都不同。父母吵架是自己无法选择和回避的，但是学会去适应。要学会不受父母影响，自己高高兴兴地去恋爱。

三是即使在恋爱中，也要注意保持两个人的人格独立。不能过分依赖对方或让对方过分依赖自己。这两种依赖都会种下痛苦的种子。

2. 过好家庭生活

健康的婚姻，首先应该是健康适度的性激情、健康适度的亲情与健康适度的性格包容度三者比例比较协调的结合。一个人在婚姻中应该是人格独立的，既能与伴侣保持亲密关系，同时又能够面对独处的自己，享受独处生活。有的人情感非常执着，如爱人不在身边就睡不好或心里不踏实，这实际上是人格不独立，是一种情感依恋。带着这样的心态去生活，婚姻会不可避免地出现问题。

其次，要正确理解婚后的爱情。结婚之后的真实爱情生活与恋爱中的爱情生活是不一样的。热恋的激情保持的时间最多不会超过两年。结婚之后，热恋与激情慢慢消退，夫妻之间的情感进入新的模式，就是亲情式爱情。婚前的浪漫在婚后要以一种新的形式出现，这主要依靠夫妻之间的经营与创造。所以，个体在婚姻生活中要学会应对激情消退后的情感经营。家庭生活的“平淡”，没有那么多话可说，不等于爱情消失，而是婚姻中出现的自然现象。在激情消退、爱情进入亲情阶段时，夫妻要一起寻找生活中新的平衡点，更好地维持亲密关系。

再次，在家庭关系中，应保持夫妻关系最亲密。只有夫妻关系和谐，家庭才能稳定，也才能为孩子创造一个安全成长的氛围。如果家庭中任何一方与孩子的关系比夫妻关系更亲密，就应该适度调节。

总之，夫妻相处应该：对方人格要“尊重”，减少矛盾要“宽容”，终生厮守要“包容”，生活之中要“幽默”，教育子女要“一致”，精神生活要“独立”，物质追求要“简单”，对方隐私要“回避”。

3. 积极适应社会

人早晚要进入社会，在社会中走向成熟与发展。因此，社会适应非常重要。社会化就是个体本我、自我、超我的协调统一，是既有心胸又有境界、做到服从或让步而心中不委屈、在恶劣的环境中保持自我、顺利应对各种失败与挫折、人格独立又善于控制情绪、帮助别人不求回报、在帮助别人中实现自我的综合。

（1）作为成熟者面对社会

每个人必须作为一个成熟个体去面对社会，坦然与人交往，正确处理各种人际关系，能与所有人交往。有很多成年人希望保留自己的“童真”，这种“童真”实际上是情商低，也是一种逃避，以天真去面对社会会造成更多的痛苦。

同时，要学会自然地重复做着那些别人不愿意做的、自己又必须完成的、没有创造性的事情，又累又没有成就感的事。这是每一个人都可能必需的经历。只要个人有自己追求的长期目标，就不必在乎此时此刻。只要你有激情、有动力、有信心、有恒心，最终你会达到理想的彼岸。

（2）坦然面对挫折

人生在世，与人相处，遭遇欺侮、诽谤、陷害等，是再正常不过的了。一个人要想获得更多的成就，必然要面对更多的挫折。所以，要正确对待挫折，把失败与磨难当成人生的宝贵财富，学会在挫折中成长。李嘉诚说过：“你想过普通的生活，就会遇到普通的挫折。你想过上最好的生活，就一定会遇上最强的伤害。这世界很公平，你想要最好，就一定会给你最痛。能闯过去，你就是赢家，闯不过去，那就乖乖退回去做个普通人吧。

所谓成功，并不是看你有多聪明，也不是要你出卖自己，而是看你能否笑着渡过难关。”

（3）通过助人成就强大的自己

一个真正成功的人，成功的首要因素是做人，其次是能力。华罗庚说过：人家帮我永远不忘；我帮人家，莫记心上。助人不求回报，是真正强大的人。

能够与坏人或者无德之人相处是一个人在社会生存的能力之一。如果一个人能够通过与坏人相处并且还能影响坏人使其变好，那更是对人类的巨大贡献。

4. 成为心理健康者

汪卫东教授认为，是否得精神与心理疾病，从弗洛伊德的学术观点来看，是看其是否处理好了“本我—自我—超我”三者之间的平衡。从现实来看，就是看其是否处理好了以性为核心的两性、情感、恋爱、婚姻和家庭这五者之间以及由此衍生出来的情绪情感、认知行为、朋友亲情、学习生活、工作奋斗、人际关系等一切事物间的平衡。如果这些都处理好了，此人必然心理健康，生活幸福。

（1）获得自尊

真正的自尊，可能更多来自精神层面。如果一个人能在别人最困难的时候出现在他（她）的面前，从心里诚恳地、热忱地帮助他（她）渡过难关，帮助他（她）树立自尊，助人于危难当中，而不求回报，自己也就真正找到了自尊。

（2）心存包容

面对所谓“小人”，怎么办？没有什么比包容与坦然更好的处理方式了。包容心让自己心灵坦荡，心灵无瑕。很多人最终在一个高贵的灵魂面前照见自己的渺小而向善从善。

（3）平衡自我

当个体遇到不快的事情时，要学会从认知进行化解而不是忍耐。中国人擅忍，但如果是隐忍，并不利于心理健康。“忍”是把不快、仇恨、怨怒等压抑在心里，等于在心里积累了一座火山，到了极限会出更大的问题。如马加爵案，就是忍耐到一定程度的突然爆发，杀伤力非常大。

5. 追求精神生活

人生在世，要有精神上的追求。追求精神生活，就是追求人的终极价值。周国平说过，人有两个身份：一个是“自然之子”，作为自然的孩子，人要顺应自然，让生命保持一种单纯的状态；另一个是“万物之灵”，人是有思想、有灵魂的精神性的存在，人的精神属性是人幸福的源泉。尤其在一个人的物质生活问题解决以后，幸福不幸福、生活质量怎么样，主要取决于你的精神素质。

周国平用“善良、丰富、高贵”来概括一个人的终极价值追求。善良，就是生命对生命的同情。同情是人与兽的区别的开端，是人类全部道德的基础，善良是区分好人与坏人的最初界限，也是最后界限。丰富的心灵是幸福的真正源泉，精神的快乐远远高于肉体的快乐。每个人天性中都蕴涵着精神需求，在生存需要基本得到满足之后，这种需求理应觉醒，它的满足理应越来越成为主要的目标。通过思考、阅读、独处、艺术欣赏、精神创造等完成对心灵的丰富；人的灵魂应该是高贵的，人应该做精神贵族。高贵者极其尊重他人，因此他的自尊会得到最充分的体现。

（二）积极应对重大事件

人的一生中，学习、生活、工作、娱乐、情感、人际等过程中，会面临很多不确定性，如果能做到在不确定中稳住心灵，在不稳定中确定目标，淡定应对，是一种能力，也是一种素质，是决定能否走向人生成功的重要基础。

1. 职业与人际交往中重大事件应对方式

在工作与人际交往中，每个人都可能会遇到一些比较重大的、影响职业生涯的大事，如何应对才能在社会中智慧地生存呢?

（1）被辞退

在个人职业生涯中，被认可、肯定、重用与不被认可、被辞退，都应视为正常现象。所以，在入职之初，就应对离职做好心理准备（即使你可能终生都不会被辞退）。有时，被辞退原因非常复杂，如果不可避免，应该这样面对：

一是保持冷静的态度，争取有利的离职条件。被辞退者应要求单位给自己一个离职的理由。如果你认为单位所给的理由站得住脚，自己也不想再待下去，应明确工作期限和薪水补助额，并及时地办理相关离职手续。另外，向原单位提出保留个人自尊。一个人被单位解雇和一个人从一个单位辞职，这两种说法给自己带来的名誉影响并不一样。

二是迅速调节自己的情绪。如果知道要被辞退了，首先向上司说谢谢，感谢上司当面告诉自己这个消息。被辞退者可以到外面走走，或坐下来休息一下。如果想哭，就痛痛快快哭一场，被辞退者只能使情绪发泄在自己身上，让上司感觉到这时应该伸出援助之手。

三是和原来的单位好聚好散。有的人被单位辞退后，对原单位大放厥词，甚至不惜谩骂单位领导或主管，这种行为只能使事态向恶化方向发展。被辞退者可以要求原单位为自己推荐别的更适合自己工作的机会，或给自己写一封推荐函到他熟知的另一个单位去干，这种请求并不难为单位领导，一般是不会拒绝的。

（2）朋友背叛

朋友是自己非常信任的人，朋友背叛对个人的影响是非常大的，如果遇到朋友背叛，应该怎么办？面对背叛，如果因爱记仇，朋友容易变成仇人。复仇是一柄双刃剑，杀伤对方的同时也会刺伤自己。记仇是一种会停留在个体身上很稳定的情绪，愤怒是一种可以随时被激活的激烈感情，两者都是人际关系的死胡同。同时，记仇会让人更加焦虑不安，备受煎熬。放下自己的气愤和对对方的报复心，就是解放自己。

面对朋友背叛，应“不记仇恨，不计前嫌，以德报怨，笑泯恩仇”。春秋时期，鲁文公七年冬天，徐国讨伐莒国，莒国人前来请求结盟，穆伯到莒国参加同盟，同时为从兄弟襄仲迎接莒女。穆伯到了鄢陵，登城见到莒女很美丽，就想自己迎娶。襄仲请求攻打穆伯，文公也准备答应。叔仲惠伯劝谏说：“下臣曾听说：‘战争起于内部叫作内乱，起于外部叫作寇祸，寇尚且伤人，乱则是自己伤自己了。’如今臣下在作乱，而国君不加阻止，如果引起外部敌人的进攻，将怎么办？”于是，文公阻止了襄仲的攻击主张，叔仲惠伯从中调解，让襄仲舍去莒女不娶，让穆伯将莒女送回莒国，两人重新像兄弟一般相处。可见，遭遇朋友背叛，也是可以化干戈为玉帛的。

（3）被人诬陷

在社会生活中，只要有人的地方，就会存在各种人际关系。既有鼎力相助、雪中送炭，也会面对他人的诽谤谗陷。尤其是有能力、工作突出的人，免不了受到他人的妒忌和诽谤。如何对付他人的诬陷和谗言，如何向受蒙蔽者表白自己、消除误解，确实需要智慧。

我们要明白，与人相处的基本前提是人多是善良的，但是为了一些利益上的得失，有些人也会做出一些违背道义的事情，采取不正当竞争、背后下黑手等手段来对付竞争者，甚至不惜陷害别人，这些都是我们不想看到的，但是如果真的遇到了这样的情况，也要学会谨慎应对。

一是学会容忍包容。谁都有不得已的苦衷，做人要大度一些，别人这样做一定有他的道理和不得已的地方，如果能包容对方，可以化解很多的矛盾。害人者虽然有可能得到一时的好处或者利益，但是会受到一辈子的道德谴责，所以恐怕会觉得内心不安，害人者已经受到良心的惩罚了。

二是不要针锋相对。如果只是听说而没有确切的证据，不要随便怀疑别人，否则会给对方和自己都带来伤害。

三是私下交谈。如果真的确定了是谁在陷害自己，可以私下找机会和对方谈谈，要告知对方你知道这一切，同时希望能够化解矛盾，过去的事情可以既往不咎，但是希望以后不要发生类似的事情。

四是旁敲侧击。如果对方不接受私下交谈，化干戈为玉帛，也可以旁敲侧击地提醒对方。

2. 家庭重大事件应对方式

（1）入狱

有些人因为各种各样的原因入狱。不要因为曾经入狱就自卑，要以坦然的心态面对生活。学会把逆境和挫折经历变成自己成长的财富，活出更加精彩的人生。褚时健出狱后 75 岁高龄创业，并以“励志橙”重振声名，从“烟王”到“橙王”，他的人生跌宕起伏，充满传奇色彩。

（2）父母入狱

在个人成长中的“重要他人”中，父母是最重要的。如果你的父母入狱了，你该怎样面对？主要是把握两个方面：一是把这段人生经历化作自己成长的动力，勇敢面对，不逃避；二是鼓励父母乐观面对，以现在的生活为起点，重新创造更精彩的生活。

3. 情感生活重大事件

个人的情感生活起源于爱情，是延伸到生活其他部分的最重要的生活。个人情感生活的重大事件主要是失恋、离婚、爱人外遇，还有一类比较特殊的情感创伤——性侵犯。只有做好应对情感事件的心理准备，才能更好地追求自己的幸福生活。

（1）失恋

爱是人生中最重要的一件事。它融入了激素、生理、人格、情绪、意志、想象、感觉、知觉、记忆、社会、历史、宗教、文学、艺术等，几乎是一切与人类相关领域的特殊词汇。真正的爱是不要求任何回报的，这种爱包含着深刻而又复杂的驱动因素，可能有瞬间激素的作用，依恋与偏执的人格，情感上的认知水平……

当个体处于感情生活中时，要做好应对失恋和离婚的心理准备，虽然对很多人来说，这样的事可能永远不会发生。当我们站在心理学意义上看待恋爱时，可以获得新的发现。每个人至少要经历两次“诞生”：第一次是出生。这是一个与母亲分离的痛苦的过程，它换来了一个新生命。第二次是恋爱。个体一生中会与多人建立多种关系，恋爱是个人自主建立的最亲密的关系。恋爱很美好，但是很多人都会经历失恋，如何面对失恋？

一是把失恋当作人生的重要经历。一个人没有失恋是难以明了爱情的真谛的。在失恋的痛苦中，个体才明白爱情到底是什么，才能真正了解自己，才知道如何恋爱。这个痛苦过程就是“催化剂”，会让个体快速成长。

二是从失恋中学习成为独立的自我。失恋，虽然结束的是两个人的一段感情，却让人更加深刻地明白自己是独立的个体。与异性建立亲密关系，既不能过于亲密，失去自我，也不能过于疏离，无法走到一起。如何把握好“度”，经常是在失恋时重新思考的。

三是从失恋中重新学习如何爱别人和爱自己。失恋，会让人重新审视自我，与恋人建立亲密关系的失败，也是自己人际关系能力的一次失败和成长。从失恋中学习如何处理人际关系，学会在与他人的交往中按照别人喜欢的方式爱别人，尊重自己，都同样重要。

（2）离婚

情感本身就是易变的东西。变是绝对的，不变是相对的，只是程度不同而已。有的变得太快，有的变得太多，当然了也有的变得很慢，有的变得很少。因为不适应情感易变的特性，男女之间的情感冲突就非常多。作为一个成熟个体，独立顺变，才不会有太多、太大的痛苦。

那么如何正确面对离婚及以后的生活呢？

一是离婚不离德。如果夫妻没有感情可言，无法在一起生活，那就友好平和地分手。著名歌星朱明瑛的离婚行为值得离婚者学习。朱明瑛夫妻的婚姻生活，一次又一次地面临危机。他们都在不同的时候，用各种不同的方式做过和好的努力，但没有成功。办离婚手续后，路上丈夫推着自行车，请朱明瑛坐在后座，带着她。后来，丈夫有了女朋友，朱明瑛主动打电话给他："我祝贺你！"她和丈夫的女朋友有时也联系，还成了好朋友。

二是营造孩子成长的积极环境。库尔德克和伯格（1983）认为，在婚姻关系破裂之后，如果父母之间仍有良好的互动，对孩子会有积极影响。他们还发现：①离异儿童常常受到"母亲大人"（一个社会支持系统）的帮助，"母亲大人"致力于帮助儿童减少压力、解决人际关系问题，"母亲大人"带来的帮助效果是非常显著的，但是，其固定的帮助模式在多次干预后作用就变得不明显了。②良好的学校环境和朋辈支持会增加孩子的自信、自尊、人际交往能力。奥巴马的妈妈就是一个很好的例子。奥巴马的妈妈——安和老奥巴马离婚后，父亲基本没有尽过自己的责任。安没有表现过对老奥巴马的愤怒，也从来没有在儿子面前说过爸爸的坏话。每当和儿子谈起他的爸爸，安说的都是优点。这在极大程度上减轻了父母离婚给奥巴马带来的心理上的冲击。他的内心不仅不必分裂，还非常豁达，并且也学会了如何在糟糕的情形下看到积极的一面。

（3）爱人外遇

在婚姻中，无论男性出轨，还是女性出轨，最重要的是寻找原因。因为情感的成分构成比较复杂。情感是两性跷跷板的支点，情感冲突是两性跷跷板的两头比重暂时失衡，离婚既是两头比重的彻底失衡，又是两性跷跷板支点的彻底破坏。当然问题也可能不完全这样。情感问题太复杂了。一方出轨可能不仅仅由于对方魅力问题，而是基因、本能、感情、人际、伦理、道德、社会等多种因素的综合原因造成。

① 调整认知，认清婚姻与两性关系的本质

首先，婚姻只是生活的一部分而不是全部。婚姻生活只是你所有自我生活中的一部分，不是全部。有没有爱情都要保持身心的完整性。对于女性来说，有些男性有一种天然的想把爱的女人变成自己附属品的心理倾向，他会无意识地削弱妻子的生存能力、人格独立能力，甚至精神的觉知能力。看起来似乎他在关心对方，想全方位地照料对方，但妻子由此失去得更多。

其次，正确地看待婚姻。如果你珍视婚姻，就要善待它，并把握夫妻相爱的每时每刻。情感是非理性的，婚姻是理性的。在内心保持感性世界，保持心灵的自由与非凡的创造性和情感感受力才能在婚姻中保持理性，维护两个人的共同利益。

再次，正确地看待伴侣。婚姻虽然是一种非常郑重的彼此承诺，但伴侣并不是专为自己而生的。他（她）可能只能陪伴我一阵子，也许别的女（男）子、事故、疾病会把他（她）从我的生活中带走。我会因为他（她）愿意与我相伴而心存感激，哪怕在一个很短暂的时期。有一天他（她）选择要离开我，这是他（她）的权利，我会祝福他（她）。

最后，正确地看待道德。保持正常的道德心是很重要的，道德是一种自我约束力，来对抗本能中不理智的东西，规划自我行为。但极度的道德化是不可取的，它是一种自我陷阱。我们可以选择用道德来约束自己，但我们不能用道德去约束他人。

总之，当伴侣有外遇时，通过调整我们对婚姻、对男（女）人、对道德的看法，适时转变固有的信念，是让自己适应事情的变化。

② 妥善处理自己的情绪

确认伴侣有外遇，正常人都会出现愤怒、羞辱、挫败、焦虑、委屈等负性情绪。这些情绪的出现和所发生的事件相对应，是正常的。要接纳自己的这些情绪。有些人在这个时候劝慰自己，“我不难过，我不生气，我是个理性的人”，结果导致更多的愤怒、羞辱、挫败、焦虑、委屈的累积，在面对伴侣和外遇事件时更缺乏理性和智慧。

③ 用积极方式释放不良情绪

如果你必须释放不良情绪，必须找到既能保密又能推心置腹，不会把你所吐露的心事泄漏出去，也不会随便加以劝告的人，让自己的情绪有一个安全的释放渠道，这样你才不至于在情绪冲动之下做出让自己后悔的事。

④ 二至三个月内不做任何大的决定

三个月属于急性心理创伤期，此阶段做的任何决定都可能是一种情绪化的决定。这个决定不是用来处理问题的，而是用来处理心情的。婚姻是许多因素的组合，伴侣一定具有长处和短处，如果轻易离婚，再和另一人结婚，也一定会发现新伴侣同样会有让人无法忍受的缺点。这个阶段，可以暂时回避问题，回父母家住一段时间，或者出去旅游，先为自己的情绪和内心腾出空间来。

⑤ 为自己做一个选择

外遇已经发生了，有两条路可以选：第一是离婚，如果要保持自己理想的爱情观，做一个完美主义者，不允许自己或别人在婚姻中犯错，那就选择离婚，你完全有资格、权力选择自己想要的生活方式和婚姻状态。只是，这样做会比较辛苦，对伴侣和关系的苛刻可能会导致类似问题出现在以后的关系中。第二是接受，接受伴侣确实是外遇了，更接受这只是对婚姻的一个挑战，给自己一个反思的机会，给双方关系一个成长的机会。

⑥ 做好选择后找个合适的时间与伴侣商谈

时间建议不要在白天，白天人的情绪也比较不稳定，地点建议不要在家，因为家很容易触景生情，导致情绪化的沟通。最好是在晚上，在外面的茶室，告诉伴侣你的决定。如果决定离婚，那就要走法律程序。如果决定接受，希望继续婚姻关系，那就需要共同去面对。

⑦ 让伴侣自己去处理与第三者的关系

之所以出现外遇，往往是因为和伴侣的关系不平衡了，为了避免更恶性的结果出现，比如冲动、暴力或者离婚，不宜再卷入伴侣和第三者的关系中。所以，这个时候，给伴侣信任、支持、时间去处理与第三者的关系，而不是直接介入，与对方联系或者是谈判。

⑧ 重新审视自己的婚姻，看看是否有应该改进之处

要想真正解决问题，双方都需要努力与付出，一起找到发生外遇的原因，比如伴侣身上的优点和缺点是什么，对方的哪些缺点或许正是自己需要的优点。外遇的危机打破了生活的平衡，要反思过去的生活经历是否影响到婚姻，父母的婚姻问题是否影响了自己等。与伴侣一起厘清过去对婚姻的虚幻梦想，重新给爱情一个更成熟的定义，努力去修复夫妻关系，会使你们的感情在得到修复之后变得更好。

⑨ 有外遇时应共同保护好年幼子女

应该让孩子知道："爸妈之间的关系出现了问题，但是爸妈还会继续爱你们，保护你们的安全并供应你们生活所需。"这是很重要的。当外遇发生后，夫妻双方如果能趁此机会发现婚姻中的问题并加以解决，就是送给子女最宝贵的礼物。这会使孩子知道婚姻可能会遇到问题，但可以通过努力去解决。他们将来若碰到类似痛苦时，就能去面对、去突破，不轻言放弃。

（4）性侵犯

遭遇性侵犯（一般为女性），许多被侵害者在受害后的相当一段时间内会在脑中不断重现当时的情景，痛苦挥之不去，无法控制自己的情绪，焦虑、惊恐、烦躁。有时这种心理伤害可伴随人一生的记忆。有的性侵害行为甚至会影响到被害人的婚姻质量与家庭生活。同时，这种伤害还会引起一个人的生理问题，诸如失眠、受噩梦的惊扰、感到胃部不适、阴部或相应生殖器官的不适，甚至感到身体的肮脏。严重者可能因被强奸而怀孕或被感染性病，这更是一种痛苦的折磨。

当个体遭遇性侵犯时，如何应对呢？

一是生命第一。没有什么比生命更重要，所以应以保护生命为第一原则。如果可能，要注意保留证据，以便事后及时报警。

二是合理看待事件本身。消除自己的不合理观念。决定个体情绪的不仅是事件，还包括个体对这个事件的看法，被侵害产生的消极情绪，也不仅是性侵犯这一事件引起的，遭遇者心中原有的一些不合理的观念也起了很大作用。消除一些不合理的观念，有助于遭遇者的心理平复。遭遇者不应该认为，自己的创伤已无可挽救，一生全完了，没有人会喜欢不洁的人。遭遇者应该说服自己，世界不是完美的，谁都会遭到挫折。被性侵的挫折虽然很大，但并不意味一切都完了。不能一朝被蛇咬、十年怕井绳。人遭遇危险时有求生本能，它促使一个人宁可被侵犯也不去死，不要为此自责。

三是积极宣泄消极情绪。痛苦和忧郁压抑在心里，可能久久不能消失，但表达出来就可以较快地消失。遭遇者可以向自己可靠的朋友或心理咨询师谈出自己的不幸，这也是一种宣泄，可以减弱遭遇者的痛苦。

如果一时没有找到可以倾诉并能充分同情自己的人，可以向幻想中的人倾诉，这也

同样有宣泄作用。可以拿一把空椅子放在面前，幻想椅子上坐着一个你最信赖的人，尽可能逼真地想象所有的细节，然后对他倾诉。

4. 突然灾害的应对方式

水灾、地震、空难、疾病等突如其来的灾难事件发生时，个体会产生一系列的应激反应，主要表现在生理上、情绪上、认知上和行为上。一般应激反应会持续 6 ～ 8 周。

心理学研究发现，发生突发事件中人们应对心理危机的心理反应通常经历四个不同的阶段。首先是冲击期或休克期。在危机事件发生后不久或当时，个体主要感到震惊、恐慌、不知所措，甚至出现意识模糊；其次是防御期或防御退缩期。由于灾害事件和情境超过了自己的应付能力，表现为想恢复心理上的平衡，控制焦虑和情绪紊乱，恢复受到损害的认识功能，但不知如何做，会使用否认、退缩和回避手段进行合理化或不适当投射，对解决问题的应对效果造成负面影响；再次是解决期或适应期。此时积极采取各种方法接受现实，并寻求各种资源努力设法解决问题，焦虑会减轻，自信心会增加，社会功能会恢复；最后是危机后期或成长期。多数人经历了灾害、危机，在心理和行为上变得较为成熟，获得一定的积极应付技巧，但也有少数人消极应对而出现冲动行为、焦虑、抑郁、分离障碍、进食障碍、酒依赖或药物依赖，甚至自伤、自杀等。

消极的自我防御机制，只能暂时缓解痛苦，不能从根本上解决问题。长期应对不当甚至会导致恐惧症、焦虑症、强迫症、抑郁症、疑病症及头痛、失眠、消化不良等躯体化症状。在灾难面前，应对者应采取以下积极的应对措施：

宣泄：选择适当时间、地点、对象，采用适当方法（如倾诉、痛哭、呐喊、写信、记日记等）将自己的痛苦表达出来。

转移：将注意力指向无害的事物或从事有益的活动（如看书、听音乐、看电视、做家务、体育锻炼等）以减轻痛苦。

代偿：失之东隅，收之桑榆。堤内损失堤外补，改变目标，以一方面的成功弥补另一方面的失败。

升华：化悲痛、愤怒为力量，将应激唤起的能量投入到对人、对己、对社会都有利的正确方向上去，使其富有建设性和创造性。

放松：通过深呼吸，放松肌肉，想象成功经历或美好景色以减轻或消除紧张症状。

脱敏：循序渐进地逐步接触敏感事物，以克服恐惧和焦虑。

幽默：以乐观的心态健康调侃或自我解嘲，给生活带来笑声，缓解紧张气氛。

自慰：在重大而无力挽回的挫折面前，适当地运用“酸葡萄”和“甜柠檬”心理，不失为一种有益的应对策略。

希望：有信心，不灰心，有希望，不绝望，才有战胜灾难的勇气和力量。

理智：认知重建，变非理性认识为理性认识。一分为二，辩证思考，用全面和发展的眼光，从消极中看到积极。

行动：灾难毕竟是天大的坏事，只靠调整心态的情绪应对是远远不够的，必须行动起来，为所当为，努力应对问题。要广泛搜集有用信息，掌握必要知识技能，寻求社会支持，采取积极措施，克服困难，减少损失，防止更大灾难的发生。必要时可以调整生活习惯，改变工作和学习方式，适应新的环境，以既来之则安之的平和心态在灾难中生存。

七、成年中期个体的自我教育

成年中期即中年期，指 40 ～ 65 岁这段时期。成年中期个体面对的主要问题是中年的生活与工作的双重压力，还有退休生活的适应问题。顺利度过中年危机，并较好地适应退休生活，是成年中期个体需解决的重要课题。

（一）顺利度过中年危机

孔子曰："吾十有五而志于学，三十而立，四十不惑，五十知天命，六十而耳顺，七十从心所欲，不逾矩。"说的是当人到了四十岁，对世态人生不再有迷惑，世事洞明、人情练达、荣辱泰然。到了四十岁，心灵有所归属，精神有所依托，人的心态才能常态，不至于大起大落、患得患失。

人到中年，个体的每一个改变都牵涉甚大。但是如果不改变，对未来的牵累可能更大。我们如何才能把中年危机转化为四十不惑，从而活出"第二人生"呢？

《易经》乾卦中说："或跃在渊，无咎。"这里的"或"字《易传》解释说："或者，惑也。"《文言》中也说："或之者，疑之也。"而"渊"在本文的场景下我们不妨理解为U形曲线的底部。就是说如果我们在人生最低点，也就是四十岁前后跃过了"惑"，就没问题了。为什么说"无咎"呢？孔子说："上下无常，非为邪也。进退无恒，非离群也。君子进德修业，欲及时也，故无咎。"换个角度看，这是一个新的开始。所以孔子说此时应该及时进德修业，展开人生中一个逐步上升的下半场。同时，我们进德修业的程度和及时性决定了下半场的高度。

中年人大多拥有权力，已经积累了一定的财富，但职场和财富的成功无法替代生活中其他领域的成功，最终让他们产生内心的失衡和焦虑。这个阶段，很自然地会重新审视自己的成就，因为多半中年人不见得满意自己过去三四十年所走过的人生，更不愿意未来仍旧这么走下去。许多人就是在这个时候内省和评估之后做出改变的。

一个心情平静，能创造内在喜悦的人，不需要他人肯定，也能活得圆满自在。如果把工作的能量看成一座金字塔，最底层是"恐惧"，第二层是"责任"，最顶层是"使命”。唯有到达最顶层，才能做自己的主人，能量才能得以不断地创造，不会枯竭，这就是内在喜悦的来源。

当一个人将工作升华为使命，他的人生便有明确的目标，同时充满韧性。即使外在环境艰困，仍能找到快乐生活之道。有了坚定的人生方向，在困境中才能够安身立命、以待时机，不怨天也不尤人，这就是“不惑”“不动心”的体现。

另外，成年人可以从婚姻危机中发现成长契机。中年危机中，往往会伴随着婚姻危机。在中国，夫妻之间心灵沟通很少。婚姻危机，无论是一方出轨还是情感倦怠，正是审视夫妻关系的最好契机。这并不是说鼓励离婚，而是透过审视与对方的互动模式，来重新认识自己，认识对方。比如，对妻子的不满往往能映射出自我的潜在需求，可能是两性关系出现问题的信号，也可能是希望获得安全感的需求。这些潜在需求大多数是在7岁前家庭中形成的深藏于潜意识中的东西。审视两性互动关系是提升自我灵性觉察能力的重要手段，遗憾的是很多人选择了不同形式的逃避，比如离婚，或者凑合着不去洞察和面对。家庭责任往往是中国人在40岁后维持婚姻的主要动力，然而在责任感的层面之上，如果双方能互相滋养对方的心灵成长，才能成就人生第二春。虽然心灵探索的过程是一种比较艰难的过程，做出改变也非易事，但仍有许多人能够顺利跨越这些瓶颈。个中关键，就在于是否具有成熟丰富的心灵，能否诚实地面对自己、面对人生，从而不在意外界的风风雨雨，找到内心的宁静，自信且踏实，真正完成“四十不惑”“五十知天命”“六十耳顺”的阶段任务。

（二）子女死亡的应对方式

人们最难以承受的伤痛之一就是“白发人送黑发人”。中国每年新增7.6万个失独家庭（失去独生子女的家庭），全国失独家庭已经超百万个，50岁以上失独群体日益庞大。这些曾经被称为“爸爸”或“妈妈”的人们，在失去子女后可能会陷入回忆和痛苦之中，尤其是母亲，更难以接受这样的现实。如何让遭遇此类变故者更好地应对困难、好好生活呢?

1. 基本目标

让成年中期个体与这件事（丧子）和平共处是基本目标。遗忘或回避丧子之痛并不可行，可能还会引起更多更严重的问题。个体可以和遇难的孩子进行“对话”。这样的“对话”是最有效、最基础的。如果不做到这一点，其他做得再好都不管用。可以给孩子写信，然后烧掉；也可以多去祭奠扫墓，把情绪释放出来。哭诉是一种很好的宣泄和沟通。在祭奠的时候，把自己的生活和想法对孩子说说，才能感觉到孩子虽然已经不在了，但彼此之间还是有联系，完全没有沟通是很可怕的事。

2. 稳定及处理各种情绪

个人要学会稳定自己的情绪，找一个有足够耐心听你倾诉的人去诉说，或者选择自己认为合适的方式来平静自己的情绪。

（1）处理内疚情绪：让个人对孩子有完整回忆。“疗愈”内疚是一个很主要的课题，因为它广泛地存在于丧子者的心中。内疚并不好处理，它存在的时间很久。孩子在的时候，父母不见得能看到这个孩子的好，可如今一旦孩子不在了，那么孩子所有不好的地方，父母都不记得了，父母对于这个孩子的回忆是不全面的，父母从不回忆这个孩子不好的地方，以及自己对孩子的爱。对此，自己学会问自己一些问题，包括“孩子做过的最让人生气的事情是什么?”“孩子最让伤心的地方是什么?”“孩子最可爱的地方是什么?”，个体要构建一个对孩子全面的印象。

（2）应对绝望情绪：换位思考让父母坚强地活下去。用苏格拉底式的对话进行换位。模式如下：“如果可以选择，你愿意选择遇难的是你，还是孩子?”百分之百的父母都选择：“我宁愿遇难的是自己，让孩子活下来。”“假设遇难的是你不是孩子，那么现在你在天上看到孩子，希望你的孩子怎样度过?”回答也是一致的：“希望他过得开心过得幸福。”“如果你的孩子活在世上每天想你，每天伤心难过，不去上学，你会有怎么样的感受?”“我会感到很难过。”最后，反过来问：“孩子现在在天上看着你，孩子会希望你怎么过?”这样的对话会逐渐排解家长们的绝望情绪。

（3）应对抑郁情绪：想方设法让自己活动起来。活动起来是最好的方法，因为只有活动，才能让个体的抑郁不再加深。比如去有同样遭遇的团体中，和别的母亲结伴。

（4）应对愤怒：愤怒没办法调节，他人陪伴就好。这是一个急性情绪，有人陪伴在身边，出现意外，要允许个体发泄。

3. 角色认同

个体要学会对自己进行“角色认同”。孩子没有了，可能给自己带来怎样的改变，这些事情丧子母亲很多时候是意识不到的，即使意识到也意识不全。可以到一个团体中，做一个集体的分享，诉说自己的角色，慢慢地引导自己进行角色转变。原先是一个孩子的母亲，现在成为一个失去孩子的母亲，要逐渐适应现在的角色。

4. 让亲人提供更多的支持

和谐的家庭环境是丧子者特别是母亲走出痛苦的重要支持因素。丧子者的家人必须对其进行帮助，亲人们、兄弟姐妹们也要经常走动。更多的家人经常联系或住在一起，她们就会有更多的依靠。

丧子母亲这个群体也可以一起抱团取暖。同命人的相互倾诉也是一种非常有效的方式。心理咨询师刘猛说：“她们相互之间的关心和支持往往更有效果。痛失爱子的母亲常常会将一个故事重复讲十遍给你听，然后每天这样给你重复说，这不是一般的人可以承受得了的，但作为同命人，同病相怜，她们却乐于倾听。”

5. 重建生活秩序和情感支撑系统

个体生活秩序和情感支撑要进行重建。丧子后，特别是母亲们的生活结构改变了，生活方式也改变了，情感的支撑结构也改变了。个体必须完成这样的认同，重新建构自己的生活秩序和情感支撑系统。中国人，尤其是传统中国的女性，少有自我实现的需要，孕育一个孩子，把这个孩子培养成人就是她们生命的全部。现在孩子没有了，就需要寻找一个生命价值支撑，最好的方法就是让这样的母亲有事情可做。不管做什么事情，是运动还是参加体力劳动，只要动起来，就可以防止抑郁加深。抑郁的加深往往是因为动作的减少，它们是相互影响的。努力去接触有不同生活方式的人。可以做志愿者，可以做公益。很多丧子母亲当了志愿者，在帮助别人的过程中，自己心理恢复速度也加快了。

（三）适应退休生活

每一个人都是沧海一粟，人的一生虽有几十年乃至百年，也不过是历史长河中的短暂瞬间。退休是生命发展的自然规律，因为这时人的生理机能开始衰退，体力和智力都明显不及过去，许多疾病已经或正在产生，到了法定年龄，就心境平和地退休。《中国新闻周刊》曾对全国各地 12 位 40 ～ 50 岁的中年人进行了电话和问卷调查。三个幸福因素备受即将步入老年的中年人的关注。一是经济相对富裕，过有尊严的老年生活；二是有一定的社会活动，生活质量高；三是健康。退休老人应做到：

（1）坚持自立自强。要拥有独立思想，独立经济能力，独立住所，独立存款。

（2）保持良好的人际关系，如帮助晚辈做一些力所能及的事情，支持晚辈的工作；定期探亲访友，谈天闲聊，回顾往事，这都可延缓衰老。平时也可多与本单位的退休人员接触、交流、谈心等。

（3）丰富自己的退休生活。退休老人们要从各自的年龄、特长、兴趣、爱好等具体情况出发，自我设计，精神和生活内容充实了，退休才不会感到无事可做、空虚无聊。要培养爱好，要保持一定的忙碌，还应保持一定的紧张。如再找份工作，发挥余热；上老年大学，丰富生活；尽可能地享受身边的一切事与物，可以用钓鱼、跳舞、书法、乐器、桥牌、麻将、交友、散步、太极、爬山等丰富日常生活。

（4）保持平和心境。王夫之提出了著名的“六然”修身格言，其中蕴含了深刻的哲理，这对老年人修身养性大有裨益。

（1）自处超然。一是要有效地调整自己，从孤独寂寞中享受内心的宁静，这就是自处超然；二是在对待生、老、病、死和生活中的种种挫折时，能悦纳自己身上发生的一切，包括机能的衰退、境遇的变化，顺乎自然，不自责、不后悔、不怨天尤人，采取超然达观的态度。

（2）处人蔼然。人与人之间难免发生一些纠葛和不快，有的人会心生疑窦，常生一些偏狭的念头，认为别人冷待了自己，多心子女嫌弃自己，并为此与他人发生争执。这样做对自己和他人都是很不利的。人与人相处应多理解、谅解，宽以待人。若能常以“处人蔼然”的态度来解决人际关系矛盾，有助于经常保持乐观心态。

（3）无事澄然。老年人时间的自由度较大，应妥善安排闲暇时间，并学会从宁静、闲逸的生活中寻找生活的乐趣。如果心浮气躁，自处则不宁，无事则烦闷，那就会“无事生非”，失去了心理的平衡。无事澄然，体现了个人的修养和素质。

（4）有事斩然。当人面临一些躲不开的矛盾时，长期犹豫不决，矛盾困惑，会加大人的心理压力，影响身心健康。因此，当问题发生时，久拖不决就不如决然果断。处事斩然有两层含义，一是使问题迅速解决、告一段落；二是实际问题并没有根本解决，但从内心把自己与事件的关系确定下来，给自己一个说法，不再受搅扰。有些矛盾、问题解决不了，就不如暂时回避，保持心灵上的宁静，有益于修身养性。

（5）得意淡然。老年人都经历了各自生活的峰巅，大都能够做到宠辱不惊。孔子说，老年人“戒之在得”，告诫老年人不可对身外之物有过分的留恋和追求。老年人很少会像年轻人那样容易沾沾自喜，得意忘形。应对万事淡然处之，在宁静中体会成功的喜悦，就像细细地品味一杯老酒，醇香而不醉人。

（6）失意泰然。老年人的失意感大多与家庭生活、人际关系、自我评价有关，当然也会受到退休后生活待遇变化的影响。“莫听穿林打叶声，何妨吟啸且徐行。”老年人经历了大半生的荣辱兴衰，体悟到人间冷暖、世态沧桑，所以生活信念应愈加坚定，而对具体生活目标的追求，要从激烈转变为平稳，做到失意泰然。

八、成年晚期个体的自我教育

成年晚期个体处于面临退休或刚刚退休的时期，是人生的夕阳时期。虽然“只是近黄昏”，但是依旧“夕阳无限好”。老年人自我教育主要包括以下几个方面：

（一）过有质量的晚年生活

中国即将步入老龄化社会，老龄化是世界性的问题。但过好晚年生活，依然有无限可能。

1. 积极看待变老的自己

人老无用还是人老更妙，取决于看问题的角度、价值观念和心境。有位美国学者提出“人老更妙”的看法。

（1）人老更聪明。花白的头发正是敏锐思想的见证。《女人怎样变老》一书的作者亨尼格说："如果你坚持不懈地阅读、思考、创造生活，则你所获得的知识无疑会增长你的才智。倘若时间够用，每长一岁，你都会在智力测验中取得优秀的成绩。"随着年龄的增长，人的推理和记忆的速度会有所减慢，但其质量不会因此退步。年龄增长，虽会失掉一些脑细胞，但与脑细胞的总量比，却是微乎其微的。而且，随着大脑的使用，在大脑细胞中间又会生出更多的联系分支——体现了思维的活力。如果一个人始终过着积极活跃的生活，脑组织的这种活力可以延续到七八十岁，甚至更久远。

（2）人老更坚韧。达特茅斯医学院的神经病学教授乔治·E. 威尔伦特博士研究指出："我们用于心理防御的手段会随着年龄的增长而更趋于健康。年轻人凭一味克制或是外露的冲动来保护自我；而中年人则更多依仗诸如幽默、利他主义（谦让）和创造力等防御技巧。对于同一件事，年长者不似青年人将它看得那样了不得。"

（3）人老爱更深。"人年纪越大，夫妻关系越牢靠。"亨尼格认为，"你结婚的时间越长，婚姻也就越稳定。""如果你有一个美满的婚姻，"心理学家贝尔斯基补充道，"在孩子们成人离家以后，两人生活很可能会更融洽。"

（4）人老悟更深。饱经人间沧桑的老年人，对人情世态感悟更深。因此，他们往往能够摆脱狭隘、偏颇和不必要的思想束缚，俯视人生，超越自我，走向豁达。思想上的解放使得他们得以进入宽松的生活环境，能够对人以真诚。伯曼说："你不能像从前跑得那样快，但是你的精神会更加坚强。"你有时间思考和回味自己的生活经历，使内心世界更加丰富。结果会加深你的信仰，即"精神的升华"，是大彻大悟的智慧。

2. 尽快调整角色

老年人应该放弃通过直接参与社会工作来证实自身价值的想法，彻底调整看问题的角度，使自己尽快进入新的社会角色。

3. 开发新的生活领域

老年人应充分利用自己拥有大量闲暇时间的优势，把自己的既往经验和人生阅历用于开发新的生活领域，不要在不可比的范围内去与年轻一代做比较。

4. 为下一代成长铺路

老年人要有老年人的从容心态，做一个仁厚长者，关心下一代的成长，以成熟自信的心态去真心为他们创造发展的条件，心甘情愿地去做社会前进的铺路石子。只要这样做，个体就会感到自身的价值，失落感和无用感等消极心态就会不断减弱，乃至消失。

5. 善用"情绪解脱"法

老年人往往会遇到一些特有的矛盾和挫折，即使是再豁达、乐观的人也会产生一些消极的情绪，关键是能够做到不被消极的情绪所左右，能尽快求得心理上的自我解脱。老年人可以科学地运用心理防御机制，摆脱情绪上的困扰，这就是老年人的"情绪解脱"之法。

（1）返老还童法。经常回忆童年的趣事和朋友，拜访青年时代的故友及师长，可故地重游，旧事重提，让童真、童趣净化人的灵魂。

（2）时间淡忘法。遇到不愉快的事，为避免发脾气，导致人际关系紧张，可采用“无为而治”的办法，先放一放，让时间使自己逐渐转变。有些经历必然会使人产生痛苦，重要的是留给自己时间。

（3）自我宣泄法。遇事采取不伤害自己、他人和社会的方式，可通过某种积极的活动，也可在无人处大喊一通、痛哭一场，以恢复心理平衡。特别是性格内向、情绪忧郁者，当遇到不愉快时，应学会主动合理地宣泄不良情绪，以保护自己。

（4）友情支持法。知心朋友是相互支持，共渡难关的重要保证。每个人都应交几个知心朋友，主动建立起自己的心理支持系统，当遇到挫折时，可向朋友倾诉。

（5）情绪转移法。心情不愉快时，不要钻死胡同。有些事情在想不通时，不妨索性暂时放下，先去干点愉快的事，或在海滩漫步，在崇山峻岭中跋涉，或观日出。大自然的壮丽景色会使人平静，适度的疲劳会使人忘却烦恼。

（6）精神寄托法。坚持读书、看报、书写、绘画、运动、音乐，适当参加社会活动。做到老有所学、老有所为，在为社会服务、帮助他人的过程中体会自身的价值，使晚年生活更充实。

（7）改变环境法。当面临某些环境、事物和人而产生不快时，当睹物思人引发悲伤情绪时，可通过改变环境来调整情绪。如避开某些人、调整居住环境、改变家具的摆放位置等。

（8）自我肯定法。有时人会因某事的不成功产生自责感。《悲痛时刻》一书的作者伯莎·西莫斯说：“在一次失败后降低对你自己的要求将大有裨益。记住，在悲痛的危机中产生的无能为力的感觉和依赖性是不会持久的。这些感觉只意味着你是人类的一部分。”因此，人应放弃自责，肯定过去的努力和今天的认识。

（9）知足常乐法。老年人要恰当地给自己的生活目标、生活角色定位，根据自己的实际情况去追求生活，不过多奢求，使自己经常处于一种满足的状态。

（10）直面现实法。当人经历了不幸，心理面临挫折时，常会产生躲避现实的念头。躲避的不但是痛苦，还有自己的责任。如果我们领悟到，通过自己的努力能够创造幸福时，或许能在过去的不幸中看到生活的意义，总结出人生的经验。为了未来，人应当面对现实，适应生活。

（11）意义寻找法。当人经历过大的不幸之后，不要怨天尤人、自暴自弃。只要善于从不幸的境遇中及时发现于己有利的积极因素，就能够尽快振作起来，及时摆脱消极的心境。

（12）意志锻炼法。意志是自尊、自信的前提，是战胜困难的保证。贝多芬说过：“卓越的人一大优点是，在不利和艰难的遭遇里百折不挠。”良好的生活习惯、始终如一的生活态度，都体现出人的意志力。

（二）性生理与性心理调适

进入成年晚期，个体的性功能有了明显退化，但相当多的老年人性欲和性兴趣依然强烈，性生活仍然十分活跃。有关统计资料表明：在 66 ～ 71 岁的年龄段内，对性有兴趣的男性为 90%，女性为 50%，就是在 86 ～ 90 岁的年龄层中对性有兴趣的男性也有 51%。临床研究表明，适度和谐的性生活确可延长老年人的寿命。性生活和谐的老年人多头发光润，皮肤弹性好，皱纹少，视觉、听觉也很好，心情愉快，寿命明显高于全国平均寿命。但是，据《全国性文明》调查显示，中国女性在 51 岁以后停止性生活的，城市占 35.3%，农村占 58.3%；中国男性 51 岁以后停止性生活的，城市占 56.8%，农村占 80.6%。有关专家认为，中国老年人停止性生活的时间过早。老年人性生理与性心理要进行适度调适。

1. 尽量避免“被动分居”

老人不应在“被动分居”中生活，子女也不应该让老人“被动分居”。如果一对老夫妻有两个子女，一人接一位老人去为自己看孩子，生活起居也照顾得很好，但老夫妻就是不能生活在一起，这样也不合适。爱情并不是青年人的专利，爱情同样属于老年人。俗话说：“老伴，老伴，愈老愈要有伴。”这是有道理的。老人丧偶，应支持其再婚。虽然再婚的问题很多，但总的说再婚为好。老人更需要爱情的甘露。生活中常见到相依为命的一对老人，常常一个病逝了，另一个不久也去世了。尤其是妻子去世了，男性老人很快去世的情况更多见。

2. 学会在性活动中得到快乐和自信

老年人性活动的方式有很多种，性交、自慰、亲吻、拥抱等直接和非直接性交等方式都可以让自己获得满足感。性活动和由性活动带来的快乐能使老年人增强自信。一方面性冲动可以证明老年人的健康状况良好，身体机能正常；另一方面成功的性生活使其意识到，自己的性能量比想象的要乐观得多，从而树立对自己性能力的信心。性快乐也可以让其获得一种心理平衡，这是很重要的老年心理慰藉方式，比任何说教都管用。

3. 性活动方面的障碍能够得到指导

老年人性活动障碍的最大因素是文化性压力。强制推行不承认性生活的神圣老人形象，就会压制老年人的性活动。老人年事多高，从广义上来讲，性活动都是可能的，而且也没有理由去禁止。老年人身边的人都应认可这一点，并在老年人性活动方面遇到障碍时能够进行有效指导。

（三）适应配偶亡故

对老年人来说，几乎没有什么事件比丧偶更让人感到悲痛。特别是对于年轻时就结了婚的人来说，配偶的去世会导致巨大的丧失感，而且还带来经济和社会环境上的重大改变。

一般来说，适应寡居（鳏居）的过程分三个阶段：第一个阶段是准备期，夫妇的任何一方都要有思想准备，在将来的几年甚至几十年，对方都有可能去世。此时要考虑很多事情，例如买人身保险、准备遗嘱、决定养孩子以便老有所依。这些事情，每一件都是为将来要变成鳏寡个体做准备，那时人们需要一定程度的帮助。第二个阶段是伤痛和悼念期，这是配偶去世后，健在一方的即时反应。他们首先要承受丧偶后的痛苦和打击，继而要度过丧偶带来的情绪起伏阶段。个体度过这个阶段所需的时间取决于其他人所给予支持的多少以及个人的人格特征。对某些人来说，伤痛和悼念期会持续几年，而其他人只需持续几个月。最后一个阶段是适应期，鳏寡个体要适应新的生活。他们开始接受配偶的死亡，以新的角色生活，建立新的友谊。适应期还需要重新整合和发展一个新的同一性——作为一个单身的人。

配偶的死亡，是生命中一个重大事件。发生在成年晚期，其影响尤为严重，因为配偶的死亡预示着自己也会死亡。

如何走过这段艰难的历程呢？

1. 丧偶者接受谈论此事

丧偶者开始往往存在否认的倾向，为了接受丧偶这一事实，需要对丧偶者与死者的关系及其他有关事件进行回忆，必须鼓励丧偶者表达内心感受及对死者的回忆。虽然在居丧头几周，其他人要与丧偶者谈论爱人的死亡非常困难，但当我们把这件事谈透彻之后就能对丧偶者有所帮助。因为他（她）毕竟经受了相当长一段时间的痛苦煎熬。在居丧过程中，记住已经发生的主要的事情，并把注意力集中在这些事上面，不断思索、理清头绪，有利于我们对居丧及对寂寞的感受。

2. 鼓励丧偶者表达和发泄悲伤情感

鼓励丧偶者表达和发泄他们的悲伤情感也是非常必要的，所以要鼓励居丧者反复地哭泣、诉说、回忆，以减轻内心的巨大悲痛。当丧偶者在生活中对其亲近的朋友，尤其是那些与他私交甚厚的朋友吐露内心的忧伤时，悲伤的情绪能够得到某种程度的减轻。这个时候有的人会号啕大哭，有的人会歇斯底里地喊叫，有的人会默默垂泪，有的人则会报以感激。所有这些，对于丧偶者减少内心的悲痛，使心境恢复平静都是非常有效的。

3. 亲友要给予情感支持

作为朋友或亲人要倾听丧偶者的痛苦、悲伤，尽可能地和丧偶者谈论他（她）的感受和想法，帮助他（她）尽快地从悲伤的情绪中走出来。当人们用关切的神情、温柔的目光、体贴的动作、得体的语言对待丧偶者时，他（她）就能感受到温暖，感到彼此之间心理距离的接近，从而愿意向别人倾吐出他（她）心头的巨大悲伤。

顺利地度过居丧期是非常重要的事，个体可以从中学会如何继续生活，如何化悲痛为力量。

（1）接受事实。这将需要时间和耐心，但也是最重要的一步，认识到所发生的一切是真实的，同时个体可以试着和其他能够提供帮助与抚慰的人来倾诉这样的事实。

（2）让自己感受到痛苦与损失。亲密的爱人去世了，个体感到痛苦和悲哀，是一种很重要的、不可回避的自然情绪。感觉到自己的疼痛可能是最困难的、最难以面对的事情之一，但也是伤口愈合的关键一步。

（3）举行祭奠仪式或采用其他纪念方式可以帮助缓解情绪。设计一些有益的纪念方式，有助于治愈悲痛，认识到事实，更好地做分离。

（4）不要强行压抑痛苦。不要压抑和约束痛苦和悲伤，用眼泪和笑声释放紧张情绪，要懂得感情可以像过山车一样起落，难以控制，也不需要去控制。哭是最常见的一个方法，能够在想哭的时候哭出来，其实是一件好事。有些人不愿哭出来，原因可能是他们需要时间和空间，以自己的方式表达悲痛。但是如果想哭却哭不出来的话，最好去看心理医生。另外，和亲人朋友倾诉对逝者的思念等，都可以很好地将郁结在心中的感情发泄出来。

（5）寻求帮助。朋友们可能不知道如何帮助，所以个人的主动求助有助于他们知道怎么样帮助最有效，如果感觉自己不能进行调节，要去求助专业机构，如心理咨询中心等。

（6）好好照顾自己的身体、心灵和精神。注意生理反应，比如：胃口差、睡眠障碍、注意力难以集中等。认真对待和调节，均衡饮食和足够的休息和运动有助于愈合过程。

（7）至少半年后，再做出改变生活的重大决策。如搬家、改变生活方式等。

（8）帮助别的有需要的人。帮助别人可以让人暂时忘却悲痛，同时带给自己力量感和意义感，是一种很好的治疗方式。

（9）感激关心自己的人。居丧期想孤立自己是一种正常反应，但如果能与别人交流，会给个体带来更大好处。不要与亲朋好友切断联系。共同分享，可以滋养和帮助个体伤痛愈合。

（四）做好独自生活的准备

独身的老年人如果想让子女陪在身边，可能既会影响子女的独立，也会使自己衰老得更快。所以，每个老年人都要做好独自生活的准备。老年人不仅生活上要独立，情感上也要独立。现代家庭大多是一个孩子。孩子长大后要承担相应的社会责任，有自己的生活空间，终归是要离开父母的，这也是自然规律。老年人要调整好心态，安排好生活，丰富情感，每天都快快乐乐地生活，不给儿女找麻烦，不给自己找烦恼。

独立生活并不难。当今社会，社会化服务日益多起来，代替了不少家务劳动。对于有些不便于请人或委托给社会的家务活，如钉个纽扣、换根保险丝等，虽不太难做，但独身老人一旦遇上从未做过的小家务活，也会束手无策。所以老人平时要多学习做些自己不熟悉的小事，以增强生活的自理能力与自我服务能力。

九、临终期个体的自我教育

对死亡的恐惧是人的本能，中国人更忌谈死亡。但死亡是每个人必然的最终结局。其实，每个人都是向死而生——出生既是生的开始，也是死的开始，每个人都在一步步走向死亡。所以，个体只有直面死亡，坦然面对死亡，接受死亡的存在，才能平静地接受自己即将死亡的事实。

（一）正视死亡

好生恶死，是人之常情。但是，死亡是无法逃避的。面对死亡，古代的道家显得比较超脱。

春秋战国时期的惠施曰："日方中方睨，物方生方死。"庄周在《庄子·齐物论》曰："方生方死，方死方生。方可方不可，方不可方可。"说的就是万事万物正在不断地出生成长，也在不断地死亡消失。生与死皆如此自然，何惧之有？

季羡林先生对死亡看得很洒脱，但他认为达到如此超脱之境，需长期的磨炼。他在《病榻杂记》中说："江淹的《恨赋》最后两句是：'自古皆有死，莫不饮恨而吞声。'第一句话是说，死是不可避免的。对待不可避免的事情，最聪明的办法是，以不可避视之，然后随遇而安，甚至逆来顺受，使不可避免的危害性降至最低点。如果对生死之类的不可避免性进行挑战，则必然遇大灾难。既然非离开不行，哭又有什么意义呢？反不如笑着离开更使自己洒脱满意愉快。但是，人不仅有逻辑，他还有思想感情。逻辑上能想得通的，思想感情上未必能接受，而且思想感情的特点是变动不居。一时冲动，往往是靠不住的。因此，想在思想感情上承认自己能笑着走，必然有长期的磨炼。"

（二）珍惜当下

既然死亡不可避免，那么，珍惜当下的生活，好好度过每一天，享受工作、生活与亲情，应该是面对死亡者和所有生者的生命信条。

陶渊明对于生死的态度很达观。他有一首诗："纵浪大化中，不喜亦不惧。应尽便须尽，无复独多虑。"他的"尽"就是死。既然死亡自己也操纵不了，也就用不着"多虑"了。这是最合理的态度。所以，只要活着，就应当珍视每一天，为应为之事。正如诗人布莱克所歌颂："在一粒沙中看到世界，在一朵花中看到天堂，在你的掌中把握无限，在一小时中掌握永恒。"

（三）坦然面对死亡

一个人只有精神上达到一定境界，才能超越生死。超越了生死，才能放下生死，轻松享受有限的生期。古人说："民不畏死，奈何以死惧之。"老来不怕死，就活得轻松，生活质量就高。人越是不怕死，就越是死不了。到了生命的最后阶段，要争取"少受一点罪，走得快一点"，既减少个人的痛苦，也避免给他人造成负担。

思考题

1. 试分析不同发展阶段个体家庭教育的重点。
2. 为什么要建立身心平衡的自我？具体如何做？
3. 请从终身学习的视角谈谈家庭教育。

第七章 特殊家庭和人群的家庭教育

从家庭形态来看，除一般家庭外，还有一些特殊家庭，如离异家庭、再婚家庭、收养子女家庭和失独家庭等。这些特殊家庭的家庭教育更需要专业指导与社会支持。同时，每一个孩子都是独一无二的，让每个孩子特别是特殊需要孩子都能身心健康成长，是构建和谐社会、建设和谐家庭的需要。独生子女、留守儿童、流动儿童、残疾儿童、智力超常儿童和罪错儿童，这些特殊人群的家庭教育对家长提出了更高的要求，更需要家长有积极乐观的生活态度、科学的教育理论与方法，以及良好的社会环境支持。由于我国实行了三十多年独生子女政策，全面二孩政策放开后，二孩家庭教育也需指导。如果家长生活态度积极乐观，家庭关系处理得体，教育方法科学合理，孩子就会成长为健康发展、幸福快乐的社会人。

一、独生子女的家庭教育

独生子女是计划生育政策下产生的特殊人口群体，其法律内涵即为独生子或独生女。他们没有兄弟姐妹，也没有同父异母、同母异父或者收养的兄弟姐妹。①据统计，2011 年，我国独生子女数量已突破 1 亿，城市独生子女数量已将近 7000 万②。原卫生计划生育委员会据《中国家庭发展报告 2015》统计：符合计划生育政策的家庭占 69.9%，其中独生子女家庭占计划生育家庭的 56.1%③。那么，独生子女家庭约占全国家庭的 39.2%，即中国约四成家庭为独生子女家庭。由于集万千宠爱于一身，很多独生子女出现了成长

① 周沛，周进萍．独生子女风险及其保障研究［J］. 社会科学研究，2009（1）：90—95.
② 徐俊，风笑天．我国第一代独生子女家庭的养老问题研究［J］. 人口与经济，2011：5.
③ 国家卫生计生委家庭发展司．中国家庭发展报告 2015［M］. 北京：中国人口出版社，2015：10.

问题，如以自我为中心、独立性差、性格蛮横、任性等。另外，青少年暴力问题、犯罪问题日益突出，也成为社会关注的热点话题。独生子女最突出的表现是自我意识强。如果辩证地看独生子女的成长，当表现为优点则意味着人格独立，当表现为缺点时就是自负、以自我为中心。

(一) 独生子女的优势与问题

由于成长于特殊的家庭环境中，独生子女身上不可避免地带有一些特殊性。这种特殊性既可能表现为独特的优势，也可能表现为成长问题。

1. 独生子女的优势

独生子女由于处在家庭中的特殊地位，有着非独生子女不具备的优越条件。

(1) 独生子女享有充分的爱。独生子女在家庭中处于核心地位，往往是两位父母、四个老人共同疼爱一个小孩。在这种条件下对独生子女的发展是非常有利的，孩子的智力、情感和个性都能得到顺利的发展。

(2) 独生子女能获得较优越的经济物质条件。相比多子女的家庭，独生子女能获得比较优越的物质生活，教育资本也非常充足。

(3) 独生子女拥有的教育条件较好。独生子女家长愿意花较多的时间和精力对孩子进行早期教育，且多“望子成龙，望女成凤”，千方百计为孩子创设各种学习机会和条件。

得天独厚的家庭教育资源与父母的高度关注，使独生子女比非独生子女有更为优越的教育环境，在个人发展方面具有很大优势。

2. 独生子女的缺点

由于家长过度保护、过度关注与过高期望，独生子女身上存在很多缺点。

(1) 以自我为中心，自私、任性。在独生子女心中，自己就像家里的太阳，谁都要听他（她）的，自己可以随意支配任何人。很多独生子女任性、专横，不懂得分享。一点小事不顺意，就大发脾气。

(2) 缺乏独立性，依赖性强。很多独生子女缺乏独立意识，懒惰，生活自理能力很差。他（她）不会洗衣服，不会铺床叠被，不会整理自己的物品，有的孩子甚至在家没有做过一点家务。因此，离开了大人，这些孩子什么都不会做，无法生活，从而产生以表面强大掩盖自卑的行为。

(3) 抗挫折能力差。抗挫折能力是个体适应社会的重要能力。但很多独生子女是在家长的赞美声中成长起来的，很多家长把“孩子，你真棒！”挂在嘴边。即使孩子做错了事情，也无原则地护着，生怕孩子受一点儿委屈，从而忽视了对孩子进行耐劳、吃苦、负重等意志培养的锻炼。经常有成人或中小学生因为一点不如意就灰心、抑郁甚至自杀的报道。

（4）胆小怯懦、不擅合作。由于家长对独生子女娇宠、溺爱，对孩子过度保护，唯恐稍有不慎造成伤害，因此孩子往往表现得胆小怯懦。很多独生子女胆小、孤僻，适应新环境能力差。在人际交往中不主动，不合群，难以很好地与人沟通和合作。加之无兄弟姐妹，独生子女的孤独感更强。

（二）独生子女的家庭教育

家长的文化修养、道德水平、性格和生活习惯等，无不影响着未成年人的成长。家长作为孩子的第一任老师，不仅要提升自己的文化修养、道德水平，更要不断调整自己的家庭教育理念以及方法，树立科学教子的思想与理念，注重和谐、文明家庭的建设，掌握并运用科学的教子方法。这样，才能满足独生子女群体成长的特殊教育需求。

1. 家长要提高自身综合素养

家庭是孩子的第一所学校，父母是孩子的第一任老师，父母的素养决定孩子的素养。高素养的父母会运用科学的理念与方法，积极主动地教育子女，能较艺术地解决和处理亲子关系中的矛盾以及个体成长中出现的各种问题，而且能以身作则，用榜样的力量潜移默化地影响孩子成长。

要想培养出高素质的孩子，独生子女家长一定要注重自身各方面修养的提高。在道德、文化上多管齐下。

（1）努力提高自身的品德修养。要多看正能量的影视节目与图书，培养自己高尚的品德。

（2）做学习型家长。要多读一些心理、文化、科学方面的书，尤其是家庭教育方面的书籍。如，发展心理学、儿童心理学等方面的书，多了解并掌握做一个好父亲或好母亲等方面的知识。

（3）提高审美情趣。多读文学、艺术、哲学、历史和其他方面的书籍，多收听和观看艺术方面的电视节目，提高自身艺术修养、审美情趣，从而引导孩子提高审美能力和审美情趣。

2. 树立科学育人观

独生子女家长要了解独生子女的成长特点和规律，树立科学的育人观。

独生子女家长应明了爱的本质是顺应孩子自然、自主、自由成长的天性，而控制、包办、过度保护则是溺爱，违背了孩子自然、自主、自由成长的原则。独生子女家长要提高认识，转变教育理念，顺应孩子天性，让孩子自然、自主、自由成长。

真正的爱是什么？真正的爱，是适度的均衡的爱，不是溺爱。过度溺爱与保护，都不是爱孩子，而是害孩子。真正的爱无条件。不管孩子什么样，都要完全接纳。真正的爱不是占有，而是放手。

3. 重视孩子综合素质发展

家长要了解独生子女身心发展特点与规律，了解孩子的兴趣与爱好，要顺应其天性与身心发展的需求。同时，要注意教育的均衡性，在重视孩子智力开发、学习成绩的同时，关心孩子的身体健康和心理健康，重视成“人”教育，引导孩子做善良、仁爱、无私的人。

4. 培养孩子独立人格

依赖性强，独立性差，是很多独生子女的缺点，这是父母过分保护、不肯放手所致。

有人说，最好的母爱，是一场得体的退出，但父母如何放手培养孩子的独立性呢?

（1）父母要有放手意识。孩子不是父母的私有财产，而是属于社会的独立个体。孩子应该有独立的思想、权力与主张。

（2）父母要放手让孩子做事做主。父母对孩子放手，不是放纵，更不是不闻不管，因而，父母要认真思考、分析、归纳、总结。对于孩子的事情，什么事情应该放手不管，什么事情应该监管，什么事情必须引导，什么行为应该放手，什么行为应该干预，这都需要父母与孩子之间要有规矩，有界线。

孩子自己能做的事，绝不包办代替，孩子能做主的事，父母绝不干涉，也不要担心孩子独自做事会吃苦。只有舍得放手，才有机会培养孩子独自做事的能力。

相关链接

孩子能做的事情就让他做

孩子自己能做的事，就让他自己去做，我们千万别替他去做。这是一个很重要的教育原则。

很多父母喜欢帮孩子做事情，其实，如果总替孩子做他们能做的事，是打击他们做事的积极性，也暗示着他们：“我不相信你的能力、勇气。”同时，还会使他们失去实践的机会，缺少独立的意识与精神。

一个人如果缺少独立意识，会高度依赖别人。因为他们没有自我意识，自己不能满足心理上的需求，不论在思想、价值还是行为上，这些人总依赖他人，没有自己的思想，总按照父母或其他权威者的方式思考与决断。

我们总爱说孩子还小，并因此习惯帮他们做决定做事，我们不知道的是，虽然孩子是一个未成年人，能力有限，但有他自己的性格特点。所以，我们还是要放手让孩子去锻炼，以此来培养他自立自强的精神与意识、品质。

我们是非常注重卡尔自立自强的精神与意识、品质的培养的，他自己能做的事，我们总是放手让他自己去做。

1. 卡尔出生后，经常让他独自睡在摇篮中。

在卡尔刚出生时，我就经常让他独自睡在摇篮中，而不是让他睡在母亲的怀抱里。如果不到规定的时间，即使他怎样哭闹，他的母亲也不会随便给他喂奶。有人认为我的这种行为有些残酷。实际上从幼年开始培养孩子的独立精神是十分必要的。而对孩子无微不至的关怀，往往会造成他的能力低下，同时，也不会为孩子接受。

2. 卡尔能自己穿衣服，就让他自己穿。

培养孩子独立性，要从小事做起，卡尔的母亲在培养他自己的事情自己做时，其做法非常好。

比如，当卡尔应该学会自己穿衣服的时候，妻子就开始让他自己尝试着穿，而不是替他穿。她一边指导示范，一边看着他自己穿好。她从不催促他，而是慢慢地说："你要自己穿上，慢慢来，不行妈妈再帮你。不要忘了，你已是一个大孩子了。"

3. 卡尔遇到困难时，鼓励他坚持。

如果卡尔还坚持不能自己穿，她也并不理会这些，继续鼓励他："你肯定能自己穿上。妈妈闭着眼睛数十下，看你能不能穿上。"这时，卡尔可能继续做下去，也可能开始哭起来，不再做任何努力，妻子就不再理他。当卡尔发现他的哭闹并不能引起母亲的同情时，他就不得不尝试靠自己来解决。事实证明，卡尔很快就学会了自己穿衣服。

我和卡尔的母亲就是从这些小事上开始培养儿子的独立意识的。父母不可能一辈子陪伴着孩子，孩子总要走上社会，过独立的生活。因此，父母要设法培养孩子独立自主的生活和处世能力，这些能力与孩子的学习和成绩同样重要。

（资料来源：[德] 威特. 卡尔·威特的教育 [M]. 北京：中国妇女出版社，2015：106.）

5. 注重意志力培养

意志力是人格发展中的一个重要要素。意志力不足，个体会表现得优柔寡断、举棋不定、忧虑重重，抑郁症患者多有此表现。而意志力过强，则会太压抑自我，易产生精神与心理疾病。可以说，只有各种人格要素都均衡发展，才能形成健全人格。

由于生活条件富裕，凡事父母包办，独生子女很少有锻炼吃苦的机会，意志力大多薄弱。所以家长要多给孩子提供锻炼机会。

一是父母可经常带孩子去农村体验生活，磨炼孩子的意志力。

二是在日常生活与学习中，父母可以有意识地设置一些障碍。比如，带孩子出外旅游时，可选择自助游。旅行途中，让孩子自行解决一些问题，如买车票、网上订旅店等，当孩子遇到问题时，父母可提供一些解决问题的建议。具体怎么做，还是让孩子自己去做。

在为孩子提供锻炼意志力的机会时，父母要多进行鼓励，提高孩子战胜挫折的信心。

二、二孩家庭的家庭教育

我国从 20 世纪 80 年代初正式推行计划生育政策，从而诞生了独生子女这个特殊群体。从 2002 年我国实施双独政策，到 2015 年二孩政策全面放开，全面实施一对夫妇可生育两个孩子，二孩家庭比例逐渐增加。二孩家庭的家庭教育也越来越引起关注。二孩的出生，使原有的家庭格局和家庭分工都发生了变化。家长需重新调整家庭教育方式，应对新的家庭教育挑战。

（一）二孩出生对家庭的影响

1. 对家庭教育的正向影响

在二孩家庭中，一孩独大的家庭教育模式逐步改变，对子女人格发展教育带来很多积极影响：首先，大孩在父母的积极影响下，主动承担起照顾弟弟妹妹的责任，帮助父母照顾二孩，这样可从小培养孩子的家庭责任感，将来走入社会也会有社会担当。其次，父母不必分配太多精力照顾孩子，孩子学会处理自己的事情，可培养孩子的独立性。最后，以前大孩独自占有资源，现在在父母的教育引导下，两个孩子学会分享，享受分享的乐趣，利于健全人格的塑造。

2. 家庭教育面对新挑战

随着国家生育政策的放开，很多家庭想要第二个孩子。但是这些家庭的父母大多数是 20 世纪 80 年代独生子女政策下的“独生子女”父母，作为独生子女一代的父母如何迎接二孩的到来？如何解决生二孩所带来的一系列变化和家庭教育的新矛盾、新问题？

家里突然多了一个新生命，对于家庭教育的挑战也非常大：原先集万千宠爱于一身的老大面对家长突然转移一大部分精力到二孩身上的适应问题；父母由于精力有限，对老大的关注突然减少而引起的大孩心理失衡的成长问题；在不良情绪作用下大孩的一系列恶性表现，例如对弟弟妹妹的报复问题等。如何平衡好两个孩子的关系，让两个孩子都健康成长，特别是如何让大孩的心态平衡、快乐健康地发展，是很多父母所关注的问题。

（二）二孩家庭教育问题分析

1. 家庭结构改变引起家庭教育重心转移

独生子女政策下的家庭结构多为“2+2+1”模式的主干家庭（即由祖父母或外祖父母、父母和子女三代人构成的家庭），或者是“2+1”模式的核心家庭（即由父母和子女两代人构成的家庭）。在这种家庭模式下，孩子得到了来自所有家庭成员的爱，大家围着一个孩子转，因此孩子容易形成自我中心、任性、过度依赖等一系列成长问题。但从家庭氛围看，一个孩子的家庭气氛相对宽松些，孩子犯错误时，家长一般会采用比较温和的教育方法。

二孩出生后，以前的家庭成员关系平衡状态被打破，新的家庭成员的平衡关系开始形成。小的孩子年龄小，需要更多的关注和照顾，以前关注大孩的父母及祖辈的精力开始转移，大孩受到的关注度明显减少，被忽略感、失落感和委屈感增加。大孩会怀疑：父母是不是不爱我了？他们是不是嫌弃我了？我是不是多余的？长此下去，大孩内心容易产生对家庭成员的隔阂、抵触心理。

2. 精力不足导致父母对大孩要求增多、耐心减少

家中只有一个孩子时，大孩对父母的依赖性相对比较强，自理能力也比较差。但是新成员到来后，家庭事务突然多了起来。原本时间充裕的父母可支配的时间减少，繁多的家务可能会让父母精疲力竭。这时父母要求大孩迅速长大，且是无声、强制的。同时，二孩家庭中，父母对于老大的要求也显然多于独生子女家庭中父母对孩子的要求。二孩家庭中，当大孩犯错误的时候，父母往往采用较为严厉的管教方式，亲子关系容易紧张。在关系紧张的家庭中，孩子容易出现心理问题。“专横的方式可引起子女与双亲的疏离，产生无足轻重感。当父母要求不合理时，可引起子女的反抗或消极抵抗情绪；放任和过分宽容可使子女感到双亲与自己无关，从而也有碍于他们形成极为重要的约束力和依从关系。总之，父母对子女的约束过多是不合适的，而完全削弱这种作用也会使子女形成软弱的性格。”① 因此，父母对大孩提高要求，减少关注，平衡不好时，家庭关系、亲子关系都容易出现问题。

（三）二孩家庭的家庭教育策略

1. 公平对待，不作比较

孩子是平等的，这一点在两个或多个孩子的家庭显得尤为重要。不管家庭格局发生怎样的改变，孩子在父母心目中的位置是不曾改变的，爱不具有唯一性，父母可以爱很

① 鲁洁等．教育社会学［M］．北京：人民出版社，1991：539.

多人，也可以爱自己的两个甚至多个孩子，这种爱不会因为被爱对象的增多而发生改变。这就要求父母首先端正态度，一碗水端平，在遇到问题或发生矛盾时保持公正的态度，不偏颇，不倾向于较小的孩子，不强制老大作不必要的忍让[①]。家长的态度平等、公正，大孩在心理上会有安全感和平等感。在两个孩子之间，父母不存比较心理，肯定每个孩子的长处，鼓励两个孩子和平共处、一起进步。

大孩教养策略：

（1）管教大孩的时候，千万不要一直用“你应该”的口气。

（2）承认大孩在家里的地位。作为最大的孩子，老大应该得到一些特权，这样他们才愿承担比别人更多的责任。

（3）给老大充分的安全感和信任感。

家长要对大孩说：“爸爸妈妈不会因为弟弟 / 妹妹的到来而不爱你，因为弟弟 / 妹妹太小，所以才需要爸妈更多的照顾。”只需要温柔地和孩子多讲几次，孩子的安全感就会多很多。同时，每天抽出一部分时间，哪怕只有半小时，只陪大孩，听他讲讲在幼儿园 / 学校的喜怒哀乐。大孩感受到父母真诚的爱，自然心情平稳，也不会排斥弟妹。

（4）培养大孩的责任感，让其适当照顾弟妹。

父母要告诉大孩他已经是一个厉害的哥哥或姐姐，提高大孩的自豪感和责任感。同时，不要把大孩当成是“及时保姆”。想让大孩照顾弟妹时，要和孩子认真商量，而非强制。

（5）教会孩子自己解决问题。

孩子之间经常会因为各种事情打架。父母要教给他们自己解决问题的办法，让孩子学会自己处理打架和其他问题。

二孩教养策略：

（1）不过多宠爱二孩，确保二孩分担应承担的家务活儿，学会责任担当。

（2）涉及原则和规矩的事情时，对二孩和大孩一视同仁，二孩也要遵守规则、承担责任。父母要在保护二孩不受欺负的同时，也要不娇惯二孩。

2. 给予孩子一定的“退行”空间

退行是指人们在受到挫折或面临焦虑、应激等状态时放弃已经学到的比较成熟的适应技巧或方式，退行到使用早期生活阶段的某种行为方式，以原始、幼稚的方法来应对当前事件，降低自己的焦虑。与之相似的倒退行为是指孩子在某一时期所表现出的小于其年龄阶段的行为表现，这种表现往往是孩子有意为之的，它是儿童期的一种特殊的心理状态。

出现退行表现，往往是对父母产生过度依赖的孩子，依赖得不到满足或者家长的关注减少时，产生不安全感，从而希望用倒退行为重新获得家长关注，得到安全感。老二

---

① 常萍 .“二胎时代”对家庭教育的冲击［J］. 教育现代化，2017（18）：218—222.

的到来难免让大孩出现一些不适应，并由此引发一定的倒退行为。此时，父母应该给予孩子一定的退行空间，允许孩子用自己的方式向父母表示抗议。

但是，长期的倒退行为可能会影响孩子的正常发展，家长要及时引导，让大孩尽快回到正常的成长之路上。

3. 培养孩子学会关怀和分享

二孩的降生使原本集万千宠爱于一身的大孩成了哥哥姐姐。虽然大孩的中心地位有所改变，但是面对小生命，他们还是会有初为哥哥姐姐的喜悦感。父母要利用好孩子纯洁、善良的心理，培养大孩关怀他人、相互分享的美德。让大孩知道，你不再孤单，有人可以陪伴你，有人和你一起玩。同时，作为大孩，你也要有责任感，主动担当，照顾弟弟妹妹，做弟弟妹妹的榜样。

相关链接

多子女家庭如何教育孩子

《颜氏家训》之《教子》篇中，曾有这样一段话："夫有人民而后有夫妇，有夫妇而后有父子，有父子而后有兄弟：一家之亲，此三而已矣。……方其幼也，父母左提右挈，前襟后裾，食则同案，衣则传服，学则连业，游则共方，虽有悖乱之人，不能不相爱也。及其壮也，各妻其妻，各子其子，虽有笃厚之人，不能不少衰也。"

这段话的意思是，有了人群之后，才有夫妻；有了夫妻之后，才有父子；有了父子之后，才有兄弟，一个家庭里的亲人有这三种关系。兄弟，是形体有分，但气息相连的人。在他们小的时候，父母左手牵一个，右手携一个，拉这个前襟，扯那个后裾，吃同一桌饭。在穿衣方面，小一些的孩子，穿大孩子穿过的衣服。在学习方面，哥哥用过的经籍，弟弟又接着使用。在游玩时，总是一起去同一个地方玩，即使有荒谬胡乱来的，也不可能不互相友爱。等到了壮年时，各有了各的妻子，各有了各的儿子，即使是诚实厚道的兄弟，那份兄弟的情感也不可能不减弱。

由此可见，在一个家庭中，兄弟姐妹的关系是非常亲密的，特别是兄弟关系。不过，要保持这种亲密关系，需要父母在孩子小时候，对他们一视同仁。

《颜氏家训》之《教子》篇中，还曾有"人之爱子，罕亦能均；自古及今，此弊多矣。贤俊者自可赏爱，顽鲁者亦当矜怜，有偏宠者，虽欲以厚之，更所以祸之"一段话，这段话的意思是，父母们爱孩子，很少能做到一视同仁，平等对待。父母如何对孩子一视同仁呢？

聪明俊秀的孩子固然让父母喜爱，父母也应该对淘气愚笨的孩子，多加怜爱。为什么呢？这是因为父母太爱某一孩子，即使是父母想对他好，却反而因此会害了他。同时，也会影响孩子间的亲密关系。

三、离异家庭的家庭教育

单亲家庭是指父亲或母亲单方抚养孩子的家庭。这类家庭又可细分为离异家庭、丧偶式单亲家庭、分居式单亲家庭或未婚式单亲家庭[①]四类家庭。本节主要讨论离异家庭的家庭教育，重点是单亲家庭父亲或母亲在家庭结构发生变化时如何做好家庭建设，不断自我成长，培养身心健康子女。

多年来，我国离婚率一直呈上升趋势。据民政部统计，1995 年，向婚姻登记机关和人民法院提出离婚的有 173.1 万对，其中离婚 105.5 万对，比上年增加了 7.4 万对，离婚率为 1.75‰，比上年上升了 0.1 个千分点。[②]2016 年依法办理离婚手续的共有 446.1 万对，比上年增长 2%，其中民政部门登记离婚 381.2 万对，法院判决、调解离婚 64.9 万对。离婚率为 3.2‰，与上年持平。[③]

随着离婚率增加，离异家庭越来越多。据全国妇联统计，我国离异家庭中，有 67% 的家庭有孩子。这意味着我国每年有大量的孩子因为父母婚姻关系破裂而成为离异家庭子女。如何做好离异家庭子女的家庭教育，让离异家庭子女生活快乐、健康成长，是教育工作者的重要课题。

（一）离异家庭对家庭教育的影响

家庭完整并不能保证家庭成员特别是孩子健康成长，家庭的不完整也并不意味着家庭困难重重。与其让孩子生活在一个父母不和的家庭中，不如让孩子学着适应父母的离婚。所以，要辩证地看待离异家庭的家庭教育。

1. 离异家庭的优势

婚姻失败不等于人生失败。离异家庭的成人及其子女，如果把婚姻变化当作成长的契机，一样可以借此获得更加丰富、深刻的自我成长。

（1）避免了家庭争吵的困扰。

对于婚姻双方来说，离婚使他们在情感上摆脱了以往婚姻的伤害与痛苦，可以有一个全新的开始。对于孩子来说，孩子不必生活在以往父母争吵不断的家庭中，生活相对变得平静。如果母亲或父亲离婚后，及早从婚姻失败的阴影中走出，那么，与其一起生

---

① 姜志荣，夏禹波，纪丽华. 青岛市单亲家庭子女教育调研报告［J］. 青岛大学师范学院报，2008（1）.

② 中华人民共和国民政部.1995 年民政事业发展统计报告.1996-4-4. http：//www.mca.gov.cn/article/sj/tjgb/200801/200801000094229.shtml.

③ 中华人民共和国民政部.2016 年社会服务发展统计公报.2017-8-3. http：//www.mca.gov.cn/article/sj/tjgb/201708/20170800005382.shtml.

活的孩子也会较少受离婚事件的影响，迅速回归正常生活。

（2）自主教育更见成效。

因为要比大多数家庭中的孩子面对更多的困难，离异家庭的孩子比同龄人获得了更多锻炼与独立的机会。如果父母善于利用这些机会，实施自主教育，孩子会更加自立、自主、自强。

（3）家庭教育一致性更有保证。

因为没有双方意见冲突的困扰，避免了矛盾教育对孩子的不良影响。父母一方可以自主教育孩子，教育更容易成功。

2. 离异家庭的消极影响

离婚对夫妻来说，是一段重要契约的结束，可能还伴随着爱恨情仇的转变。对孩子来说，这意味着原生家庭的分裂，意味着对“家”的理解将要重新定义。所以，离婚对孩子或多或少会产生一些消极影响。

（1）父母离婚的不同阶段对孩子成长的困扰。

学者黄德祥研究了父母离婚过程给未成年子女带来的影响。研究结果表明，离婚过程的每个阶段，有不同的家庭气氛和亲子关系，直接影响了未成年人的成长。父母离婚前，通常都有一段“冷战”或“热战”的时期。这时对其子女往往疏于照顾，如三餐不继、没有零用钱等，孩子难免与其父母一样处于不安与焦虑气氛之中，甚至惶惶不可终日，因而学习成绩就会明显下降，身体健康也会受到影响；父母处于离婚阶段时，对孩子最大的影响在于当事人双方常常会以子女作为武器来对抗对方；当父母双方无法复合，确定要离婚时，一般又都会对子女的归属等问题有所争执，常常使孩子两面不讨好，对未来产生高度的焦虑，导致其生活与学业产生困难；父母离婚后，面临新的生活环境，孩子遭遇到的问题可能更多。①

（2）家长的不良情绪和态度对孩子造成消极影响。

如果孩子与母亲（父亲）一方生活，母亲（父亲）一直敌视或怨恨孩子父亲（母亲），且教育孩子也敌视对方。这会使孩子在意识里怨恨父亲（母亲），而潜意识里依然无法摆脱亲子之爱。长期的心理矛盾和冲突，会造成孩子心理失衡，人格发展异常。

离异家庭中的父亲或母亲生活态度比较消极悲观，痛苦、仇恨等不良情绪与行为，也会对孩子造成负面影响。

（3）离异后生活适应问题。

离婚后，孩子要与父亲或母亲一方生活，在家庭结构上发生了变化，可能孩子一时间难以适应这种变化，比如，难以适应没有父亲或母亲的变化，内心可能会缺少安全感、温暖感、自信心等；在生活上，离婚后家庭如收入水平下降，生活水平降低，也会影响

① 黄德祥. 青少年发展与辅导［M］. 台北：五南图书出版公司，1994：484—488.

到孩子的情绪。

（4）家庭角色缺失引起家庭教育缺失。

家庭角色的缺失会导致父母角色示范性缺失。这可能导致孩子家庭教育失去均衡性，影响其健全人格的发展。在儿童时期（3～6岁）这一年龄段，如果缺少母爱，孩子的情绪波动性大，稳定性差；在少年时期（12～17岁），父亲对孩子发展的影响比较大。① 但无论在哪一年龄段，缺少父母一方的关系，都不利于孩子人格发展。

单亲父亲或母亲既要照顾孩子（还可能有长辈）的生活，还要努力工作。忙碌中可能忽视与孩子的沟通、交流与陪伴。比如，忽视了对孩子心理成长的引导和学习、生活方面的关心，导致孩子学习兴趣下降，成绩转差。同时，孩子的情感需求得不到满足，孩子也可能会为了寻找情感的满足，而被人诱骗，甚至走上犯罪的道路。②

（5）母亲抚育的不良影响

父母离异后，由于父亲或母亲的离开，在家庭教育上，孩子教育就由原来的双性抚育，变成了单性抚育。目前，我国由母亲支撑的离异家庭，大约占离异家庭总数的85%。在家庭教育上，这种孩子与母亲组织的家庭，有很多不利因素，却占离异家庭的主体。③ 首先，由母亲与孩子组成的离异家庭，较易情感教育失衡。如母亲会经常说“你爸不要我们了，抛弃我们了”，母子均有被遗弃感。其次，在离异家庭中，很多母亲把人生全部的希望寄托在孩子身上，在家庭教育上易走极端。要么因愧疚心理、补偿心理而溺爱孩子，要么因对孩子期望太高而要求过严。前者易放纵孩子，后者管教太严格，都易导致孩子人格发展异常。

（二）离异家庭情况的辩证分析

相对多数家庭来说，离异家庭孩子所面对的问题要多一些，但事实未必那么严重。2001年，徐安琪等对上海市13个区30个普通中小学父母离异的500个学生及其家长、班主任进行的调查表明，父母离异确会给相当一部分孩子的身心发展带来消极影响，但其负面影响并非如一些研究所推测的那么严重④。依据挫折有时会激发当事人的成长与超越的原理，不少孩子在经历父母分手的创伤性事件后，也出现了积极变化。孩子身心创伤的影响因素是多元的、复杂的，不应都归因于父母离婚事件本身或双亲缺损，家长的尽心尽职才是最重要的影响因素，学校、社会环境的作用也不可忽略。父母离婚往往导

① 黄河清.家庭教育学［M］.上海：华东师范大学出版社，2014.

② 曾汝弟.家庭教育学［M］.北京：中国书籍出版社，2015：206.高校人文学术成果文库.

③ 程海清.单亲家庭孩子特点、表现及家庭教育研究学［J］.贵州教育，2009，2（1）.

④ 徐安琪，叶文振.父母离婚对孩子的影响及其制约因素——来自上海的调查［J］.中国社会科学，2001（6）：137—149.

致孩子的生活水平下降，但由于多数家长宁愿自己省吃俭用也不愿让孩子受委屈，加上亲属系统的支持，故对孩子身心健康的不良影响减弱。父母间的敌意和对抗无疑将增添孩子的紧张、痛苦和不安全感，但由于相当一部分父母的严重冲突发生在孩子婴幼期或者在冲突时谨慎地避开孩子，故而对孩子的杀伤力减小；父母离婚时孩子年龄较小或父母婚姻延续时间较短，对孩子的负面影响相对较小，而时间的推移也将日渐愈合孩子的身心创伤。①另外，国外学者的一些研究证实，“没有快乐的完整家庭比已经破裂的家庭对孩子的身心健康有更大的摧残作用”，那些在父母冲突时感到家庭生活阴郁的子女，往往因为父母间糟糕关系的结束而如释重负。②家庭教育的成效，并不直接取决于家庭完整或不完整，家长是父亲或母亲或祖父母，重要的是，孩子必须是幸福的。③家庭的完整本身并不能成为教育成功的保证，而家庭的“不完整”也同样并不意味着一定会产生大量困难。④

（三）离异家庭的教育引导

教育始于家庭。同时由于家庭教育具有早期的自然性、文化的传递性、环境的熏陶性、影响的连续性、内容的多样性以及方式的灵活性等，是其他任何教育都难以完全替代的。因此，促进离异家庭孩子健康成长，关键还在于弥补业已缺损的家庭教育。可以从以下几个方面进行家庭建设和教育孩子：

1. 心态坦然，积极面对

单身母亲或父亲要以积极的心态和生活态度来面对缺损了的家庭，抚平离异给自己和孩子带来的伤痛。更重要的是，要明白离婚是生活中的一种正常选择，离婚不伤颜面。这样可以尽快走出离婚阴影，摆脱离婚带来的痛苦，尽快调整好心态。要尽量避免在孩子面前以负面情绪谈及此事，宣泄自己的消极情绪。

2. 尽力给孩子健康而完整的爱

单身母亲或父亲要让孩子感受到在缺损了的家庭里依然可以得到幸福。孩子由此而树立起信心，积极主动地同母亲或父亲分忧，共同创建和美、温暖的新生活。总是哀叹命运不济、家门不幸的家长，是不可能担负起重建幸福家园责任的。

3. 陪伴孩子走出情绪低谷

在父母婚姻破裂的过程中以及离婚之后，孩子会有比较大的情绪变化，表现为：易

① 徐安琪，叶文振 . 中国婚姻研究报告［M］. 北京：中国社会科学出版社，2002：254—279.

②［美］马克 · 赫特尔 . 变迁中的家庭——跨文化的透视［M］. 杭州：浙江人民出版社，1988.［美］W. J. 古德 . 家庭［M］. 北京：社会科学文献出版社，1986.

③ 斯皮娃夫斯基 . 怎么做父母——关于父母爱的心理学［M］. 长春：吉林教育出版社，1988：92.

④ 吴奇程，袁元编著 . 家庭教育学［M］. 广州：广东高等教育出版社，2011：260—261.

愤怒、恐惧、悲伤。这种由于父母婚变造成的心理危机一般不会在短时期内消除，要经历一个逐步的适应过程。单身母亲或父亲要了解这个过程，陪伴并鼓励孩子走出情绪低谷，重回正常生活。情绪情感的变化大体可分六个阶段①：

（1）愤怒与痛苦阶段。其主要表现是：总有想哭的感觉；做噩梦，情绪低落，为父母离婚感到羞耻，没脸见人；对成人怀有敌意等。处在这一阶段的孩子备受伤害，既是一个抒发强烈感情的时期，也是一个发泄感情的时期。

（2）盲目乐观阶段。一般是在孩子强烈悲痛之后才会出现的较为短暂的时期。处在这一阶段的孩子，过分相信生活是美好的，盲目认为没有什么力量可以伤害他，而认识不到现实生活的残酷性。

（3）流动与出走阶段。有 70% ～ 75% 来自离异家庭的孩子经历这一阶段。处在这一阶段的孩子，无论身在何处，都处于一个“上紧弦”的状态，很难独自一人在家停留；心理负担过重，再也经受不起任何打击。

（4）终日忙碌阶段。有 30% ～ 40% 来自离异家庭的孩子经历这一阶段。此阶段的孩子勤奋用功，积极肯干，但内心却不时感到过重的精神和感情负担，而许多行为并非出于自愿。

（5）渴望与思索阶段。许多离异家庭的孩子，在父母婚姻解体后，感情受到了严重伤害。但逆境并没有使他们倒下，他们渴望安逸、温暖、舒适的家庭生活，开始思考父母为什么要离婚，并设想如何造就坚强的自我。他们在经历痛苦和摆脱痛苦的过程中，产生了应变能力，增强了勇气、信心和创造力。

（6）获得新生阶段。这个时期的离异家庭孩子不再为父母离异而悲痛，他们开始热爱生活，积极投身于各种学校和社会的活动之中，自己觉得有充沛的精力，已经成为一个全新的人，过着兴奋、充满挑战的生活。

以上六个阶段的顺序因人而异。有些离异家庭孩子需要经历每一阶段；有些可能一次越过几个阶段；有的则有较多的反复性；有些要过若干年后才会有较深刻的体验。

4. 保证孩子必要的亲子接触

离婚后，单身母亲或父亲要平心静气地用孩子可以理解的方式说明父母离婚的原因，而非隐瞒真相，让子女在离婚这一事情上理解父母的选择。同时，让孩子树立正确的婚姻观，明白不是所有的婚姻都会携手到老。特别是要让孩子明白：父母离异是父母之间的感情出了问题，父母依然爱自己的孩子。无论父母婚姻状况如何，父母对孩子的爱不会改变。

同时，单身母亲或父亲要尊重离异一方，对对方做客观的恰如其分的评价。离异父母之间采取友好的、实事求是的态度，有助于孩子保持平静的心态，可以为孩子创造一

---

① 张铁生等 . 离异家庭子女情绪情感特点及变化过程的研究［J］. 心理发展与教育，1990（1）.

个比较安定的心理成长环境。避免感情用事，随意贬低、责备对方，甚至诋毁对方人格的做法。

单身母亲或父亲也要尊重孩子的自然感情，为子女与非直接抚养的父亲（母亲）、祖父母（外祖父母）保持亲情提供方便。父母离异是父母自己的事，不应影响子女与父母、祖辈之间的亲情。直接抚养一方让子女定期与离开家庭的父亲（母亲）及祖父母（外祖父母）一起度周末、节假日，离开家庭的父亲（母亲）主动与子女联系、关心子女的成长，离异父母之间相互邀请与子女一起做客等，这些都是明智之举[①]。要让孩子感受到父亲（母亲）虽然没有和自己生活在一起，但仍然爱自己。这样才能保证孩子的正常成长。

5. 努力增进社会交往

单身母亲或父亲自己要多走出去，积极交往，也要鼓励孩子多接触同龄伙伴，多接触社会生活。这样做，可以增进孩子的社会交往，也可以改善孩子的不良情绪。可经常邀请亲朋好友来家做客，或和孩子一起外出做客。这既可以满足孩子社会交往的需要，又可以提高孩子社会交往能力。孩子往往把父母对自己朋友的态度看得很重。因此，单身母亲或父亲要尊重孩子的同学、朋友，热情接待他们，支持孩子的同辈交往。

同时，要引导孩子学会正确对待别人的各种议论、询问及眼光，使孩子能够坦然对待别人关于父母婚姻的疑问与议论。

6. 学会从失败生活中活出精彩

单身母亲或父亲要做一个人格独立的人，要充满自信，用积极的人生态度去面对离婚后出现的种种痛苦、困难。告诉世人：人不仅婚姻完整时可以生活得好，在婚姻失败后一样可以生活得很好。单身母亲或父亲也要从失败婚姻中总结教训，为可能的下一段婚姻做准备。单身母亲或父亲成功走出失败婚姻，活出精彩自我的行为本身就是一个很好的示范。孩子以单身母亲或父亲为榜样，就会有勇气直面人生各种挫折，将“逆境”变为直抵成功的催化剂。单身母亲或父亲与孩子可以相互支持、相互激励、共同成长！

四、失独家庭的家庭教育

中国文化历来重视家庭，“养儿防老，积谷防饥”是中国传统文化重视抚育下一辈的例证。因此，子女死亡是家庭生活中可能遭遇的严重负性事件之一。由于20世纪80年代的计划生育政策，多数中国家庭拥有一个孩子。如若独生子女意外死亡，父母则处于膝下无子的生活状态。这一特殊群体即为“失独家庭”。人口自然死亡率指标体系从定量

① 吴奇程，袁元编著．家庭教育学［M］．广州：广东高等教育出版社，2011：273.

的角度提出15～25岁的青少年自然死亡率为万分之四，而我国15～25岁的青少年约为1.9亿人，有学者据此预测，我国每年将会有7.6万个失独家庭出现。① 根据王广州、郭志刚的估计，全国伤残独生子女父母的数量将在2017年达到峰值80万，毫无疑问这将是一个极其庞大的弱势群体。② 目前，失独家庭的成员年龄大都在50岁左右。

（一）失独家庭的精神困境

独生子女的死亡给"失独家庭"带来了沉重的打击。"失独家庭"父母在失去孩子的同时也丧失了原有的身份和家庭角色。这种冲击会严重影响到他们的心理、行为、生活甚至使整个家庭陷入危机。他们受到的最大影响就是亲密亲子关系的中断，这使他们受到了极大的伤害从而产生各种心理不适。

在针对福建省漳州市317个失独家庭的问卷调查中，发现需要专业介入调适家庭关系的失独家庭占14.5%，需要心理干预和精神慰藉的失独家庭占34.8%。③

家庭是社会最基本的单元，也是所有人心灵的港湾，而失独家庭在失去唯一的孩子之后，失去了情感寄托，绝大部分开始进行自我封闭。孩子离世使整个家庭面临着无价值感、无存在感、无目标感的困境，为了保护自我，大部分人在孩子离世的最初，切断自己的关系网络，将自己封闭在自己的空间里。有些父母在孩子离世十几年后仍然无法走出心理困境，有的甚至选择结束自己生命来逃离痛苦。

1. 家庭纽带断裂

对于中国家庭而言，亲子关系往往是非常亲密的情感关系。计划生育政策实施之后，家中的独子、独女几乎成了整个家庭的中心，他们身上寄托了整个家庭的希望、幸福。作为家庭关系的重要纽带，孩子的失去，不仅给家庭带来了沉重的打击，而且损害婚姻关系。

2. 工作关系断裂

独生子女离世后，其父母往往比较自卑，不愿见人，更不愿他人提及孩子。他们通常选择切断人际往来作为逃避办法，长此以往，陷入恶性循环，越来越脱离社会。有的独生子女父母从此一蹶不振，整日以泪洗面，不去工作，结果导致家庭经济状况越来越差。

3. 社会交往出现问题

很多失独父母很少与亲戚及邻居交往，社会交往出现严重问题。尽管健康的社会交往活动能够冲淡或缓解他们失去子女的悲伤，有利于他们更快地走出失去子女的阴影，

① 周静."失独家庭"，谁来抚平你的伤痛［J］. 法律与生活，2012（14）：32.

② 张尤佳. 计划生育政策对居民储蓄率的影响［J］. 广西财经学院学报，2014，27（3）：91—95.

③ 黄耀明. 社会工作介入失独家庭重建的行动研究［J］. 东南学术，2015（5）：45—49.

但是，大部分失独父母选择足不出户，暗自神伤；另一部分选择搬离原来的住所，到一个陌生的地方生活；还有极少数失独者选择流浪或皈依佛门。受社会排斥、失独者自我排斥及公众标签化评价态度的共同影响，使得失独群体社会交往的主动性及走出困境的勇气也受到不同程度的削弱①。

4. 社会支持不足

社区是离家庭最近、与家庭接触最多的社会工作组织。对于已退休的失独父母来说，他们离开了工作岗位，生活圈子进一步缩小，社区就成了最主要的社会支持来源。但是目前社区提供的心理咨询服务，大多没有很好地缓解失独父母的情绪，社区心理健康服务需要进一步完善。

很多失独家庭，由于不能在短时间内走出失独的阴影，出现了诸如忧郁、焦虑、情绪不稳定、身体易生病，以及家庭冲突、经济压力、养老压力等诸多问题，正常生活受到了严重困扰。

（二）失独家庭问题分析

虽然失独并不是失去一切，但一旦成为失独家庭，最初失独父母都会有到了世界末日的感受。失独家庭的问题，与中国传统育儿观、失独家庭结构的变化有关。

1. 传统育儿观对失独家庭的影响

古语云："不孝有三，无后为大。""上善若水，百善孝为先。"受这种传统生育观影响，繁衍后代成为中国家庭非常重要的功能。很多家庭一旦失独，就会有崩溃感。

养儿防老也是中国人的传统。我国传统中所讲的"养儿防老"并不仅指子女在父母晚年给予的经济供养，同时还包括子女在父母晚年对父母的陪伴与精神慰藉。相比于欧美家庭，我国家庭中的大部分父母在心理上非常依赖子女。很多家庭是为孩子而活，而不是为自己而活。失去孩子，父母就失去了活着的意义。因此，一旦孩子由于疾病或意外事故而过早离世，会给父母带来毁灭性的打击。

2. 失独父母人格发展水平因素

从个体人格发展角度来看，很多失独家庭出现问题，是因为失独家庭父母自身人格发展不健全——人格不独立。这也有文化因素，中国人的自我是关系中的"自我"，较少强调人格的独立性。

因此，面对失独这一不幸的人生境遇时，人格健全、独立性强、乐观坚强的个体，能在较短时间摆脱失独的痛苦与困扰；而人格缺少独立性的个体，则需要更长的时间才能走出失独阴影，一些父母甚至终生不能走出失独之痛。

---

① 侯秀丽，王保庆．我国失独现状的分析与思考［J］．湖南师范大学：社会科学学报，2014（3）：92—95.

3. 家庭角色变化的影响

从社会心理学的角度来看，失独父母在丧失自己唯一子女的同时也丧失了许多原有的身份和角色。比如，失去了父亲或母亲的角色。与此同时，失独父母也失去了为人父母的成就感与价值感，不仅产生巨大的心理落差，而且还要面对适应新的社会角色的痛苦。如果个体适应能力差，则要花非常长的时间完成角色转换。

另外，中国人“养儿防老”的观念非常浓厚。一旦成为失独父母，没有子嗣可以依靠，很多人会感到自己社会地位降低，沦落为特殊的弱势群体。这种身份认知感的危机不仅有损自己身心健康，而且可能导致他们难以融入社会。

（三）失独家庭的教育引导

中国失独家庭的问题，有着深刻的社会、文化因素。解决失独家庭的问题，除了政策扶持、解决养老和医保问题之外，还应当建立和完善失独者的心理援助机制，并通过制定法律法规加以保障。这里主要谈失独家庭的家庭教育。

1. 失独家庭的文化重建

对于失独家庭问题的解决，也需要从文化层面上思考。对于失独家庭，强调个体的独立是非常重要的前提。我们要创造人格独立、精神自主、互相关爱、温暖和谐的家庭文化。

传统中国非常看重家庭的生育功能，传宗接代是与家族延续相关的重大事情，所以有“不孝有三，无后为大”之说。在中西方融合的文化背景下，可能首先要解决文化冲突问题。孩子既是自己的，也是社会的。孩子成大后，必然要走向社会，与父母渐行渐远。养育孩子，就是学会享受与孩子共同成长的快乐，也学习与孩子慢慢分离。每个人都是独立的个体，无论谁离开自己，自己都能够生活得很好。用独立和分离来解释父母与孩子的亲子关系，创造一个人人独立、分离必然的家庭文化，就可以适度缓解父母失去孩子的悲伤。

2. 提高失独家庭的自我救助能力

失独家庭在经历了丧子 / 女之痛后，父母都会沉浸在痛苦中无法自拔。在这种情况下，有些人很难接受来自政府、社会和亲戚朋友的关心和帮助。所有来自外界的帮助都必须建立在受助者主观上愿意接纳的基础上才能实现。因此，失独父母更要提高自我救助能力，主动努力走出失独痛苦。如，有位老人本身性格就比较开朗，女儿离世后虽然悲痛难忍，但是并没有封闭自己，当知道社区有针对失独者的专项活动之后，他基本都会去参加。在社工的帮助下，他学会了用手机微信，既方便获取资讯，也与同社区的失独父母有了更多联系，一起抱团取暖。

3. 引导失独父母情感“断乳”，转移升华

一般来说，如果失独父母人格独立，对自己的独生子女在情感上依恋少，即使孩子早逝，也不会出现严重心理问题，反之则会出现严重的心理问题，所以，失独父母要在情感上“断乳”。失独父母要丰富自己的精神生活，可以将更多的精力用于工作、学习上；要培养自己多方面的兴趣，如下棋、唱歌等；也可养宠物，将情感转移到宠物身上。

失独父母要丰富自己的社会角色，可以通过帮助新的失独家庭，或其他需要帮助的人，来帮助自己的家庭开启新的生活模式。

4. 调节消极情绪，化解子女死亡痛苦

在情绪调节上，对于失独父母，首先要接纳自己的悲伤情绪，可以尽情地哭。有时间，可以去祭奠孩子，祭奠孩子时，可以与孩子多说说话；也可以给孩子写信，写完烧掉。这些都是宣泄悲伤情绪的方式，也是寄托哀思、重新构建与逝世孩子关联的一种传统方式。除了宣泄悲伤情绪，失独父母也要尽可能让自己从消极情绪中走出来。比如，找比较好的朋友聊聊天。如果失独父母感觉对孩子有些内疚，可以多回忆一些与孩子相处的时光，想他（她）的优点，也想他（她）的缺点，想孩子可爱的地方，也想孩子让人生气的地方。这样，有利于慢慢平复悲伤情绪。

5. 失独父母要适应家庭结构与角色的变化

失独父母要学会适应家庭结构的变化。失去孩子后自己成为失独父母，要明白这一点，并且要适应以后没有孩子的生活。

失独夫妻之间不要抱怨，不要互相指责，而是要互相鼓励，互相扶持，要相互给予心理安慰、精神支持。

6. 建立失独家庭支持社会体系

国家要为失独群体提供专项的救济基金，全部用于失独老人的医疗、养老等，真正做到专款专用。

充分发挥社区居家养老模式的积极作用。政府应该普及社区居家养老的理念，完善社区综合建设，整合社区内优质服务资源，为失独老人提供就餐、医疗、日常照料、心理支持等，保障失独老人晚年的正常生活。社区也应该积极开展各种可以让失独老人参与的活动项目。社区也可广泛招募社区工作者、公益志愿者及公益组织，对失独家庭进行有针对性的志愿服务。

总之，对于失独父母来说，工作关系只是提供极少数的社交和情感支持，邻居提供较少的实际支持和社交支持，亲属是情感支持和实际支持的主要来源，朋友则是社会支持的主要提供者。① 最重要的是，失独父母首先要独立自主，提高自我救助能力，这是失独家庭重建的基本前提。

---

① 李夏茵 . 重构失独家庭情感支持网络：基于 5 个失独家庭的个案研究［J］. 经济研究导刊，2016（31）：43—44 转 81.

思考题

1. 独生子女与二孩的家庭教育有什么不同?
2. 离异家庭的家庭教育关键是什么?
3. 请从文化传统视角谈谈失独家庭的问题与重建。

第八章
学校—家庭—社会合作育人

家庭是人生第一个课堂，学校是教育的主渠道，社会是一个人成长的大学校，是家庭和学校教育的延伸和补充。加强家庭、学校和社会的合作共育是新时代教育变革的重要方向，是提升教育质量、促进健康成长的重大举措，是教育事业发展的重大课题。

一、加强学校、家庭、社会合作育人的根本缘由

学校、家庭和社会合作育人（以下简称家校社合育）是指以学校为主导、以育人为目标的协同行为，加强家校社合育是教育发展规律的必然体现，也是学校主动应对各种外部挑战、解决自身问题的必然选择。

（一）走向合作育人是教育历史发展的必然

孩子诞生于家庭，教育活动最早发生在家庭之中的亲子和代际关系之间，并与日常生活混合在一起。所以说，最早的教育就是家庭教育，最早的教育形式是生活教育。一个人可以没有学校教育，但一定不能没有家庭教育；可以没有课堂教育，但一定不能没有生活教育。从教育发展史看，人类早期的教育其实就是家庭教育（当然，当时的家庭是氏族，与现在意义的家庭有所不同），并没有学校这种教育形态，家庭教育几乎涵盖了所有的教育内容。到了原始社会末期，在生产力发展基础上，社会真正分化了，出现了私有财产和有产阶级，氏族和部落首领逐步演变为统治者和特权阶级。在旧有社会制度被打破的同时，教育形式也出现了根本性变化，人类的教育活动才真正地从社会其他实

践活动中独立出来，出现了专门的教育活动，也萌芽了专门的学校教育机构。①

从全球历史来看，学校诞生是在生产力发展基础上整个社会进步的结果，是阶级社会国家治理的需要。在奴隶社会里，社会管理日趋复杂，国家不仅需要完成物质再生产和社会再生产的人，还需要专门的人才，尤其是国家治理人才，传统的整合式的“家庭教育”以及寓教育于生产劳动之中的形式明显不能满足社会的需要，教育实践需要从日常生活中剥离出来成为独立系统，教育活动需要更加精细化、专门化和系统化的组织形式。与此同时，统治阶级为了治理国家，通过宣传、表彰、规范、典章、官吏选拔、建立乡规民约等方式大力推行社会教化。如此一来，教育便分化为家庭教育、学校教育和社会教育并存的局面。但是，因为受经济条件等限制，在工业化之前的漫长的农业社会里，对于绝大多数人而言家庭教育依然是最重要的教育形式，正规的学校教育只有特权阶级才能真正享有。在这个时期，学校系统虽然建立起来，在官办学校之外还发展了私学教育系统，但无论是官学还是私学，总体发展缓慢，学校的类型、数量很少，内容单一，教育普及率极低，大多数人是以家庭为核心，接受农业、手工业、习俗、道德以及意识形态等生产、生活方面的教育。现代教育系统形成的分界点在于工业革命。工业革命促使生产方式从过去的农业、手工业为主逐步转向了工业和机器化大生产为主，现代化的工厂代替了手工作坊和家庭劳动，商品经济促进了新型市场和新型城市的出现，整个世界因为市场和商品而联系起来。工业革命诞生了机器大生产，机器大生产推进了世界市场的形成，世界市场改变了世界格局，这些巨变都需要教育提供各类新型人才。这种强大需求促使现代意义上的学校系统诞生了。

学校的出现和发展，标志着教育走向了制度化、规范化、科学化、系统化之路，极大地拓展了家庭教育的功能。工业革命、现代科学技术的巨大进步、民族国家的兴起以及资产阶级革命，极大地推动了现代学校教育体制的建立，学校教育逐步从精英走向大众，出现了基础教育普及化和高等教育大众化趋势。但正因为学校的“过度”发展以及对学校教育的“过度”迷信，以至于在一定程度上学校教育抑制和掩盖了家庭和社会的教育功能，很长时期以来，人们形成了这样一个观念，即把教育等同于学校教育。②学校代替家庭成为教育的主渠道，这在很大程度上推进了教育的进步和人的发展，但学校的“野蛮生长”并不能掩盖自身弊端。学校教育的根本问题就是科层化模式使得教育越来越偏离教育的根本方向，学校变成越来越缺乏活力的组织，推进教育的有效性成为全社会共同关注的问题。消除传统学校教育弊端，让教育变得高效并且符合其自身目标，成为人们的期盼，于是社会又开始重视家庭教育，重视家庭、学校和社会的合作共育。

探索让教育适度回归到家庭的努力在教育比较发达的美国早已显现，其突出表现

① 孙培青. 中国教育史（修订版）[M]. 上海：华东师范大学出版社，2000：10.

② 黄河清. 失重的家教——试论家庭教育相关因素的嬗变及家庭教育的困境［J］. 当代青年研究，2002（3）.

形式是发生在100多年前的“在家上学”运动和以思想家伊里奇（Ivan Illich）为代表的“非学校化”思想。“在家上学”运动及各种旨在打破教育一统天下思想的背后是对父母教育权的尊重，是对现代教育体制高度完备下家校社关系的重新认识，其目的并不是要否定学校让教育简单地回到家庭，而是要打破旧有教育格局实行合作共育。一定程度上说，注重家庭教育以及加强学校与家庭合作共育已经成为教育发展的基本趋向，这种趋向符合辩证唯物主义“否定之否定”规律，是构建基于全民学习、终身学习理念下的“学习型社区”的内在要求。重视家庭教育和家校合育，本质上是要求打破学校与家庭相互隔离的现状，更加方便孩子学习，使得教育更加贴近孩子的真实生活，更加贴近孩子生活的本真场景。

（二）加强合作育人是社会发展的必然选择

1. 加强家校社合育是提升现代家庭教育能力的需要

家庭是人生第一所学校，对儿童的教育影响是巨大、深远的，但现代家庭教育问题突出，许多儿童的问题从家庭本身就能找到源头。家庭教育问题很复杂，主要可以从以下两方面进行分析：其一，由现代家庭自身问题而带来的教育功能缺失问题。随着社会的发展，出现了家庭不稳定、离婚率居高不下等问题，尤其是家庭之间在经济资本、社会资本和文化资本上差别越来越大，导致家庭所能够聚集的文化教育资本出现显著差异。西方国家政府和社会从20世纪60年代开始，已经越来越倾向于将教育公正的重心放在家庭，颁布了一系列法律，开始对弱势家庭进行帮助，重视家庭教育的作用和家校合作。我国改革开放以来，社会经济高速发展，城市化进程加快，进城务工人数剧增，留守儿童和流动儿童教育问题、教育公平问题越来越成为社会关注的热点。解决这些问题，只考虑改变这些孩子、改变他们所在的学校，这是远远不够的，必须要改变他们家庭的教育资本状况，尤其要提高家长的教育意识和能力，为此必须要政府和社会、学校的共同努力。其二，家庭重心的转移导致家庭教育异化。家庭是一个生活组织，是过日子的地方，家庭生活是围绕经济、生育、教育、休闲、娱乐、性、情感、文化等诸多活动展开的，每个家庭成员都有自己的生活，也都需要通过家庭实现自己的理想生活。教育是家庭生活的一部分，既融入家庭生活，又独立于家庭生活。家庭教育本质上是生活教育，过好日子既是家庭教育的保障，也是家庭教育应有之义。家庭生活教育的属性决定了过什么样的生活便给孩子什么样的教育，合理的生活就是合理的教育，不合理的生活就是不合理的教育。但很多家长并不明白这个道理，在错误的教育价值观引导之下，很多家庭将生活的重心放在孩子教育上，过度关注教育，甚至不惜牺牲家庭生活，由此不仅导致家庭生活的异化，还导致了家庭教育的异化。许多家长对孩子期待过高，为了让孩子在学业竞争中处于优势地位，疯狂地给孩子报补习班，不断加大学习任务，肆意打乱孩子的正常生活，甚至不惜牺牲孩子的身心健康。因此，今天许多家庭教育问题不是家长不重视教育，而是过度关注教育，简单地将教育等同于智育，片面地将智育等同于升学教育。

2. 加强家校社合育是实现立德树人根本任务的必然要求

价值观是大德，是人格的核心，是一个社会凝聚共识形成合力的关键，开展价值观教育是实现立德树人、培养全面发展的人的关键。当前西方发达国家高度重视价值观教育，注重将人从技术主义、物质主义的陷阱中解救出来，培养符合本国利益的公民。改革开放以来，我国社会主义市场经济体制逐步确立，极大地解放了生产力，释放了社会发展的巨大能量，物质条件发生了翻天覆地的改变，人与社会的思想观念也随之发生巨大变革，其中既有积极向好的一面，也有极端个人主义、功利主义、金钱至上等消极负面的东西。青少年本身思维就非常活跃，对新生事物十分敏感，具有批判意识，但他们缺乏批判精神与能力，很容易走极端。他们崇尚独立，欣赏自我，反对束缚，但很容易陷入个人主义。他们富有理想，渴望实现自我，注重务实，反对虚伪，但容易忽视他人与社会，容易陷入物质主义和功利主义。他们对这个世界富有幻想，对社会的某些现象喜欢批判，喜欢用个人的眼光看待世界，反对传统和正统，容易理想化，思维偏激，缺乏理性精神和辩证看问题的能力。他们喜欢时尚，表现个性，标新立异，容易受到同辈影响，容易我行我素，与主流价值、世俗世界形成对立，易陷入虚无主义。他们渴望精神自由，表达自己的观点，希望得到成人世界的认同，但是他们实际认知能力、社会经验都明显不足，缺乏历练，心智不足，自我约束能力较低，经济上还需要依赖他人，因此容易受挫，从而陷入自我否定之中。总之，青少年是社会的晴雨表，时代对青少年的影响是双重的，我们既要弘扬青少年群体中所孕育的积极向上的东西，也要高度提防社会上消极负面的东西。众所周知，青少年价值观形成过程中，家庭是其价值观形成的起点，家风对青少年价值观形成影响巨大；同时，社会各种思想借助互联网等强大的力量无时无刻不在对青少年产生影响。因此，立德树人，培养青少年核心价值观，需要树立全程育人、全员育人的意识，保持学校与家庭和社会的充分合作，充分发挥家庭和社会对青少年教育的独特作用，提高家庭和社会德育意识和能力，为青少年健康成长营造良好的外部环境。

3. 加强家校社合育是学校实现自我变革的必然路径

三大教育系统中，学校不仅是教育的主渠道，也是联系家庭和社会的主导力量，学校要发展也离不开家庭和社会的支持、参与和配合，加强家校社合育是建设“依法办学、自主管理、民主监督、社会参与”的现代学校制度的需要，是不断实现学校自我变革的需要。一方面，克服学校自身固有矛盾和问题需要家长和社会的广泛参与。目前的学校管理中仍然存在一些弊端，一些学校仍抱持“闭门办学”的态度，以学校围墙为界，将学校与外界社会隔离开来，成为“教育孤岛”；学校管理主体单一，只看重校长和领导班子的力量，无视教师、学生、家长、社会等的重要作用，将他们排斥在学校管理的框架之外；校长仅重视自上而下的命令式的层级管理，造成学校成员处于听命状态，缺乏创造和创新的热情、动力和思路；学校管理效能低下，只注重硬件的高投入，忽视"软实力"建设和内涵发展，教育浪费现象严重。面对如此教育痼疾，"让教师、家长和社区成员广泛参与学校管理与决策，是建设现代学校的关键"①，是世界教育改革的一个趋势。另一方面，学校变革没有家长和社会的同步参与也不可能成功。我国自改革开放以来，在全球化、本土化、民主化、现代化、信息化的推动下，在国际先进教育理念影响下，在改革创新宏观社会环境的推进下，自下而上的区域性教育改革与自上而下的全国性教育改革不断推出。但是，有些改革并没有达到理想的效果，甚至不了了之。这一点在近些年屡次推行的"减负"政策上体现最为明显，可以说没有家庭和社会的支持，单靠学校的"减负"只是一纸空文。所以，在教育自主意识日益提升的家长和强大的社会面前，教育改革要想取得真正的成功，必须要唤醒家长和社会，形成合力，否则再美好的愿望也会落空。

二、家庭—学校—社会合作育人的基本内涵

学校、家庭和社会是三大教育系统，它们有着共同的目的：育人，但如何育人、育什么样的人，三者未必一致。加强家校社合育其实是一个明确共同目的，弥合分歧，协同资源，相互监督，不断优化育人环境的过程。

（一）三大教育系统的内在关系

1. 三大教育系统的基本特性

第一，家庭教育的基本特征。家庭是人类社会最早的社会组织形式，"是以一定的婚姻关系、血缘关系或收养关系组合起来的初级社会群体，是人类自然关系与社会关系的统一"②。家庭也是"社会最微小的细胞"③，承担了包括经济、性、人口再生产、文化教育、休闲娱乐、情感依恋等诸多功能，社会越发展，家庭的教育功能越凸显。尽管家庭教育有广义和狭义之分，但我们一般所说的家庭教育还是从狭义上的，家庭教育是指家庭中的长辈（主要指父母）对子女（或其他年幼者）施加影响，使其身心朝着长辈期待

---

① 陈如平．现代学校管理创新的五大基本命题［J］．中小学管理，2012（8）．

② 关颖．家庭教育社会学［M］．北京：教育科学出版社，2014：27．

③ 赵忠心．家庭教育学［M］．北京：人民教育出版社，2001：2．

的方向发展，不断接受长辈所具有和认同的知识、技能、道德习俗、行为方式、价值观念等。比起其他教育形态来说，家庭教育具有以下特征：一是非正规性。学校教育属于正规教育，有着专门机构、人员按照应有的规范开展教育；而家庭教育是非正规化的，尽管许多人呼吁和期待家长需要教育的“执照”，但我们无法像规范学校和教师那样要求家长。二是天然性，或者是血缘性。这是由亲子关系决定的，教育孩子是父母的天职，不可能放弃，是权利与义务的统一；一个孩子不能像选择学校一样选择家庭或父母，父母同样不能像其他教育机构一样可以选择放弃教育。三是私密性。家庭是一个天然的利益共同体，是一个私密的场所，许多教育内容带有家庭自身特征，不宜外传。四是多样性。教育内容丰富多彩，教育形式多种多样，不像学校那样被制度所拘牵。五是生活性。这主要从家庭教育的途径和方法而言的，家庭是生活的地方，家庭教育往往发生在生活之中，在过日子中家长逐步规范孩子的言行举止，教导孩子生活常识和文化常识，孩子在不知不觉中受到了教育。

第二，学校教育的基本特征。学校教育指教育者按照一定的社会或阶级要求，有目的、有计划、有组织地对受教育者在知识、技能、情感、态度、价值观等方面施加影响，使其身心等素质朝着教育者期待的方向发展的过程。简言之，就是“有意识地以影响人的身心发展为直接目的的社会活动”①。相对于其他形式的教育，学校教育具有以下主要特征：第一，正规性。学校是制度化产物，有明确的目的，有规范的教育方法和形式，有严格的学习制度和升学制度，有专门的师资队伍。第二是强制性。正规的形式需要法律制度作为保障，强制性还体现在义务教育阶段对未成年人父母的强制要求，接受九年制义务教育是未成年人父母的义务。第三，主导性。这是从家校关系而言的。虽然说家庭从某种程度来说影响要大于学校，但学校教育所确立的培养目标和教育内容代表了国家和社会的共同利益，为家庭教育和社会教育确立了基本方向，当今全球所兴起的影子教育就能说明这一点。第四，阶段性。根据学制安排，学校教育一般将学生的学习分为若干阶段，每个阶段有一定的学习内容和考核标准，而家庭教育和社会教育没有学制之说。第五，文化性。尽管家庭教育与社会教育也教授孩子基本的社会习俗、语言文化、社会技能、价值观念，但基础教育阶段学校所传授的知识是以学科化为基础经过精心加工而成的，是人类最基本、最重要、对人的发展能够起着奠基性作用的人文与科学知识。

第三，社会教育特征分析。社会是因分工与合作而引起的，是在社会实践过程中形成的，由共同维系的规则组成的群体（团体）。社会教育也可分为广义和狭义两种，广义的社会教育是指有意识地培养人，并使人身心和谐发展的各种社会活动，包括“社会传统教育、社会制度教育、生活活动或事件的教育”②；狭义的社会教育是指由政府、公

① 叶澜．教育概论［M］．北京：人民教育出版社，1991：8.

② 全国十二所重点师范大学．教育学基础［M］．北京：教育科学出版社，2002：9.

共团体或私人所设立的社会文化教育机构对社会全体成员所进行的有目的、有系统、有组织、独立的教育活动[①]。无论是广义的社会教育，还是狭义的社会教育，教育对象都是社会公众，而这里所说的教育对象又特指儿童。和家庭教育、学校教育相比较，社会教育更加复杂，概括起来具有以下特征：从教育主体看，社会教育具有多元性，包括政府、社会团体、民间组织、公司、社区、单位等；从教育形态看，社会教育具有多样性，它既可以是正规的教育，也可以是非正规的教育；从教育体系看，社会教育具有分散性。由于每个社会组织都可能具有教育的属性，所以无论如何努力，很难建设一个涵盖全部的社会教育系统；从实施的主要形态看，社会教育具有实践性。它与社会生活实践和生产实践息息相关，因为实践本身就具有育人功能；从实现的功能看，社会教育具有补充性，常常充当家庭教育和学校教育的补充和延伸角色。与家庭教育相比，社会教育更属于公共教育；与学校相比，社会教育更注重个体体验；在促进个体社会化过程中，社会教育更注重通过适应真实社会而促进个体的社会化。[②]社会教育的复杂性、多样性、灵活性导致它既有可控的一面，也有不可控的一面；但它的优势也无所不在，因为社会教育时时刻刻都在影响着儿童成长。社会教育的主要形式，是能够整合各种教育资源的社区教育，因为"社区教育是社会教育的缩影，是有明显地域性的社会教育，是学校教育与社会教育的连接体，是将教育置于一定区域的社会政治、经济、文化背景中所形成的学校、家庭、社会一体化的教育体系和活动"[③]。

2. 三大教育系统的内在差异

第一，教育主体差异。现代公立学校教育的主体是教师，是具有某种资质的知识分子，是以教育为职业的专门人才。教师受聘于国家，必然要代表国家利益，体现着国家的意志。尽管私立学校和教育机构不是公共财政支撑，但在育人目标、内容和方式上受国家相关法律、法规、制度制约，依旧以国家意志为旨归。家庭教育的主体是家长，是社会中各行各业的普通人，不是专门的教育者，虽然有人希望家长要持证上岗，但这只是一种理想。家长教孩子代表的是家长个人的意志，体现家庭自身利益和需要，尽管家庭教育也受到法律法规的监管，但是国家没有也不可能对家庭教育的目标、内容、方式上进行强制规约。社会教育是一个庞大的系统，其中主体多元复杂甚至异质，因其具体主体不同而代表不同社会集团的意志，有的代表国家利益，有的只能代表部分社会群体的利益。学校代表着整个国家利益，自然应从儿童整体角度和全社会的需要出发教育儿童，当国家利益与儿童利益符合（或大致符合）时，教育就会极大推动儿童的发展；当国家利益与儿童发展利益不太符合时，举办的教育可能就会阻碍儿童的发展。教育主体不同还体现在教师（包括部分社会教育系统内的教师）属于专业人员，有着固定

① 侯怀银．中国社会教育的若干问题［J］．教育研究，2008（12）．

② 佘双好．青少年社会教育的本质与内涵［J］．中国青年研究，2007（12）．

③ 吴磊，杨琳，汤锦春．社区教育与学校教育协同发展策略探析［J］．江西社会科学，2007（5）．

专业领域、工作标准、入职规定、考核标准；而家长和绝大部分社会教育系统的工作者虽然承担着教育的职责，但是属于非专业教育者，其教育行为不能以教育专业的标准来评价。

第二，教育目标差异。教育目标是教育活动要达到的预期结果，体现在人才的规格和标准上，目标的差异是立场差异的体现。教育最终要促进人的全面发展，但是这只是一种抽象的表述，家长、学校教师、其他教育者等不同的教育主体自然会对儿童发展产生不同的看法，因为他们的具体诉求有所差异。一般而言，家长作为与儿童直接利益相关者，更加关注在现实和未来社会中儿童是否处于有利的竞争位置。在他们看来，孩子未来发展得好与不好，关键要看他在社会竞争中是否能够获得更多的发展空间。由于家庭与儿童利益关系最大，对教育结果最为关切，为了让孩子在未来社会发展中获得最大利益和发展空间，家长在兼顾儿童身心健康的同时很容易将教育引向竞争的道路上来，这就是为什么说家庭才是应试教育的始作俑者。社会教育机构属性复杂，目的自然多元，有的是依附于家庭满足家长需求，有的则依附于学校育人需求，也有的有其自身的需求和目标。社会教育系统中，有的教育主体的目的是明确的，但有的教育目的比较含糊，因为它们并不是纯粹意义上的教育机构。

第三，教育观念差异。教育观念反映教育者对培养什么人、如何培养人等问题的系统认识，教育观念主要包括儿童观、师生观、内容观、亲子观、人才观、评价观、过程观等。教育观念的不同从根本上还反映教育主体立场和认识上的差异。学校教育观念在宏观上深受国家的教育方针政策影响，在中观上受校长的办学经验和思想以及学校办学传统的影响，在微观上受教师的经验与学识影响。受到长期传统观念的影响，我国家长习惯将孩子看成自己的财产，甚至强行将自己的意志施加在孩子的身上，忽视孩子的独立性和人格尊严，在爱的名义下代替孩子成长。当然，有的家长则恰恰相反，过度、简单地强调儿童的自由、权利，时时处处以孩子为中心，极容易将儿童带入自我中心、自私自利之中。教养方式是教育观念的综合反映，权威型体现了父母对子女的严格要求，专制型体现父母对子女的控制，民主型体现父母对子女人格的尊重，放任型体现父母对子女成长的忽视。对于学习过程的认识往往也会有很大的分歧，今天存在着苦学观和乐学观的区别，有的人认为教育是快乐的过程，也有的人认为教育是痛苦的过程，即所谓先苦后甜，苦尽甘来，我们不仅反对将教育简单地等同于快乐，更反对这种带有强烈功利性、非人性化色彩的学习观。

家校社不但在教育内容、方法和形式上存在着差异，由于主体不同而导致的教育目标、教育理念的差异也是决定性的，家校社之间既有统一性，也有矛盾性，需要通过合作方式加以协调，这也是合作共育的应有之义。

（二）家校社合育的基本含义

1. 家校社合育的基本内涵

合作与分工相对，在社会化大生产过程中二者发挥着重要的作用。合作是人类社会的互动方式，通过各种合作方式实现社会目的，“分工条件下的合作与合作基础上的分工，推动着人类文明一步步走到今天。”[①] 合作内涵很复杂，M. 阿吉勒提出了合作的六个意涵：①人类具有合作的本性。②在正确的条件下，冲突双方全然直接接触。③合作中的友谊关系，需要透过社会技能训练才能有效能。④合作可以带来短期、长期及多元化的利益。⑤对合作团体提供支持力量。⑥合作本来就具有道德的影响力。[②] 美国学者弗里恩德和库克对合作的定义是：“人际间的合作是至少两个相互平等的当事方之间的直接互动方式，他们因为有一个共同的工作目标而自愿地参与共同决策。”合作具有如下特征：①合作是出于自愿的。②合作是建立在平等基础上的。③合作者之间有一个共同的目标。④合作者共同参与重大问题的决策。⑤合作者共同为决策后果承担责任。⑥合作者共享资源。⑦有突出的特性，即合作者之间必须相互信任与尊重。[③] 因此，合作就是指个人与个人、群体与群体、个人与群体之间为达到共同目的，彼此相互配合的一种联合、协同行动，目标的一致性和合作双方的互惠性是合作得以开展的根本。

学校、家庭和社会是完整教育体系的三个组成部分，也需要通过合作形成三位一体的教育体系，才能保障儿童受到良好的教育。所谓合育，即学校、家庭、社会合作共育的简称，是为了儿童健康发展而开展的各种协同性行动，合作是手段，共育是目标。从家庭角度看，合育的类型包括家校合育、家社合育。合育是一种国际教育发展趋势，加强合育，是适应终身学习和学习化社会思潮而出现的教育潮流。在美国，1994 年通过的《美国教育法案》明确将家长参与列于国家的教育目标之一，通过全国家长教育协会、全国家长和教师大会、美国儿童研究协会等组织，推动家校合作和学校、家庭社会的合作共育；同时，美国又在全国各学区设立“21 世纪社区学习中心计划”，以协助学校和社区建立合作伙伴关系。英国目前所推动的“教育行动区计划”基本上是将社区纳入学校的发展中，着眼于结合社区资源、改善所有不利于学校教育的因素，以有效协助中小学的教育革新与发展。[④] 学校、家庭、社会合育思想与日本的“学社融合”思想高度一致，日本文部省终身学习审议会认为：“‘学社融合’是学校教育和社会教育在各自承担自身相应功能的基础上，进一步加强学习场所和活动等各方面的融合，以一个新的整体形态

① 郭梓林 . 图解合作［M］. 北京：北京朝华出版社，2005：7.

② 黄河清 . 家校合作导论［M］. 上海：华东师范大学出版社，2008：35.

③ Friend，M. & Cook，L. *Interactions*：*Collaboration Skills for School Professionals.* White Plains，NY：Longman.

④ 田文华，元秀梅 . 家长参与学校教育：英美等国的经验与启示［J］. 全球教育展望，2004（3）.

为青少年教育服务的教育活动。”①

2. 家校社合育的基本特征

第一，以育人为根本目的。合育是学校教育活动的一部分，是为了教育而开展的协同活动，其根本目的就是育人，以立德树人、促进学生全面发展作为根本任务。离开这个目的不算是合育。有些教师表面上开展合育，其主要目的是减轻自己工作负担甚至推卸责任，这不能称之为合育。以育人为本，还要将儿童放在合育的核心位置，充分尊重儿童。一方面，要将儿童的发展利益放在最重要的位置，本着为儿童终身发展、全面发展的目的开展活动；另一方面，要高度关注儿童在合育活动中的话语权、参与权，要多听听儿童的声音，多了解儿童的发展状况，充分保障儿童权益。有的学校与家长和社会合作起来，大搞应试教育，挤压学生自主时间，这是对合育本意的背道而驰。

第二，以各自教育功能优化为基本任务。合育，不是在学校、家庭和社会之外又创造出一种新的教育形态，而是通过各种合作方式和手段，促使学校、家庭和社会教育功能的优化和改进。其一，通过合育活动，家长的教育观念更新了，教育方法改进了，参与学校教育的意识和能力提高了；其二，通过合育活动，学校的管理更加优化了，学校课程和教学更加合理了，教师能力更高了，指导家长和社会的能力更强了；其三，通过合育活动，社会（社区）服务家庭和学校的功能加强了，资源更加丰富了。说到底，通过合育活动，不是要让谁取代谁，而是要让家庭更像家庭，社会更像社会，学校更像学校，各自做好各自应该做的事情，不断优化各自的功能，更加发挥好学校的主渠道作用，更加发挥好家庭的基础性和社会的补充性作用。

第三，学校在合育中起主导作用。学校是专门的教育机构，教师是专职教育者，学校和教师代表国家意志开展教育，有组织化、制度化、专业化方面的优势。而家庭是一个个单独的个体，社会由一个个庞杂的组织构成。从为国家培养人才的角度看，学校和教师的责任更大，因此在合育活动中意愿更强烈、责任更重大、优势更明显，应该发挥主导作用。一方面，学校应以专业的优势和组织化的力量指导、支持、服务于家庭教育和社会教育，提高其教育能力；另一方面，学校要开放办学，充分利用家庭和社会教育资源，不断丰富和优化学校教育，提高管理能力。当然，主张学校和教师在合育中的主导性，主要是从责任角度而言的，并不意味着学校和教师可以随便使唤家长，把家长变成教师的助手，把家庭变成学校的附庸。无论从哪个方面说，家校社之间都是平等的、相互尊重的。

第四，合育具有历史性，不能脱离历史的条件空谈合育。家校社合育是一种教育发展趋势，有普遍性、一致性，也有特殊性、具体性。东西方教育制度不同、教育文化传统不同会导致在家校社合育过程中所采取的形式、方法、重心有所不同。不能脱离历史

① 李恒庆，吴美娇．日本“学社融合”的若干理论问题探析［J］．成人教育，2011（6）．

和文化背景来谈合育，不能在合育问题上“言必称希腊”。在西方，家校社合育中比较注重家长的选择权和参与权的实现，比较注重以项目的方式推进家校社合育工作，这些有值得学习的地方；而在中国，比较注重家校社的一致性，比较注重学校、社会对家长的教育指导，学校尤其注重班主任的合育能力建设，这也有许多可取之处。

3. 家校社合育工作的基本原则

一是确保教育目标的正当性。教育目标是教育实践的预期结果，在教育活动中起着引领作用。学校、家庭和社会具体的教育目标可能有所不同，但根本方向是一致的，是要培养以身心全面发展为基础、以人格健全为关键特征的社会主义公民。当前教育的异化导致教育偏离方向，功利主义蒙蔽了教育者的眼睛，必须予以纠正。学校教育担负着这样的使命，既要不断地给自己纠偏，也要努力使得家庭和社会教育保持正确的方向，不能为了迎合某个具体的利益群体或教育的外在目的而导致教育迷失方向。

二是确保教育内容的一致性。所谓教育内容的一致性是指学校、家庭、社会三者在立德树人这个根本目标指引下，相互分工、相互配合、各有侧重。首先学校、家庭和社会要各自做好自己的本分，家庭侧重于生活教育、基本规范和习惯的养成，学校重点在于系统的科学与人文知识教育，社会教育则侧重于对学校和家庭的补充，以实践与体验教育为主，发挥好教化功能。内容的一致性不是要做完全相同的事情，有的家长学校教什么，考试考什么，他就叫孩子学什么，这是狭隘理解。再以德育为例，家庭教育的关键是培养私德，学校和社会教育的关键是培养公德；家庭和社会的优势是道德行为和情感，而学校的优势在于道德认知的提升。只要有利于实现立德树人的根本任务都可以称之为一致性。

三是确保教育方法的科学性。教育方法服务于教育目的和任务，教育方法是在正确的教育观念（方法论）指导下形成的。学校、家庭、社会合育其实也是学校加强对家长和其他教育机构的教育指导，改变其教育观念，提升教育能力的过程。当然，教师也要不断优化自身的教育方法，提高教育效能。家庭教育的优势在于其多样性、生活性、亲密性、终身性等，社会教育优势在于弥散性、实践性、多样性、选择性，家校社合育就是要让学校、家庭、社会准确定位、优化方法、弥合分歧，充分发挥各自教育优势的过程。

四是确保教育地位的平等性。由于学校在家校社合育中起着主导作用，因此在实际工作中很容易出现地位不平等现象，一些家长反映学校将本来应该由学校和教师承担的工作转移给家长承担，或者让家长将某些教育责任推给社会（如报课外班）。虽然家长有配合学校完成教育的义务，但这不意味着教师可以随意占用家长时间完成属于自身职责范围的事情。学校在开展合育过程中，无论是引导家长参与学校，还是指导家长开展家庭教育，都要尊重家长的权利和意愿。当前学校要注重家庭和社会资源的整合，但一定要反对家庭教育和社会教育的学校化倾向，甚至将二者变成学校教育附庸的倾向。

三、家庭—学校—社会合作育人的主要形式

构建家校社合作育人机制的关键是学校和教师，学校应该利用自身专业优势指导家长开展家庭教育，同时充分吸收利用社会各种教育资源不断完善学校教育功能，构建立体化育人网络。

（一）家校合育模式基本形态

1. 家校合育的基本模式

模式是指人们从社会实践（生产经验、生活经验、科学实验等）中通过抽象、概括、归纳等方式提炼出来的用以解决实际问题的普遍规律，它是解决某一类问题的核心知识体系，是指导实践的方法论体系，也是获知该类知识体系的研究方法。学校主导下的家校合育模式是指学校、家庭在科学的合作与教育理念指导下，围绕素质教育的基本目标，整合各种教育资源，以最大限度地开发学生的潜能，实现德智体美劳全面发展为目标而开展的各种合作共育方法、策略、途径、机制等要素的优化组合，表现在学校、家庭相互配合、协调一致而形成的行之有效的路线图（制度设计）、行动方案、工作模型、操作流程。家校合育模式概括为“一个目标，两个维度，四项任务”。一个目标，就是“育人为本、成就孩子”。两个维度即两个工作指向：学校引导家长，提高家庭教育水平；家长参与学校，提高学校教育水平和效果。这个模式大体可以从以下流程图中体现出来。

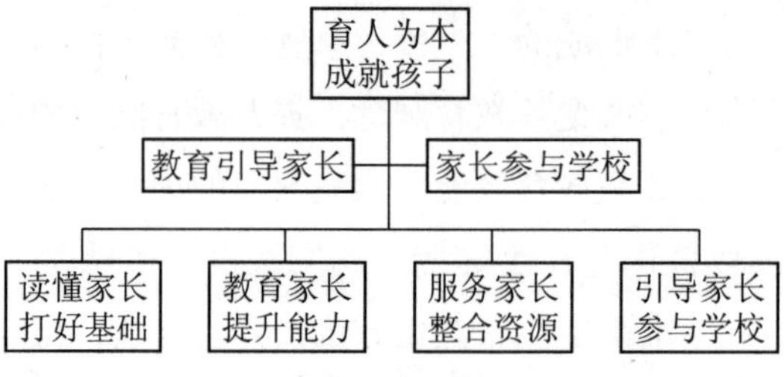

家校合育模式图

“育人为本、成就孩子”，是指合育的根本目的是以学生发展为本，凡是不以孩子健康发展为目的的合作都不属于合育范畴。成就孩子，是促进学生全面发展，而不是片面发展；是促进学生的主动发展，而不是被动发展；是以核心素养为中心展开教育活动，而不单是以知识、技能为核心，以升学为唯一目的而展开的教育活动。成就孩子，就是要让孩子学会学习、学会做事、学会共同生活、学会生存，培养具有创新精神、实践能力和社会责任感的人。成就每个孩子需要不断改进家庭和学校教育，而改进家庭和学校

教育分别需要彼此相互发力，学校利用专业优势引领家庭，家庭积极参与学校，促进学校教育的不断优化。四项任务，也就是对教师的四项任务清单，同时也要求家长做出相应的行为。教师开展家校合育能力清单包括：研究和了解家长的能力；教育和培训家长的能力，指导家庭教育的能力；支持与服务家长，为家庭教育创造条件；指导家长积极参与学校教育的能力。

2. 家校合育任务分解

第一，读懂家长。读懂家长包括了解家长、研究家长、与家长沟通。过去教育实践中也非常重视对家长信息的了解，但过去重点关注的是家庭的常规状况，如家庭成员、家庭住址、家庭类型、家长文化程度、经济状况等方面，这种设计主要目的是单纯从学校教育角度出发的，忽视了家庭教育和家校合育的重要性。因此，要实现真正高效的家校合育，必须要完整意义上了解家庭的状况，尤其是教育状况，诸如亲子关系、家教观念与方式、教育现状、特点、经验、问题等。要深入了解这些状况，简单靠过去的登记办法是远远不够的，需要通过科学的方法，全面、深入地研究每个孩子的家庭及家庭教育状况。

首先要做到全面。读懂家长既要研究家庭的常规信息，如人口、住址、类型、文化程度、经济状况、家长特点等，也要研究家庭教育的基本状况，如亲子关系、观念、方式、问题、教育特点等。办好一所学校，必须要了解校情，了解校情不仅仅要充分了解校情、师情、生情，还要了解家情，了解家情是学校教育的基础性工作。学校如此，对于一个班级乃至一个学生而言也是同样的道理。

其次要深入。充分挖掘家庭教育中的深层次问题。我们倡导将一般家庭研究与个别家庭研究相结合，既要研究全校、全班家庭教育基本状况，也要研究个别家庭的家庭教育基本状况。学校尤其要关注特殊教育需求或处于困境中的儿童的家庭及其教育状况，比如，要想解决“后进生”问题，不充分了解造成“后进”的家庭因素，单靠学校力量往往事倍功半，也只有学会研究家庭，调动家庭积极因素，减少来自于家庭的消极因素，学校的教育才能有的放矢、事半功倍。

再次要科学。读懂家长、了解与研究家庭需要科学的态度与方法，不能凭靠主观臆断，需要学会科学的工具。教师不仅要掌握问卷调查、个别访谈、综合调研、问题追踪等基本方法，还要学会广开研究渠道，如家访、网上交流、家长会交流、家长信箱；同时，在研究中，也要掌握研究的艺术，有经验的教师往往能在无意的聊天中发现问题。

读懂家长不仅起到摸底作用，更重要的是起到诊断作用。充分了解与研究家长、及时与家长沟通，既是合育的一个独立的环节，也是其他三个环节的基础，如果没有充分地了解、研究和与家长沟通，后面的教育家长、服务家长和引导家长参与学校工作都会存在问题。

第二，教育家长。开展家校合育一个重要环节是教育家长，其核心工作是对家长进行教育培训，这一点几乎每个学校都会开展，但从现实状况来看，家长对学校所开展的教育培训认同度不高，主要是因为培训效果不佳。高效的家长培训关键要做到三点：一是内容上要针对性强，二是形式上要引人入胜，三是方式上要因材施教。针对性强就要求培训的内容既要有通识，也要有一定的高度；既要有普遍针对性，又要有个别针对性；既要针对教育理念和方法本身，也要针对孩子的具体问题。引人入胜的要求更难，要打造符合家长口味的方式方法，这对培训者要求极高。从教育形式看，过去更多是课堂教学式的，实践证明这种单一方式已经过时了，需要开辟更多更有效的方式，如家长论坛、家长沙龙、家长经验分享、家长参观、家长育儿手记、家长阅读工程、典范家长评选等。互联网和全球化时代给家长教育工作带来很多便利，也提出了一定的挑战，媒体上许多关于家庭教育的言论，有的正确，有的错误，有的片面，需要今天的家长教育工作有的放矢，也需要今天的教师和家长教育者有定力、有判断、有自信。因材施教，就是要求家长培训工作还要做到从培训者中心到受训者中心的转变，要充分考虑到重点家长与一般家长之别。一般而言，多数家长培训与引导工作是比较简单的，问题的关键是个别家长，尤其是其教育观念与主流观念不一致时，培训难度是很大的。还有就是特殊家庭，如流动家庭、留守家庭、单亲家庭、隔代教育家庭等，都要采取有针对性的培训方式。培训者的遴选也很重要，一般形式是通过学校教师培训和专家培训相结合的方式，在条件允许的情况下，也可以选择一些优秀家长、往届的成功家长进行培训。当然，培训的内容需要学校事先把关，不能将个人不成熟的、极端的案例，错误的观念教给家长。

第三，服务家长。服务家长其实就是服务家长教育需求，帮助家长开展好家庭教育，解决家庭教育中存在的问题。现代家庭教育包括两方面内容：一是家庭教育本身，其目的、逻辑是由家长提出、设计并围绕家庭生活而产生的；二是配合学校教育在家庭的实现，即指导学生在家学习。家庭教育是非正规教育，教育的意图由家长提出，但未必清晰、正确；家庭教育内容主要围绕孩子的生活而展开，合理的生活就是最好的家庭教育；家庭教育方法是生活指导法，随着生活的展开、生活中的困惑和问题日渐暴露，逐步渗透其教育意图与要求。而在家学习主要是围绕学校学习任务和要求而展开，教育的意图和要求是老师提出的，需要孩子在家完成，有时候需要家长予以配合、协作共同开展。这两方面对于大多数家长而言都需要学校指导。

服务家长大致涵盖服务家庭教育与服务自身成长两个方面。包括四项主要任务：其一，为家长指导孩子在家学习提供建议。这是指导和服务家庭的主要任务，其基本内容包括：帮助孩子学会制订学习计划，合理安排学习内容，科学完成学校任务，养成良好学习习惯，学会解决学习过程中出现的问题。指导孩子在家学习，既包括完成学校布置的学习任务，也包括学会适度拓展学校学习任务，甚至包括课外班的选择等。其二，专门设计以服务家庭教育和亲子活动为目的的课程与活动。目前，家庭的闲暇时间比以往更多了，将闲暇转化为有意义的亲子活动课程十分必要，学校可以以发出倡议或者作为课外作业的方式予以实施，比如，举办亲子运动会，策划亲子共游，倡导亲子义工，启动亲子共读等活动，以及为在假期与孩子相关的家庭生活提出建议。其三，整合相应的教育资源。学校可以在适当的时间开放自身的图书馆、体育馆、运动场等活动设施，为家庭服务，也可以联系社会资源（既包括博物馆等教育资源，也包括企业、国家机关等机构）为家庭开展相应的活动或项目创造条件。其四，推动家庭文化建设。家庭文化集中表现为家风，良好的家风对子女有着潜移默化的作用，北京市某学校开展“家风、家训比比看”的活动，要求孩子与家长将家庭的家风、家训写下来，进行解释，围绕家风、家训讲讲家庭故事。这是一种行之有效的家庭文化建设方式。当然，学校还可以为有特殊需要的家庭提供咨询和帮助。

第四，引导家长参与学校。引导家长参与学校是指家长在学校引导下配合与协同学校的课程、教学、活动及管理等各种活动。其一，指导、督促家长配合完成学校日常工作，包括接送、照看孩子生活，检查、督促孩子完成学校课业等。这类活动最为基础，对于学校日常工作来说也极为重要。其责任清楚、目的明确、要求严格，是每个家庭必须完成的规定性动作，无须学校特别的教育引导，绝大多数家长都能够完成得极好。其二，引导、鼓励家长参与学校教育教学活动。教育教学是学校的主要工作，是教师专业化的体现，但是并不是说家长就不能发挥其作用了，学校可根据需要有条件地引导家长参与。从低层次看，要求家长参与学校开展的与家长密切相关的活动，如单独沟通、学校开放日、亲子活动、各种典礼（开学、毕业、节日）等各种活动。这是家长必须完成的任务。从中层次看，家长可以充当教师的教学助手，协助教师管理课堂、监考、值班（勤）、准备教具和教学素材等，这些工作与正规的教学息息相关，但还不是教学的本身。从高层次看，可以引导部分家长适度参与到教学和相关课程的开发中去。课程编制、开发与实施是专业化活动，对于家长的要求非常高，不是家长具有志愿精神和一技之长就能够胜任的，需要经过专业训练和指导。因此，对于部分有意愿和一技之长的家长来说，可以根据需要鼓励他们参与课程开发和教学活动，但学校必须要进行系统管理和科学安排，并对家长开设课程进行评估，防止出现无效教学的情况。其三，引导家长参与学校管理活动。现代家长对于学校教育应该享有知情权、监督权和参与权，尤其是事关子女切身利益的相关决策，学校应该广泛征求家长的意见，甚至吸收家长参与决策。引导家长参与学校管理，可以体现在三方面：相关决定出台之前应该广泛听取家长意见，决策制订之中可以让家长不同程度地参与进来，相关规定出台之后可以吸纳家长参与监督、评估。

四项任务之间有一定交叉，其中第一和第二项是其他两项的基础，不充分了解和研究家长，合育的其他工作就会停留在经验层次；不对家长进行适度的培训和教育，家长就会缺乏必要的家庭教育知识和合育意识与能力。第三和第四项工作直接与教育相关，是工作的落脚点。四项环环相扣，相互影响，共同构成家校合育的基本模式。

（二）学校、社会互动完善学生成长环境

1. 社会资源进学校

构建良好的教育生态，需要学校敞开大门，吸收各种社会资源进入学校，以实现学校教育意图。可进入学校的社会资源一般分为三类。第一类，学校开设课程，校外参与实施。课程是实现教育目的的根本，国家根据教育的根本目的和任务颁布课程制度，学校根据国家课程方案以及本学校的具体情况在完成国家课程基础上可以进行能动性的改造。过去课程实施主要依托学校的课程资源，包括师资、场地、设备以及其他条件，但学校再完善，也不可能从根本上满足教育的需要。社会教育资源进入学校的路径是学校开设课程，根据实际情况邀请相关专业人士、家长志愿者等担当学校的“编外”教师，或者到相关机构实施。比如安全课程，可以邀请消防人员；预防艾滋病课程，可以邀请相关医疗机构人员；再比如，环境课程，可以到相关环境保护机构，由那里的相关人员协助开设。上课的形式多样，可以以传统课堂教学形式，也可以请社会相关专业人士、家长志愿者担任实验助手、直接观摩体验、承担任务等。

第二类，校外课程，学校认证。学生选择的某些课程，符合学校的培养目标，但学校没有条件帮助学生完成，需要借助社会教育机构等帮助其完成课业。比如学生对马术、冰球感兴趣，但学校无法满足，只好到社会上学习，达到相应程度，在学校获得认证，记作学分。

第三类，学校课程，合作实施。学校开设的某些课程需要校外资源，但资源拥有者又缺乏相应的教育能力，则可以通过与校外教育资源合作完成。这与我们平时所说的“共建”相似。比如，有些学校开展了学工、学农、学军等活动，积极与附近工厂、农场、军队等机构合作，为学生创造条件。北京某所学校为了开展升旗仪式训练，邀请天安门国旗班到学校示范指导，同时邀请该校“小小升旗手”到国旗班参观观摩。有的博物馆利用自身的文物优势每周为学生开设“专场”，指导其在博物馆接受教育。

2. 学校反哺社会

对于社会而言，学校在教育方面的优势是明显的，学校提供的服务主要是教育服务，包括直接服务（如送课、送教）和间接服务（如送培训），适用的对象也主要是有教育需求或承担教育职责的机构，如社区、少年宫、博物馆、妇联等。

学校提供的教育服务对象具有层次性，其核心层当然属于所在的社区，做好社区的教育服务工作是校社合育的基础。社区是现代社会的基础组织，教育是其重要职责，但社区一般不直接具备教育能力，主要通过合育形式借助外部资源实现。学校可以为社区提供场地、设备、课程，更直接的方式是选派教师志愿者。教师志愿者可以通过父母大讲堂、父母咨询活动提高家长教育水平，也可以开设一些亲子游戏课或读书节等直接服务于学生的活动。

学校提供的教育服务主要包括：培训师资，开发教育产品（课程），提供教育资源（如场地），直接提供教师，甚至直接提供学生受教育机会（当然要在符合法律和相关规定基础上）。提供教育资源是最简单的方式，学校的图书馆、运动场、会议室等设施可以为社会开展相应的教育、培训、运动活动提供帮助。派驻教师志愿者也是比较简单易行的方式，根据社会教育机构的需求和教师志愿，学校可以将部分教师委派到该机构担任某些岗位职责，既可以是专职的，也可以是兼职的，职工的待遇可以根据教育部的相关规定和学校具体实际情况而定。培训教师和开发教育产品属于比较高级的服务形式，因为中小学与社会教育机构的职责任务不尽相同，但最终目标是促进学生健康发展，因此中小学教师可以根据自身优势，结合合育对象机构教育需求，培训教师、开发或优化其课程产品等。

（三）家庭与社会的互助合作

1. 社会支持家庭，优化家庭生活

家庭教育的改进，其实就是家庭生活的优化，包括日常生活的优化和教育生活的重构。社会资源对于家庭而言首要的作用就是有助于优化家庭生活。家庭教育的生活属性意味着日常家庭的交往、实践、情感、精神等生活的每一个细节都可能具有一定的教育功能，具有丰富的教育意义。家庭生活既包括家庭空间之内，也包括空间的延展，社区、父母的工作场所、社会各种文化娱乐场所、生产实践的一线都是家庭生活的延展。在家庭内，需要合理的起居、饮食、健身、待人接物、休闲娱乐等，走出家庭，社会关系、交往、实践、学习也是家庭生活教育的重要组成部分。通过合理的生活，培养孩子养成良好的学习习惯、生活习惯和交往习惯，以及由此形成良好的道德情操和价值观念，形成积极健康、乐观向上、自立自强的人格。只有通过走出社会，借用各种社会资源，才能丰富家庭生活。与此同时，社会资源也只有丰富家庭生活，才能对家庭提供有益的帮助。

第一，以社会主义核心价值观为指导，社区应该大力开展各种文化活动和文明建设活动，为青少年营造一个健康的文化环境。社区应该发挥自身优势，“将家庭教育指导与区域的精神文明建设、文明家庭建设、未成年人思想道德建设、发展社区服务、预防未成年人犯罪等工作密切结合起来”①；应该将社区自身文化建设与家庭教育巧妙地结合起来；应该积极宣传党和国家的大政方针，宣传社会上和身边典型，为青少年推出积极健康向上的文化产品；应该根据居民需要开展适合青少年的文体活动，如棋类比赛、全民健身、游戏比赛、敬老活动、困难帮扶，等等。

① 关颖．家庭教育社会学［M］．北京：教育科学出版社，2014：421.

第二，社区应该丰富教育设施，开展相应的活动。积极联系社区中的学校或其他机构，开放社区文化教育资源；在社区内部或者联系其他社区，开设文体室、读书室、“小小舞台”等青少年活动中心；针对部分家庭放学后无人接送和看管孩子的状况，设置小学生临时看护室等。开展专项教育活动也是社区教育的重要内容。针对预防未成年人违法犯罪、爱国主义、宪法精神、社会关怀、传统节日等教育主题，开展各种专题教育宣传活动；针对部分边缘青少年、困境家庭或青少年开展教育帮助活动、社区矫治活动，等等。

2. 促进父母自身教育素质提高

除了丰富家庭教育生活、提供各种教育产品之外，社会教育的一个重要使命是帮助家长、教育家长，提高家庭教育水平。社区可以联合学校和社会资源，为家长开办家庭教育讲座，提高家庭教育水平；选树典型经验，开展家长教育分享活动；开展教育咨询，积极帮助有教育问题的家庭走出教育困境。有人认为社区家长学校的组织原则是：全面覆盖，重点突出，结合问题，多样组合。具体来说就是系统性原则、针对性原则、整合性原则、动态性原则和实践性原则。① 社区居民在社区家长学校报名之后，社区按照居民家庭子女的学龄阶段安排家长学习的班级和内容。同时，居民还可以根据自己的需要，在社区家长学校的管理和协调下，选择自己需要的、具有针对性的教育内容学习。家长教育可以实施“学分制”管理。这些学分可以作为孩子入学、五好家庭评选的依据。同时，学分管理可以提示居民参加过哪些内容的学习，还需要参加哪些内容学习。社区家长教育不仅要有教育观念的学习，还要有具体的家庭教育操作方式的指导。所以，社区家长学校的教学形式必须多样，比如读书会、经验分享沙龙、工作坊等形式。特别是针对一些具体的问题，用“专题沙龙”的方式进行交流和讨论，提供多方面信息和案例，提供各种不同的解决问题方法，供父母参考，这样的活动效果更佳。同时，还可以进行一些团体训练和辅导活动，以团体方式进行亲子交流、家庭关系处理等具体方法的学习。居民在家庭教育实践中遇到问题，可以找到对应的专家进行咨询，获得相应的专业支持，提升家庭教育的质量。社区家长学校要做好居民参加社区家长学校学习的情况记录。

支持服务家长需要搭建教育平台，整合教育资源。社区应该积极争取政策支持，发动社区内部资源，争取外部可利用资源，尤其是各种志愿者资源，服务本社区居民。根据“就地取材”原则，建立社区家长教育“师资人才库”，根据不同的学习主题选取不同教师进行教学，既保证教学内容的丰富性，也保证教学质量。培养一些社区义工作为社区家长学校的辅助力量，推动社区家长教育的深入和完善。与此同时，相关社会组织机构还可以根据某些家长的特殊需要，提供专门的支持服务项目。

---

① 邓惠明.关于构建社区家长学校的思考［J］.中共福建省委党校学报，2012（9）.

3. 家长积极参与社会教育

第一，优化儿童成长环境。对于家长而言，最重要的工作是做好父母，优化家庭内部教育环境。良好的家庭教育环境包括物质环境、文化环境和心理环境①，在这个环境中父母需要激发孩子的成长动机，对孩子成长提供物质上和精神上的支持，对孩子成长中出现的困惑提供帮助。在此基础上，家长需要加强对外联系，积极发挥作用，完善家校社合育的中间系统，在充分履行自身的教育职责中，学会识别、选择和利用社会教育资源，并配合实现教育综合效益最大化的过程。其实就是要求家庭以合理生活为核心，以构建微观系统为基点，不断拓展子女成长空间，最终构建一个完整而优质的教育生态系统。家长既要学会从社会中选择教育产品，补充家庭和学校教育资源的不足；还要学会选择、利用各种教育资源，以完成家庭教育的各项任务。

第二，不断拓展成长空间。儿童成长的过程是空间不断拓展的过程，是从微系统逐步向外层系统发展的过程，家长基于自身背景可以从以下几个方面为儿童成长发挥作用：一是社会网络，主要指父母的社会关系系统，中国人比较重视亲缘、地缘、业缘等因素，这些是孩子成长的重要背景因素。二是父母的工作场所，这是孩子了解社会的重要窗口。父母工作场所对子女社会化极为重要，带领孩子参观工作场所，了解工作性质和任务，知晓工作价值，都是教育孩子的重要方法。三是邻居和社区，这是儿童成长的重要空间文化因素。因此，构建儿童成长的社区环境极其重要，尤其是邻里关系。邻里关系对儿童的影响是巨大的，这种影响力在经济欠发达地区更为显著。邻里之间的往来和非正式的社会活动通常可以影响到青少年的心理素质，包括自信、学习成绩和个人抱负。②四是其他能够为儿童成长提供各种信息交换的环境因素。儿童经常会受到身处的社区环境影响，城市之所以比乡村出现更多的行为问题，主要是因为城市的社区环境相对封闭，缺乏必要的交流，容易产生家庭压力和心理调适等问题。父母的社会关系网络不仅可以减轻父母的抑郁情绪，而且间接帮助父母对儿童的养育。

第三，家长积极支持参与社区教育。一要参与社区教育决策。社区教育是社区治理服务的重要内容，开展怎样的教育，如何开展教育需要社区决策。日常情况下社区基本上是被动决策，以执行文件精神为准，缺乏主动精神，没有根据社区自身特色和居民需要进行再决策，在文件实施的最后“一公里”出了问题。公民参与社区教育决策，需要每个人能够了解社区居民教育问题，汇集教育需要，形成积极意见，那种事不关己高高挂起的思想缺乏现代公民意识，不利于社区建设，也有害于自身利益的实现。二要支持社区教育。公民参与社区教育是指为社区教育提供一定公共服务的行为，这种行为一般是志愿行为。志愿精神和志愿行为是现代公民的重要素质，是“推动人类发展和社会进

---

① 吴奇程，袁元编著 . 家庭教育学［M］.3 版 . 广州：广东高等教育出版社，2006.

② 劳拉 · E. 贝克 . 吴颖，吴荣先译 . 儿童发展（第五版）[M］. 南京：江苏教育出版社，2002：782.

步的高尚行动，志愿服务是爱心、良知、奉献和人性美的一种展现”，这种精神“在弥补政府失灵，促进社会和谐与进步，弘扬人类真善美等方面具有积极的作用”。① 志愿服务必须从身边做起，我国社区发展还处于低级阶段，包括社区教育在内的许多地方还不够健全，需要社区公民共同努力。三要参与社区教育活动。与孩子一起，积极响应社区倡议，共同遵守社区居民规范，参与社区文化建设，告别不文明行为，争当文明家长，善待邻里，与邻为伴。积极参与社区家长学校，主动学习家庭教育知识，提高自身教育素质。积极参与社区各种教育活动、亲子活动，不做狼爸虎妈。家长根据学校社会实践和家庭教育需要，积极寻找社区支持，完成教育任务。教育行为既是科学又是艺术，家长不可能天然就成为一名合格的教育者，需要学习各种知识提高能力，居民积极参与社区举办的各种教育活动本身就是对社区教育的支持，是家社合育的重要保证。

思考题

1. 为什么学校、家庭和社会需要合作育人？
2. 谈谈学校、家庭和社会在育人方面各自的优势与不足。
3. 学校如何与家庭、社会开展合作，培育德智体美劳全面发展的社会主义建设者和接班人？

① 党秀云 . 论志愿服务的常态化与可持续发展 [J] . 中国行政管理，2011 (3) .

主要参考文献

一、著作

1. 陈宏谋 . 五种遗规（养正遗规）[M] . 北京：华侨出版社，2012.

2. 白佩兰 . 危机中的家庭、性别与中国 [M] . 北京：三联书店，1996.

3. 毕诚 . 中国古代家庭教育 [M] . 北京：商务印书馆，1991.

4. 陈丹燕 . 独生子女宣言 [M] . 广州：南海出版公司，1997.

5. 陈鹤琴 . 家庭教育 [M] . 上海：华东师范大学出版社，2013.

6. 陈佑兰 . 家庭教育 [M] . 北京：北京大学出版社，1990.

7. 邓立勋 . 曾国藩自述（上）[M] . 海口：海南出版社，1996.

8. 曾国藩撰，邓云生点校 . 曾国藩全集・家书，卷一 [M] . 长沙：岳麓书社，1990.

9. 邓佐军 . 家庭教育学 [M] . 福州：福建教育出版社，1995.

10. 丁钢 . 文化的传递与嬗变——中国文化与教育 [M] . 上海：上海教育出版社，1990.

11. 丁文江，赵丰田 . 梁启超年谱长编 [M] . 上海：上海人民出版社，1983.

12. 丁晓山 . 家运・10 卷 [M] . 北京：中华工商联合出版社，1997.

13. 方健移，何伟强 . 家庭教育与儿童社会性发展 [M] . 杭州：浙江教育出版社，2005.

14. 费孝通 . 乡土中国 [M] . 北京：三联书店，1985.

15. 关颖，鞠青 . 全国未成年犯抽样调查分析报告 [M] . 北京：群众出版社，2005.

16. 关颖 . 家庭教育社会学 [M] . 北京：教育科学出版社，2014.

17. 关颖 . 社会学视野中的家庭教育 [M] . 天津：天津社会科学院出版社，2000.

18. 关颖 . 家庭教育社会学 [M] . 北京：教育科学出版社，2015.

19. 国家卫生和计划生育委员会 . 中国家庭发展报告 2014 [M] . 北京：中国人口出版社，2014.

20. 国家卫生计生委家庭发展司 . 中国家庭发展报告 2015 [M] . 北京：中国人口出版社，2015.

21. 哈经雄 . 民族教育学通论 [M] . 北京：教育科学出版社，2001.

22. 郝滨．催眠与心理压力释放［M］．合肥：安徽人民出版社，2009.

23. 何瑞珠．家庭学校与社区协作——从理念研究到实践［M］．香港：香港中文大学出版社，2002.

24. 黄德祥．青少年发展与辅导［M］．台北：五南图书出版公司，1994.

25. 黄河清．家庭教育学［M］．上海：华东师范大学出版社，2014.

26. 黄河清．家校合作导论［M］．上海：华东师范大学出版社，2008.

27. 黄迺毓．家庭教育导论［M］．台中：五南图书出版公司，2016.

28. 黄迺毓．家庭教育［M］．台中：五南图书出版公司，2004.

29. 嘉义大学家庭教育研究所．家庭教育学［M］．台北：远足文化事业公司，2003.

30. 贾晓明．知识分子的教养方式对大学生心理健康的影响［M］．北京：社会科学文献出版社，1996.

31. 康有为．大同书［M］．上海：上海古籍出版社，2005.

32. 兰明春．婚姻与家庭模式的选择［M］．成都：四川大学出版社，1990.

33. 李少军等．现代家庭教育指南［M］．福州：福建人民出版社，1992.

34. 李天燕．家庭教育学［M］．上海：复旦大学出版社，2007.

35. 李天燕．家庭教育学［M］．上海：复旦大学出版社，2013.

36. 李亦园．信仰与文化［M］．台北：巨流图书公司，1981.

37.《廉江林氏族谱》理事会．廉江林氏族谱（文献卷）［M］．香港：香港文学报社出版公司，2009.

38. 梁启超．梁启超未刊书信手迹［M］．北京：中华书局，1994.

39. 梁漱溟．中国文化要义［M］．上海：学林出版社，1987.

40. 林立柽，林伟功．林瀚暨廉江林氏先贤文选［M］．福建省姓氏源流研究会林氏委员会，1999.

41. 刘晓东．儿童文化与儿童教育［M］．北京：教育科学出版社，2004.

42. 刘新科，贾洪武．中外教育名著选读［M］．北京：中国人民大学出版社，2008.

43. 柳无忌．我们的父亲柳亚子［M］．北京：中国友谊出版公司，1989.

44. 鲁洁等．教育社会学［M］．北京：人民出版社，1991.

45. 陆林．中华家训大观［M］．合肥：安徽人民出版社，1994.

46. 吕建国．家庭生态与教育［M］．太原：山西教育出版社，1992.

47. 马镛．中国家庭教育史［M］．长沙：湖南教育出版社，1997.

48. 马忠虎．基础教育新概念：家校合作［M］．北京：教育科学出版社，1999.

49. 缪建东．家庭教育社会学［M］．南京：南京师范大学出版社，1999.

50. 潘光旦．新母教．潘乃穆，潘乃和编，潘光旦文集第五卷［M］．北京：北京大学出版社，1997.

51. 彭德华 . 家庭教育新概念［M］. 兰州：甘肃教育出版社，2001.

52. 彭立荣 . 家庭教育学［M］. 南京：江苏教育出版社，1993.

53. 全国十二所重点师范大学 . 教育学基础［M］. 北京：教育科学出版社，2002.

54. 任钟印 . 夸美纽斯教育论著选［M］. 北京：人民教育出版社，2004.

55. 邵伏先 . 中国的婚姻与家庭［M］. 北京：人民出版社，1989.

56. 沈家本 . 寄簃文存［M］. 北京：商务印书馆，2015.

57. 施欣欣等 . 亲职教育 ABC［M］. 北京：中国纺织出版社，1999.

58. 史秋琴 . 城市变迁与家庭教育［M］. 上海：上海文化出版社，2006.

59. 史仲文 . 古今中外伟人智者名言精粹（论家庭教育）［M］. 北京：中国国际广播出版社，1993.

60. 孙培青 . 中国教育史（修订版）［M］. 上海：华东师范大学出版社，2000.

61. 台湾家庭教育协会 . 家庭教育学［M］. 台北：师大书苑有限公司，1999.

62. 台湾嘉义大学家庭教育研究所 . 家庭教育学［M］. 台北：涛石文华事业有限公司，2006.

63. 汪卫东 . 低阻抗意念导入疗法——“TIP 技术”的理论与实践［M］. 北京：人民卫生出版社，2011.

64. 王大龙主编，赵刚、王玲副主编 . 中国家教百年［M］. 武汉：湖北教育出版社，2017.

65. 王利华 . 中国家庭史［M］. 广州：广东人民出版社，2007.

66. 王晓春，王颖光，王瑞欣 . 教师怎样指导家庭教育［M］. 北京：北京教育出版社，1992.

67. 王重民，孙望，童养年 . 全唐诗外篇［M］. 北京：中华书局，1982.

68. 吴鼎富等 . 教育生态学［M］. 南京：江苏教育出版社，1990.

69. 吴荔明 . 梁启超和他的儿女们［M］. 北京：北京大学出版社，2013.

70. 吴奇程，袁元编著 . 家庭教育学［M］. 广州：广东高等教育出版社，2011.

71. 徐安琪，叶文振 . 中国婚姻研究报告［M］. 北京：中国社会科学出版社，2002.

72. 许倬云 . 中国古代文化的特质［M］. 厦门：海峡出版发行集团鹭江出版社，2016.

73. 杨宝忠 . 大教育视野中的家庭教育［M］. 北京：社会科学文献出版社，2003.

74. 杨宝忠 . 家庭教育学［M］. 太原：山西高校联合出版社，1995.

75. 杨国枢 . 中国人的性格［M］. 台北：桂冠图书公司出版社，1980.

76. 杨继盛 . 狱中与子书［M］. 中华家教宝库 . 长春：吉林人民出版社，1993.

77. 姚伟 . 中外幼儿教育名著解读［M］. 南京：南京师范大学出版社，2007.

78. 叶澜 . 教育概论［M］. 北京：人民教育出版社，1991.

79. 曾嫦嫦 . 亲职教育［M］. 台北：汇华图书出版有限公司，1993.

80. 曾国藩 . 曾国藩全书［M］. 呼和浩特：内蒙古大学出版社，2009.

81. 曾汝弟 . 家庭教育学［M］. 北京：中国书籍出版社，2015：206.

82. 张伯华，刘天起，张雯 . 心理咨询与治疗教程［M］. 济南：山东人民出版社，2010.

83. 张岱年，方克立 . 中国文化概论［M］. 北京：北京师范大学出版社，1994.

84. 张敬培等 . 小学生家庭教育现状调查［M］. 北京：教育科学出版社，2015.

85. 赵祥麟等 . 杜威教育论著选［M］. 上海：华东师范大学出版社，1981.

86. 赵忠心 . 家庭教育学［M］. 北京：人民教育出版社，2001.

87. 赵忠心编著 . 中国家庭教育五千年［M］. 北京：中国法制出版社，2003.

88. 郑板桥 . 潍县署中寄舍弟墨第二书 . 历代名人家训［M］. 长沙：岳麓书社，1991.

89. 郑其龙 . 家庭教育学［M］. 长沙：湖南教育出版社，1995.

90. 郑太和 . 郑氏规范［M］. 北京：中华书局，1985.

91. 周建人 . 性教育的理论与实践［M］. 梅生编 . 中国妇女问题讨论集第五册，民国丛书第一编（18）. 上海：上海书店，1989.

92. 朱庆澜 . 家庭教育 . 赵忠心编著 . 中国家教之道［M］. 桂林：广西科学技术出版社，1998.

93. 朱熹 . 集注・四书集注［M］. 长沙：岳麓书社，1993.

94. 朱永新 . 新教育之梦［M］. 北京：人民教育出版社，2003.

95. 曾国藩 . 曾国藩家训［M］. 长沙：岳麓书社，1999.

96. 曾国藩撰，邓云生点校 . 曾国藩全集・家书（一）［M］. 长沙：岳麓书社，1985.

97. 曾国藩撰，邓云生点校 . 曾国藩全集・家书（二）［M］. 长沙：岳麓书社，1985.

98. 汤显祖 . 智志咏示子［M］. 出版地不详 .

99. 颜之推 . 颜氏家训［M］. 北京：中华书局，2016.

100. 初潭记 . 卷之三，贤妇 . 出版地不详 .

101. 高攀龙 . 家训 . 历代名人家训［M］. 长沙：岳麓书社，1991.

102. 尚诗公 . 中国历代家训大观［M］. 上海：文汇出版社，1992.

103. 吴汝纶撰 . 施培毅，徐寿凯校点 . 吴汝纶全集 . 卷三：尺牍・谕儿书 . 合肥：黄山书社，2002.

二、译著

1.［德］威特 . 卡尔・威特的教育［M］. 北京：中国妇女出版社，2015.

2.［美］阿黛尔・法伯（Adele Faber），［美］伊莱恩・玛兹丽施（Elaine Mazlish）著，［美］肯伯利・安・蔻（Kimberly Ann Coe）绘，安燕玲译 . 如何说孩子才会听，怎么听孩子才肯说［M］. 北京：中央编译出版社，2013.

3.［美］劳拉・E. 贝克 . 吴颖，吴荣先译 . 儿童发展（第五版）［M］. 南京：江苏教育出版社，2002.

4.［美］鲁思・本尼迪克特 . 菊与刀——日本文化的类型［M］. 北京：商务印书馆，1990.

5.［美］马克・赫特尔 . 变迁中的家庭——跨文化的透视［M］. 杭州：浙江人民出版社，1988.

6.［美］W. J. 古德 . 家庭［M］. 北京：社会科学文献出版社，1986.

7.［苏］斯皮娃夫斯基 . 怎么做父母——关于父母爱的心理学［M］. 长春：吉林教育出版社，1988.

8.［美］马歇尔・卢森堡 . 阮胤华译 . 非暴力沟通［M］. 北京：华夏出版社，2015.

三、论文

1. 曾耀农 . 家庭美育的理论与实践［J］. 青海师专学报，2000，5.

2. 常萍 ."二胎时代"对家庭教育的冲击［J］. 教育现代化，2017（18）.

3. 陈如平 . 现代学校管理创新的五大基本命题［J］. 中小学管理，2012（8）.

4. 陈卫 . 中国教育文化初探［D］. 南京师范大学博士论文，1993.

5. 程海清 . 单亲家庭孩子特点、表现及家庭教育研究学［J］. 贵州教育，2009，2.

6. 邓惠明 . 关于构建社区家长学校的思考［J］. 中共福建省委党校学报，2012（9）.

7. 东岑 . 家庭教育的改革［J］. 妇女杂志，1928，14（12）.

8. 郭喜青 . 中小学心理健康教育实现"四化"的思考［J］. 现代教育科学普教研究，2006（2）.

9. 侯怀银 . 中国社会教育的若干问题［J］. 教育研究，2008（12）.

10. 侯秀丽，王保庆 . 我国失独现状的分析与思考［J］. 湖南师范大学：社会科学学报，2014（3）.

11. 黄河清 . 失重的家教——试论家庭教育相关因素的嬗变及家庭教育的困境［J］. 当代青年研究，2002（3）.

12. 黄耀明 . 社会工作介入失独家庭重建的行动研究［J］. 东南学术，2015（5）.

13. 姜志荣，夏禹波，纪丽华 . 青岛式单亲家庭子女教育调研报告［J］. 青岛大学师范学院报，2008（1）.

14. 戒女 . 家庭教育［J］. 玲珑，1931，1（34）.

15. 孔芳 . 家庭教育新理念——从西方家庭治疗理论谈起［J］. 山东理工大学学报（社会科学版），2012（3）.

16. 李恒庆，吴美娇 . 日本"学社融合"的若干理论问题探析［J］. 成人教育，2011（6）.

17. 李夏茵 . 重构失独家庭情感支持网络：基于 5 个失独家庭的个案研究［J］. 经济研究导刊，2016（31）.

18. 陆传籍 . 大时代的家庭教育［J］. 东方杂志，1939，36（9）.

19. 冉乃彦 . 家庭教育成败的关键是家长的自我教育［J］. 高端访谈，2016，1（2）.

20. 佘双好 . 青少年社会教育的本质与内涵［J］. 中国青年研究，2007（12）.

21. 斯洛 . 许金生，刘封译 . 自我实现的人［J］. 三联书店出版社，1987.

22. 田文华，元秀梅 . 家长参与学校教育：英美等国的经验与启示［J］. 全球教育展望，2004（3）.

23. 汪集庭 . 母教丛谈［J］. 妇女杂志，1917，3（11）.

24. 吴飞 . 论“过日子”［J］. 社会学研究，2007（6）.

25. 吴磊，杨琳，汤锦春 . 社区教育与学校教育协同发展策略探析［J］. 江西社会科学，2007（5）.

26. 西神 . 家庭教育之精义［J］. 妇女杂志，1917，3（7）.

27. 冼震 . 人生之根本教育［J］. 妇女杂志，1917，3（6）.

28. 夏燕 . 学习型家庭背景下家庭成人教育问题初探［J］. 教育学术月刊，2010，10.

29. 徐安琪，叶文振 . 父母离婚对孩子的影响及其制约因素——来自上海的调查［J］. 中国社会科学，2001（6）.

30. 徐俊，风笑天 . 我国第一代独生子女家庭的养老问题研究［J］. 人口与经济，2011：5.

31. 杨善华，孙飞宇 . “社会底蕴”：田野经验与思考［J］. 社会学，2015（1）.

32. 杨卫玉 . 民族复兴与家庭教育之改造［J］. 教育杂志，1936，26（12）.

33. 叶一舵 . 家庭心理健康教育概论［J］. 福建师范大学学报，2003（1）.

34. 恽代英 . 家庭教育论［J］. 妇女时报，1916、1917.

35. 张铁生等 . 离异家庭子女情绪情感特点及变化过程的研究［J］. 心理发展与教育，1990（1）.

36. 张尤佳 . 计划生育政策对居民储蓄率的影响［J］. 广西财经学院学报，2014，27（3）.

37. 周静 . “失独家庭”，谁来抚平你的伤痛［J］. 法律与生活，2012（14）.

38. 周沛，周进萍 . 独生子女风险及其保障研究［J］. 社会科学研究，2009（1）.

39. 林昭音 . 两性教育之研究［A］. 梅生编 . 中国妇女问题讨论集第三册［C］，民国丛书第一编（18）. 上海：上海书店，1989.

40. 王社伟 . 家庭教育与救亡［A］. 蒋息岑编 . 家庭教育的实际［C］. 上海：大东书局，1933.

41. 金晔 . 城市父母家庭教育知识自我导向性学习现状研究［D］. 南京：南京师范大学硕士学位论文，2013.

42. 马永俊 . 应试教育下家庭教育的误区与出路［D］. 内蒙古：内蒙古师范大学，2013.

43. 南钢 . 我国家庭教育的近代转型［D］. 兰州：西北师范大学，2001.

44. 李亚杰 . 当代家长教育研究［D］. 上海：华东师范大学，2010.

45. 杨丽霞 . 小学高年级儿童社会退缩与家庭功能、同伴关系的相关研究［D］. 江西：江西师范大学，2008.

46. 杜丁 . 小学开“男子汉课”培养“纯爷们”［N］. 新京报，2013-12-5（A09）.

47. 孙云晓，李文道 . 培养负责任的男子汉［N］. 人民政协报，2012-8-22（C02）.

48. 王爵 . 改良家庭教育的我见［N］. 申报，1922-10-22（1）.

49. 希和 . 家庭中儿童之教育［N］. 申报，1921-11-26（4）.

50. 徐璐，张敬培 . 初中生家庭教育调查：“尽量挤时间陪伴家人”效果不一定好［N］. 中国教育报，2016-3-3.

51. 张立静 . 关注全国初中生家庭教育状况调查 3［N］. 中国教育报，2016-3-2.

52. 中华人民共和国民政部 .1995 年民政事业发展统计报告，1996.

53. 钟磬 .《2014 中国城乡家庭教育现状白皮书》在京发布，2014-12-20.

54. 苏婷 . 全国妇联发布第二次全国家庭教育现状调查结果，2015-12-23.

后　记

《家庭教育学》在众多同人和朋友的支持下，终于付梓。对于这本书，虽然有多年的理论和实践研究积累作为支撑，但我们仍怀着一颗忐忑的心，准备接受学界的批评和指正！

本书由单志艳提出总体框架。各章节写作由各作者分工完成，各章撰写作者为：第一章，单志艳、贾蕙雯、汪卫东；第二章，刘巧利；第三章，孙建辉；第四章，杜会新、单志艳、冉乃彦；第五章，杜会新；第六章，单志艳；第七章，单志艳、孙玉梅；第八章，洪明。最后由单志艳统稿。

感谢首都师范大学教师教育学院田国秀院长对本书写作给予的诸多支持！全书在写作和出版过程中得到了很多人的支持和帮助，在此一并致谢！

本书为家庭教育科学研究院2019年度基本科研业务费专项资金重点项目《新时代家庭教育课程体系开发研究》（GYB2019010）研究成果，同时得到了北京市教育科学“十三五”规划2016年度优先关注课题《社区家庭教育支持体系建设的研究》（CEJA16033）的支持。

图书在版编目(CIP)数据

家庭教育学／单志艳主编. —桂林：广西师范大学出版社，2021.2
（当代家庭建设与家庭教育理论丛书／单志艳主编）
ISBN 978 -7 -5598 -3308 -2

Ⅰ. ①家… Ⅱ. ①单… Ⅲ. ①家庭教育-教育学-研究-中国 Ⅳ. ①G780

中国版本图书馆 CIP 数据核字(2020)第 194387 号

家庭教育学
JIATING JIAOYUXUE

出 品 人：刘广汉
责任编辑：刘美文
装帧设计：李婷婷

广西师范大学出版社出版发行
（广西桂林市五里店路 9 号　　邮政编码:541004
网址:http://www.bbtpress.com）
出版人:黄轩庄
全国新华书店经销
销售热线：021 -65200318　021 -31260822 -898
山东韵杰文化科技有限公司印刷
（山东省淄博市桓台县桓台大道西首　邮政编码：256401）
开本：787mm×1 092mm　1/16
印张：16　字数：331 千字
2021 年 2 月第 1 版　2021 年 2 月第 1 次印刷
定价：49.80 元